U0942578

改革开放40周年·大国议题丛书

开放蓝本

——自由贸易试验区

杜金岷　主编

KAIFANG LANBEN
ZIYOU MAOYI
SHIYANQU

重庆大学出版社

内容提要

《开放蓝本——自由贸易试验区》是“改革开放 40 周年 · 大国议题丛书”之一。全书共 7 章，包括我国自由贸易试验区（以下简称“自贸区”）发展的背景、自贸区的国内经验与全球借鉴、实物期权视角下的自贸区制度创新研究、上海自贸区 1.0 时代、广东天津福建自贸区 2.0时代、七大自贸区 3.0 时代、自贸区战略的未来设定与展望等内容。全书完整记录了我国自贸区发展及探索，集中体现了我国自贸区领域的总体发展规划，涵盖了自贸区建设的重要事项以及自贸区战略的未来展望。该书理论与实践并重，可作为自贸区研究和实践的参考书。

图书在版编目（CIP）数据

开放蓝本：自由贸易试验区/杜金岷主编.--重庆：重庆大学出版社，2018.9

（改革开放 40 周年 · 大国议题丛书）

ISBN 978-7-5689- 1390-4

Ⅰ.①开… Ⅱ.①杜… Ⅲ.①自由贸易区—改革开放—研究—中国 Ⅳ.①F752

中国版本图书馆 CIP 数据核字（2018）第 224273 号

改革开放 40 周年 · 大国议题丛书

开放蓝本

——自由贸易试验区

杜金岷　主编

策划编辑：马　宁　尚东亮

责任编辑：柏子康　　版式设计：柏子康

责任校对：邬　忌　　责任印制：张　策

*

重庆大学出版社出版发行

出版人：易树平

社址：重庆市沙坪坝区大学城西路 21 号

邮编：401331

电话：（023）88617190　88617185（中小学）

传真：（023）88617186　88617166

网址：http://www.cqup.com.cn

邮箱：fxk@cqup.com.cn（营销中心）

全国新华书店经销

北京盛通印刷股份有限公司印刷

*

开本：720mm×1020mm　1/16　印张：18.25　字数：251 千

2018 年 9 月第 1 版　　2018 年 9 月第 1 次印刷

ISBN 978-7-5689- 1390- 4　定价：79.00 元

本书编写组

主　编： 杜金岷

编　委： 杜金岷　顾乃华　林　涛　杨贤宏
吴　非　任　玎　孙胜林　李亚菲
骆　琳　陈　妍　陈红光　江卫斌
刘一帆　谭怡君

丛书编委会

中国改革开放为什么能够成功

——《改革开放40周年·大国议题丛书》总序

经过40年的改革开放，中国成功地实现了从计划经济向市场经济的转轨，国家经济实力、科技实力、国防实力、综合国力得到前所未有的提升；党的面貌、国家的面貌、人民的面貌、军队的面貌、中华民族的面貌发生了前所未有的变化。我们的改革开放为什么能够成功？回首40年改革开放历程，有三条重要经验值得总结。

坚持党对改革开放的领导，确保社会主义方向不动摇

办好中国的事情，关键在党。改革开放之初，邓小平同志就将坚持党中央的领导核心地位与推进改革开放紧密联系起来，不仅要求党中央树立权威，体现出能力，还强调要打造“一个具有改革开放形象的领导集体”。以江泽民同志为核心的党中央面对改革的深入推进和国际环境的深刻变化，向全党明确提出了“四个服从”；以胡锦涛同志为总书记的党中央，立足于推进社会主义现代化的重任，提出要坚决维护中央权威。

习近平总书记多次强调要充分发挥党总揽全局、协调各方的核心作用，全党要统一意志、统一行动、步调一致，尤其是中央政治局要带头自觉维护中央权威，增强工作合力，做到“全党一盘棋、全国一盘棋”。他告诫全党：“中国是一个大国，决不能在根本性问题上出现颠覆性错误，一旦出现就无法挽回、无法弥补。”

从世界社会主义运动的经验教训看，如果没有共产党作为坚强的领导核心，改革就会进退失据，甚至走上不归路。苏联之所以解体，一个重要原因就是1990年3月苏联通过修改宪法取消了党的领导，结果使改革背离人民的利益，最终酿成悲剧。戈尔巴乔夫曾在接受中国记者采访时说：“我深深体会到，改革时期，加强党对改革进程的领导，是所有问题的重中之重。在这里，我想通过我们的惨痛失误来提醒中国朋友：如果党失去对社会和改革的领导，就会出现混乱,那将是非常危险的。”

坚持党对改革的领导,最根本的就是要保证改革开放不偏离社会主义方向,既不走封闭僵化的老路,也不走改旗易帜的邪路。什么是社会主义?邓小平同志 1978 年 9 月在东北三省视察时说:“社会主义要表现出它的优越性,哪能像现在这样,搞了 20 多年还这么穷,那要社会主义干什么?”1984 年 11 月,他第一次提到了共同富裕,并在一次即席讲话中指出:“社会主义的目的就是要全国人民共同富裕,不是两极分化……我们提倡一部分地区先富起来,是为了激励和带动其他地区也富裕起来。”1992 年邓小平在“南方谈话”中提出“社会主义的本质就是解放生产力,发展生产力,消灭剥削,消除两极分化,最终达到共同富裕”,并且强调“共同富裕是社会主义制度不能动摇的原则”。

党的十八大以来,以习近平同志为核心的党中央坚定不移地带领人民走共同富裕的道路。习近平总书记指出:“我们追求的发展是造福人民的发展,我们追求的富裕是全体人民共同富裕。”2012 年年底,习近平总书记在河北调研时指出:“没有农村的小康,特别是没有贫困地区的小康,就没有全面建成小康社会”;2013 年至 2015 年,他在海南、云南、陕西等地调研时多次论及“小康不小康,关键看老乡”“全面实现小康,一个民族都不能少”。2013 年 11 月习近平总书记在湖南湘西考察时首次提出精准扶贫,进一步拓展了共同富裕的实现途径。在精准扶贫、精准脱贫基本方略的统领下,社会各界、各行各业的力量被动员起来,产业扶贫、教育扶贫、健康扶贫、金融扶贫、生态扶贫、电商扶贫相继涌现。东西部扶贫协作和对口支援政策积极推行,一系列脱贫创新实践在各地蓬勃开展。

坚持“三个有利于”标准,充分尊重人民群众的首创精神

1984 年 10 月,《中共中央关于经济体制改革的决定》明确规定,全党同志在进行改革的过程中,应该把是否有利于发展生产力作为检验一切改革得失成败的最主要标准。1987 年 6 月邓小平同志明确讲:“我们的改革要达到一个什么目的呢?总的目的是要有利于巩固社会主义制度,有利于巩固党的领导,有

利于在党的领导和社会主义制度下发展生产力。”同年10月党的十三大提出：“是否有利于生产力发展应该成为我们考虑一切问题的出发点和检验一切工作的根本标准。一切有利于生产力发展的东西，都是符合人民根本利益的，因而是社会主义所要求的，或是社会主义所允许的。”

1992年邓小平在“南方谈话”中明确提出，判断改革开放中一切工作得失、是非、成败的标准是：是否有利于发展社会主义社会的生产力，是否有利于增强社会主义国家的综合国力，是否有利于提高人民的生活水平。这“三个有利于”的判断标准不仅包括了生产力标准，而且把发展生产力、增强综合国力和提高人民生活水平三者有机结合起来，是对生产力标准的深化和发展。

坚持“三个有利于”标准，不断解放和发展生产力，要依靠亿万群众的主体力量和创新精神，依靠人民迸发出激情和活力。事实证明：改革开放的历程就是人民群众的首创精神不断激发、不断涌现的过程。

1978年12月，安徽凤阳小岗村18户农民自发搞起了“大包干”，由此揭开了农村改革的序幕。1980年9月，中央决定允许农民根据自愿原则实行家庭联产承包制；1982年1月，中央一号文件明确指出“包产到户、包干到户都是社会主义集体经济的生产责任制”；到1983年年初，中央一号文件进一步肯定，家庭联产承包责任制是“在党的领导下中国农民的伟大创举”。邓小平同志曾明确指出：“农村搞家庭联产承包，这个发明权是农民的。”他说，“新的农村政策优势从哪里来的？难道是我们几个中央领导同志，我们的省长、书记们的发明吗？这里面当然有党的集体智慧，各级党政领导确实做了大量概括和提高的工作。而更重要的，却是亿万农民的实践，亿万农民的创造”，还说“农村改革中的好多东西，都是基层创造出来，我们把它拿来加工提高作为全国的指导”。

非公经济的发展同样来源于人民群众创业激情的释放。1982年温州出现创业高潮，当地个体工商企业超过10万家，占全国总数的十分之一，形成了闻名全国的“温州模式”。温州的非公经济发展当时之所以能领跑全国，一个重要的原因就是温州人“敢为人先、特别能创业”的精神得到了充分尊重，创新意识被充分调动,才走出了一条“生活逼出来,市场放出来,群众闯出来”的独特发展之路。

党的十八大以来,习近平总书记强调,改革开放是亿万人民自己的事业,必须坚持尊重人民首创精神。他指出:“要广泛听取群众意见和建议,及时总结群众创造的新鲜经验,充分调动群众推进改革的积极性、主动性、创造性,把最广大人民智慧和力量凝聚到改革上来,同人民一道把改革推向前进。”“要充分调动人民群众的积极性、主动性、创造性”“要自觉拜师人民、尊重人民、依靠人民”。在推进改革开放的实践中,全国不少地方尊重人民首创精神,激发企事业单位、社会组织的活力,盘活各类社会资源,在推动实现政府治理和社会自我调节、居民自治良性互动方面实现了新突破。

坚持改革、发展、稳定的有机统一,正确处理三者关系

早在 20 世纪 80 年代初,邓小平同志多次提出必须保持“国内安定团结的政治局面”。1987 年在接见外宾时他指出,保持“国内安定团结的政治局面”和“有领导有秩序地进行社会主义建设”是实现“三步走发展战略”的重要条件之一。“没有安定团结的政治环境,什么事情都干不成。”1989 年 2 月邓小平同志指出:“中国的问题,压倒一切的是需要稳定。没有稳定的环境,什么都搞不成,已经取得的成果也会失掉。”

以江泽民同志为核心的第三代中央领导集体,将改革、发展、稳定作为中国改革开放和社会主义现代化建设事业三个有机统一的组成部分:改革是动力,发展是目的,稳定是前提。以胡锦涛同志为总书记的党的领导集体,着眼于科学发展和构建社会主义和谐社会,自觉调整和改革生产关系与生产力、上层建筑与经济基础不相适应的方面和环节,不断提高改革决策的科学性,增强改革措施的协调性。

党的十八大以来,以习近平同志为核心的党中央,要求必须处理好改革、发展、稳定三者之间的关系,以更大的政治勇气和智慧,进一步解放思想、解放和发展社会生产力、增强社会创新活力。习近平同志强调,全面深化改革要处理好几种关系,其中就包括要处理好胆子要大和步子要稳的关系、改革发展稳定

的关系。改革是发展的动力，是实现长期稳定的基础；发展是改革的目的，是稳定最可靠的保证；稳定则是改革、发展的前提条件，也是发展的重要要求。处理改革发展稳定的关系，就是要坚持把改革的力度、发展的速度和社会可承受的程度统一起来，在社会稳定中推进改革发展。

正确处理改革发展稳定的关系，必须找到三者的结合点。习近平总书记强调，要把“人民拥护不拥护、人民赞成不赞成、人民高兴不高兴、人民答应不答应”作为想问题、干事业的出发点和落脚点，本着对历史负责、对人民负责的态度，准确把握改革发展稳定的平衡点，准确把握近期目标和长期发展的平衡点，准确把握改革发展的着力点，准确把握经济社会发展和改善人民生活的结合点，坚持问政于民、问需于民、问计于民，从老百姓最关心、最直接、最现实的问题入手，在转方式、调结构、保民生、推动可持续发展方面取得实实在在的成效。

中国改革开放为什么能够成功的三条经验已被理论和实践所印证。在中国改革开放40周年之际，在重庆市文化委员会、重庆大学的领导和支持下，成立了由中共中央党校（国家行政学院）副校（院）长王东京教授、重庆大学校长张宗益教授共同担任主任的丛书编委会，在丛书编委会的总体统筹和指导下，由中国大运河智库联盟理事长、重庆智库创始人兼总裁王佳宁同志担任总策划，重庆大学出版社社长易树平教授牵头组织出版了“改革开放40周年·大国议题丛书”。该丛书聚焦中国政府转型、“一带一路”建设、京津冀协同发展、长江经济带发展、新一轮东北振兴、自由贸易试验区等一系列治国理政的伟大实践，既有学术理论研究，又有实践经验总结，兼具原创性、思想性、学术性和史料性，对破解发展难题、增强发展动力、厚植发展优势，具有重要的研究出版价值。10年前，佳宁同志和重庆大学出版社曾经共同策划并推出“中国经济改革30年丛书”，社会反响较大。如今，“改革开放40周年·大国议题丛书”秉承这一好的传统，更以全新面孔出现。丛书作者均为长期跟踪研究改革开放前沿问题的专家学者，阵容强大且权威。

研究和写作是一个知行合一的过程，这是专家学者的使命。丛书9卷，洋洋洒洒，全方位展示改革开放和现代化进程中关键领域、行业的发展进程和愿景。期待“改革开放 40 周年 · 大国议题丛书”对关注中国改革开放事业的各界读者有所助益，从而让我们一起以更广博的胸怀续写华夏新篇章。

中共中央党校（国家行政学院）副校（院）长、教授

王东京

2018 年 8 月

重庆大学校长、教授

张宗益

2018 年 8 月

前　言

自2013年国务院批准设立上海自由贸易试验区以来，我国的自由贸易试验区已达到11个。自由贸易试验区的设立旨在形成可复制可推广的改革经验，核心在于制度创新。广东自由贸易试验区自2015年4月21日在广州市南沙区挂牌成立以来，在经济建设和制度创新方面取得了不俗的成绩。南沙新区片区是广东自由贸易试验区最大的片区，致力于构建与国际新规则体系相适应的法治化国际化营商环境，率先实现与港澳服务贸易自由化，打造国际贸易功能集成度高、金融创新服务功能强的国际航运物流中心，形成21世纪海上丝绸之路沿线国家和地区科技创新合作的示范基地，建成港澳向内地拓展、内地借助港澳通达国际市场的双向通道和重要平台，为国家构建开放型经济新格局发挥重要作用。本书以我国自由贸易试验区的理论实践与探索为研究对象，在理论上，它将丰富中国自由贸易试验区战略的理论研究，对构建中国自由贸易试验区的理论体系具有推进作用；在现实层面上，总结研究我国自由贸易试验区的发展经验，对未来我国推广自由贸易试验区治理模式，具有重大的决策参考作用。

暨南大学中国（广东）自由贸易试验区研究院是我国较早专门研究中国自由贸易试验区的单位之一。2015年1月，为加快广东自由贸易试验区建设，提升暨南大学协同创新能力，南沙开发区管委会与暨南大学联合共建暨南大学自由贸易区研究院。研究院下设3个研究中心，分别为金融创新与产业发展研究中心、国际贸易与粤港澳合作研究中心、法治化国际化营商环境研究中心。同年7月，广州南沙自由贸易区研究基地获批为广州市人文社科重点研究基地。暨南大学中国（广东）自由贸易试验区研究院积极开展自由贸易试验区的理论研究和制度构建工作，在国内学界保持较高的学术地位和学术影响，并为广东自由贸易试验区的发展,特别是南沙片区的建设和发展,提供了大量宝贵的决策建议和研究报告,为自由贸易试验区培养输送了优秀人才。

《开放蓝本——自由贸易试验区》的出版,是暨南大学中国(广东)自由贸易试验区研究院进行学科建设和发展的一项新举措,也是自贸区试点筹谋献策的智慧结晶。全书共七章,记录了我国自由贸易试验区的发展及探索,以及学者们的思考,集中体现自由贸易试验区领域的总体发展规划。该书内容详实,涵盖自由贸易试验区建设的重要事项,论述了自贸区的发展背景,借鉴全球及国内自贸区发展的经验,以及实物期权视角下的自贸区政策研究,详细论述了自贸区 1.0 时代、2.0 时代、3.0 时代各大自贸区发展的情况介绍和经验之谈,最后对自贸区战略的未来设定与展望做一个详细的方案介绍。本书内容具有原创性,理论和实践并重,是研究自由贸易试验区极佳的参考材料。期望本书的出版,能引起理论界和实务界对我国自由贸易试验区的关注及中国经济改革的讨论,并期望暨南大学中国(广东)自由贸易试验区研究院出版更多优质的理论研究成果。

杜金岷

2018 年 6 月

目　录

第一章　自贸区发展的背景

第一节　国际经济格局的演替与重构 ………… 002

第二节　中国经济格局的困境与需求 ………… 022

第三节　自贸区发展的重大意义 ………… 026

第二章　自贸区的国内探索与全球借鉴

第一节　自贸区与国内经济开发区的比对 ………… 032

第二节　国外自贸区的经验镜鉴 ………… 036

第三章　实物期权视角下的自贸区制度创新研究

第一节　实物期权研究与发展 ………… 067

第二节　自贸区制度创新与实物期权定价的关联研究 ………… 070

第三节　基于实物期权视角的自贸区制度创新红利效应解析 ………… 073

第四章　自贸区的1.0时代：上海经验

第一节　上海自贸区建设的主要任务 ………… 078

第二节　上海自贸区建设的具体措施和路径 ………… 096

第三节　上海自贸区发展的路径展望 ………… 109

第五章　自贸区的2.0时代：广东、天津和福建经验

第一节　自贸区禀赋条件分析 ………… 128

第二节　三大自贸区的总体思路与主要措施比对 ………… 174

第六章　自贸区的 3.0 时代：七大自贸区

第一节　中国（辽宁）自由贸易试验区 …………………………………… 189
第二节　中国（浙江）自由贸易试验区 …………………………………… 194
第三节　中国（河南）自由贸易试验区 …………………………………… 197
第四节　中国（湖北）自由贸易试验区 …………………………………… 202
第五节　中国（重庆）自由贸易试验区 …………………………………… 207
第六节　中国（四川）自由贸易试验区 …………………………………… 213
第七节　中国（陕西）自由贸易试验区 …………………………………… 219

第七章　自贸区战略的未来设定与展望

第一节　布局意义："一带一路"下的自贸区核心建设 ………………… 227
第二节　理论框架：自贸区理论的突破 …………………………………… 239
第三节　现实基础：国内外环境变化导向的叠加 ………………………… 244
第四节　政策路径：自贸区倒逼改革与区域一体化 ……………………… 254
第五节　未来愿景：自贸区提升中国经济内涵 …………………………… 261

参考文献

第一章

1 自贸区发展的背景

第一节 国际经济格局的演替与重构

一、世界经济延续复苏趋势

2017 年,世界经济增长速度达到 3%,实现自 2011 年以来最快的经济增长,全球经济回暖趋势日趋稳固。但当今世界政治经济形势波诡云谲,令人难以捉摸。英国公投脱欧事件所引发的全球金融市场动荡至今仍历历在目,后续的退欧程序也将继续牵动全球政商人士的心弦。美国大选中特朗普意外获胜,特朗普不按常理出牌的任性而动同样给全球经济的发展前景蒙上阴影。民粹主义对欧洲政治版图的冲击愈演愈烈,2017 年下半年在德国、荷兰、法国、奥地利等国大选中,主张"反欧盟、反移民"的极端民粹主义政党民意支持率均有不同程度的上升,这无疑将对欧洲一体化的进程构成直接威胁。2018 年上半年,特朗普不顾国内外的反对之声执意对中国以及传统意义上的盟友挥舞关税大棒,试图挑起贸易战的争端以实现所谓"美国优先"的一厢情愿,更是给世界经济能否实现持续复苏增添了诸多的不确定性。国际形势如何演变将会对世界经济的走势施加着持续且深远的影响。2018 年下半年,需要密切关注和重点防范国际政治经济领域潜在的"黑天鹅"和"灰犀牛"给世界经济所带来的冲击。在 2018 年最新一期的《世界经济展望》报告中,国际货币基金组织(IMF)指出,2018 年全球经济增速预计为 3.4%,其中,发达经济体 2018 年预计平均经济增速为 2.5%,其中美国为 2.9%,欧元区则为 2.4%。同时该报告还预计,2018 年新兴市场和发展中国家与地区的经济增长速度预计将达到 4.9%。该报告维持对中国 2017 年经济增速预期不变,仍为 6.6%。同时该报告也指出世界经济虽然正处于复苏当中,但是这一进程的速度却不容乐观且失衡严重。这种不确定性主要突出表现在以下几方面:

（一）欧洲的银行体系风险加剧

2016 年 6 月 24 日，英国的公投脱欧议案通过，欧洲一体化进程因此受到了极大的冲击，恐慌与震荡更是蔓延到了全球金融市场。但仅从当前来看，相比由于欧盟政局不稳而可能引发的市场风险，欧洲银行业的“风雨飘摇”更值得外界关注。2017 年 6 月 29 日，美联储公布的银行业压力测试结果显示，德意志银行已经两次未能顺利通过此种专业的压力测试，而西班牙国家银行设立在美国的子公司更是三次都未能通过压力测试。在《金融部门评估规划》中 IMF 认为，在全球系统性银行中，德意志银行是可能对金融体系造成外部潜在冲击的风险系数最高的金融机构，和该银行对外部造成的溢出风险相比，其对国内所构成的威胁就小得多。除此之外，对欧洲各银行机构来说，由于其股票价格持续走低进而致使其市值不断下降，德银等机构的股价已经跌至谷底，而对意大利来说，其西雅那银行所面临的违约风险令人担忧。总而言之，欧洲银行业的发展有偏离健康轨道之虞。

欧洲的银行体系其实积弊已久。为了释放流动性投放更多货币到市场上以刺激欧洲经济增长，欧洲央行成为全球历史上首次推行负利率货币政策的主要经济体。2014 年 6 月 5 日，存款利率被下调到了-0.1%。之所以推行负利率政策，原本的目的主要是想解决此前欧洲主权债务危机引发的各种遗留问题，但是实施负利率政策会产生许多消极影响，给部分银行的发展带来致命性打击。如负利率在无形中会降低银行的吸储能力，耗损银行资本充足率，进而侵蚀银行的利润，使银行资本实力大打折扣。面对欧洲经济不景气和利率为负的大市场背景，欧洲各大行的表现也有好有坏，遭遇到的问题与影响程度也参差不齐。兼之民粹主义在欧洲大地有进一步扩张的趋势，这无疑将加剧政策的不确定性，欧洲银行业的复苏进程也必将在一定程度上受到干扰。

德意志银行资产危机

2013年时，该银行的盈利水平就开始呈现出下降态势，当年其总资产高达1.6万亿欧元但是只获得了6.81亿欧元的净利润，总资产回报率只有0.04%。单就市净率而言，其表现也是无法令人满意的，无法和高盛等机构一较高下。2015年，此家德国最为知名的商业银行更是经历了诸多的波折，如降薪裁员、更换CEO等。虽说其在开拓业务方面倾注了诸多的心血，但最终还是无法实现盈利，该年亏损资金共计68亿欧元。自美国爆发次贷危机以后此乃该银行第一次出现年度亏损。2015年3月时，德意志银行由于连续两次都无法通过美联储的银行机构压力测试，被给予了严厉警告，由此必须继续追加资本以巩固和完善自身的资本结构。虽说早在上一年度银行已经尝试着借助于借款、再贴现与吸纳存款等方式从央行与各方投资者手中募集资金，以提高其一级资本率，但结果显示这一举措收效甚微。

随着时间的推移，该银行已经成功由国内本土银行成长为国际性的大型投行，在其开展的多项投资银行业务中最重要的业务之一就是固定收益业务。但是从长期理论与实践的经验来看，固定收益业务所创造的收入在总营业收入中占据的比例越大，此银行股票的价格就会越低。因此许多欧洲银行随着发展都在逐渐降低固定收益业务的比重，瑞银和巴克莱银行就是典型的例子，然而德银对于大部分固定收益业务却是情有独钟难以割舍，一直坚持保留。在欧洲低利率的环境下，欧洲经济日趋衰落，银行所吸纳到的存款也越来越少，致使其盈利能力持续下降，收益不甚理想。

对德意志银行而言，其经常收到监管部门所开具的罚单，此类罚单主要来自美国。2015年4月，其就因为操作WIBOR（LIBOR以及EURIBOR的统称）被监管部门所警告，在其被调查过程中更因故意误导监管机构与妨碍调查的行为，而被英国金融行为监管局罚款2.27亿英镑，可以说是创历史新高。另外，据摩根士丹利初步判断，在2016年时该银行还需要支付高达50亿美元的罚款。

分析和解读该银行的资产负债表我们可以清晰地发现，该机构共拥有1.63万亿欧元的总资产，而总负债高达1.57万亿欧元，换言之就是其只拥有600亿欧元的净资产。然而德意志银行目前面临着的一个很严峻的问题是自身的零售业以及信用卡业务发展较为缓慢。就前一业务而言，其所占据的市场份额是比较少的，各银行的零售盈利空间相对较小，此项业务不是德意志银行的优势业务，无法改变其收益下降的命运。在此种状况下，此银行若想摆脱危机平稳地渡过难关就更加不可能了。

意大利银行业遭受重创

意大利的西雅那银行是意大利第三大银行，近年来的坏账经过日积月累早已堆积如山，而大量坏账产生的原因之一，就是金融危机前进行的收购带来的巨大损失。2014年，专业机构对欧洲银行业的发展状况进行了系统评估，最终发现西雅那银行的财务状况令人担忧。美国爆发危机以后，意大利政府为了抵御风险曾经制定了向未及时偿还债务的贷款者提供滚动贷款的经济政策，希望借此以缓解贷款者的压力，等其经济状况有所好转后得以顺利收回贷款。

然而，由于整体经济形势始终踌躇不定，后劲疲软，意大利银行所制定的此种比较宽松的借贷政策，却将各个银行推至万丈深渊，不良贷款数额不断激增，已经超出了各银行可以承受的范围。该国政府在解决这一棘手问题方面倾注了很多精力，但却一直收效甚微。裕信银行，意大利最大的银行，在当前市值仅仅只有120亿欧元的状况下，其不良贷款竟然攀升至

510 亿欧元。在经济发展速度放缓、通货紧缩形势日趋严重的状况下，信贷需求萎靡不振，而该国各银行机构的业务又恰恰是以普通信贷业务为主，业务本身盈利水平就不高，出现大量坏账的恶劣影响更是不言而喻。

虽然 20 世纪 90 年代时，该国曾经尝试着借助本币不断贬值的方式来刺激经济的发展，但目前的世界、区域经济形势与本身国情早就发生了翻天覆地的变化。现如今，意大利必须要使用统一的欧元并执行欧元区的财政政策，这使得其无法依据本国发展的需要来制定行之有效的经济政策，而意大利实际施行的财政政策反而促使本国的财政赤字率问题凸显出来。

2015 年，欧盟开始实施《银行复苏与清算指令》(BRRD)手册，该手册主要是旨在解决各银行以及大型投资机构所面临的清算问题，希望可以帮助各银行走出困境，确保欧盟的金融业能够实现稳步发展。BRRD 强调，以往银行在遭受损失以后都是由全体纳税人来负责，为避免银行再次陷入危机，严厉打击投机性债券交易行为，维护纳税人的合法权益，银行各股东以及债券持有者应该积极地履行义务、肩负起自身的职责，除非有特殊情况出现，否则国家是不能动用财政力量来救助危机银行的。

在英国提出脱欧公投以后，意大利乘机向欧盟提出了一个重大方案，即 400 亿欧元银行业救助计划，希望可以重组本国各银行的债务，但由于此项方案和欧盟之前制定的反救助法案相冲突，因而最终并未被批准。就当下的情况来看，意大利银行业面临着较为棘手的坏账问题，此外其家庭部门所拥有的各种商业银行债券的占比早就突破了 30%，若是依照 BRRD 的规定，让债券持有者来承担相关风险的话，这可能会促使该国金融机构面临着较高的流动性以及违约风险，进而致使前途未卜的意大利银行业的发展变得更加举步维艰。

（二）西方国家货币政策不断分化

自2015年年底美联储重拾加息步伐以来，美联储加息成为各界关注的焦点，经历外界的各种猜测后，美联储依然还是根据自身对美国经济的复苏程度以及国际金融形势的变化适时选择加息，这不仅是迎合美国经济现实迫切的需求，更是对美联储信誉的一种维护。一方面，美国重要的几个经济指标已经达到加息条件。如经济增长指标表现出了稳定强劲的态势，2017年美国的GDP增速已经恢复到2.3%的水平，明显高于预期。另一方面是美国股市及房屋市场高涨趋势非常明显，加息以抑制经济过热的需求非常急切。尤为值得注意的是美股牛市态势已然超出一般规律周期，以股市为代表的金融市场的泡沫风险不断积聚，在此时进行加息尤为适当。但是需要额外指出的是，市场对美联储的加息预期显然过高地估量了美元基数水平。所谓美元加息刺激资本流入的舆论说法，显然并非美联储加息的初衷，也使市场错判了美联储加息的影响。

不同于美国经济形势良好，货币政策趋严，欧洲及世界其他发达经济体仍然处于缓慢增长的状态，宽松型货币政策成为其主流。2016年，欧洲中央银行等金融机构都制定了量化宽松的货币政策，以欧央行为例，其主要是借助于每月购买大量政府以及企业债券的方式（此类债券的价值在800亿欧元左右）来向市场释放货币，与此同时将存款利率调整成-0.3%。日本中央银行也制定了大量的刺激政策，如每年增加发售高达80万亿的日元货币，同时将各大商业银行的超额准备金利率的存款利率调整为-0.1%。美国所制定的货币政策和上述货币政策不同，早在2015年年底，中央储备银行就开始着手利率正常化这一工作，首先便是将利率上调了0.25个百分基点。此外，新西兰、土耳其等国家为了应对危机制定了扩张性的政策，依托于降低利息等手段，来为本国经济的发展注入活力；巴西以及俄罗斯等则制定了不同的货币政策，借助于不断抬高利率中枢的方式来解决通货膨胀问题，并制定多种政策来鼓励外企到本国投资，希望可以为本国经济的发展提供充足的资金支持。

（三）欧洲政局动荡影响欧洲经济发展

2017 年，欧洲迎来了国家大选的密集选举期，法国、德国、荷兰、奥地利等国在民粹主义势力的发难下纷纷面临政权更迭的风险。其中，作为欧盟主心骨的德国与法国，其国家元首花落谁家不仅与自身国家的前途命运密切相关，更是关乎欧盟何去何从的关键抉择。随着 2016 年英国退欧和意大利修宪失败，欧洲局势在 2017 年遭遇了严峻的挑战，欧盟是否会在民粹思潮日渐泛滥的冲击下逐步走向历史的终结，备受全世界政商人士与专家学者的瞩目。而从 2017 年欧洲各国元首选举的整体结果来看，欧盟有惊无险通过了“生死大考”，获得了暂时性的喘息之机。虽然民粹主义政党未能在 2017 年的欧洲诸国的元首换届选举中成功登顶，但民粹主义政党的民意支持率和议会席位均出现了不同程度的上升，民粹主义势力的日趋扩张已成为不争的事实，这无疑将继续给欧盟的正常运行埋下隐患，进而也会对世界经济的持续复苏产生不可估量的负面效应。

2017 年法国总统大选在 5 月正式落下帷幕。中间派候选人马克龙在法国总统选举第二轮投票中以 65.5%的支持率这一绝对性优势成功击败来自极右翼政党的候选人勒庞，成为法国历史上最年轻的总统，同时也使得民粹主义借机颠覆法国政局的图谋未能得逞，成功防止欧盟在民粹主义的搅动下进一步走向分裂的结局。但如何弥合社会撕裂所引致的意识分歧将是一道摆在马克龙面前不可小觑的政治难题。相较于法国马克龙入主爱丽舍宫的历程，素有“铁娘子”之称的默克尔在 2017 年寻求第三次连任德国总理的选举之路就显得不太平坦了，事前鲜有人能猜测到这次默克尔组阁进程竟会如此艰辛与曲折。根据德国官方发布的选举结果显示，默克尔所领导的由基民盟和基社盟组成的联盟党以 33%的得票率领先于其他政党，社会民主党和选择党分获 20.5%和 12.6%的选票，分别成为第二大、第三大政党。然而，表面上看似亮丽的选举成绩单实则透露出不少的隐忧。一方面，虽然默克尔不出意料再次开启了连任之旅，但其所在政党的得票率相较于四年前大选出现了明显的下滑，从上一次的 41.5%大幅下降到这次的 33%；另一方面，德国选择党在此次选举中异军突起并一举跃升为第三大党，成为德国自第二次世界大战后第一个跨进联邦议院门槛的右翼民粹主义政党，实现了历史性的突破。这些新变化似乎也注定了日后组阁谈判过程一波三折的命运。选举结束之后展开的与其他政党的组阁谈判屡遭挫折，在放弃与右翼民粹主义政党组成联合政府的背景下，默克尔所面临的选择空间愈发有限，险些动用重新举行大选这一最后手段，最终在社民党成员的投票支持下，默克尔所在政党才如愿与社民党就组阁相关事宜达成共识，打破了持续五个月之久的政治僵局。然而，接下来的四年对德国乃至欧洲而言显然还存在着诸多的未知变数。此外，从荷兰、奥地利等国的选举结果来看，虽然民粹主义政党同样未能实现执政的夙愿，但依旧无法阻挡民粹主义成为欧洲政坛上一股不可忽视的力量。实际上，近年来欧洲民粹势力的不断膨胀绝非偶然，而是具有相当的必然性。这与欧洲存在社会、经济、政治等领域的深层次矛盾息息相关。正是经济全球化以及新技术革命所造成的贫富差距日渐扩大等积弊愈发凸显，促成了民粹主义与激进、反体制政治力量的结合。因而，只要欧洲民粹主义的根源尚未根除，民粹主义势力将在可预见的未来继续困扰欧洲的政治生态，将给欧洲一体化进程以及世界经济行稳致远带来不小的冲击和挑战。

（四）新兴市场国家经济韧性不足

在2008年全球金融危机爆发之前，世界大多数国家的经济增长速度一直为持续的正增长。据有关资料显示，2007年世界新兴与发展中国家的平均增长速度为8.6%。尽管金融危机产生后，这些经济体增速放缓，但与一些之前较为发达的经济体相比，仍显著高于它们，因此这些新兴的经济体成了世界经济复苏的重要推动力。根据2010年的有关数据显示，新兴经济体在危机后经济刺激措施的作用下经济增速仍然达到了7.4%。2010年往后，其增速逐渐减慢，2014年下降至5%，这一速度与发达国家基本相差不大。2009年，新兴与发展中国家的经济增速整整比发达国家高出6.4%，而到了2017年，这一差距已缩减到2%左右。

由此可见，当前许多新兴国家经济增速步伐缓慢，同时在其内部一些国家经济发展也出现了诸多波折。以巴西和俄罗斯为代表的部分新兴经济体的经济状况出现了恶化。2008 年金融危机爆发之后,俄罗斯的经济发展经历异常复杂的路程,2009 年俄罗斯 GDP 同比下降 7.8%,2010 年开始触底回升,2010 年与 2011 年俄罗斯均实现了 4.3%的经济增速。但好景不长,2012 年以后俄罗斯的经济增速再次步入下滑的通道,其中 2015 年和 2016 年俄罗斯 GDP 更是出现负增长。但值得庆幸的是 2017 年俄罗斯逐渐从经济衰退的阴影走出,释放出缓慢复苏的信号。由于受到国际大宗商品价格的剧烈波动,巴西整体经济发展也呈现出类似于俄罗斯的特征。

近年来随着俄罗斯和巴西经济结构进行一系列改革,加上全球油价的调控,两国经济形势开始有了好转。然而截至目前,两国经济仍不尽如人意,仍未实现持续稳步增长。可见,这些新兴的国家经济体势必要经过一段时间的恢复才能达到以往的繁盛状态。而在这期间,市场随时产生的变化都会对全球经济产生不可避免的影响。全球经济仍处于一个后危机时代,发达经济体在危机后的恢复程度上出现了显著的差距与分化,一些新兴市场和发展中经济体也在此过程中面临着严峻的挑战。大多数新兴市场国家经济体增速减缓的内在原因,最主要源自经济结构的不合理,因此产业转型迫在眉睫。长期以来,这些新兴国家并未找到经济增长的内在动力,产业结构不协调的矛盾仍较为普遍。在全球金融危机爆发之前,虽然在新兴经济体中也存在着结构失衡问题,但是得益于全球经济一直处于稳步快速增长的过程,以及大宗商品的价格也在不断提高,这种问题所带来的消极影响尚未显露。然而,随着全球经济的新一轮发展,外部需求市场趋于饱和,而其内在增长的动力仍未被充分挖掘,从而造成其经济结构与资源配置存在尖锐矛盾,阻碍了内部经济的快速增长;同时随着市场竞争日趋激烈,一些大型商品的价格持续下跌,更加剧了上述这一矛盾。举例来说,俄罗斯、巴西等新兴经济体,作为能源与资源大国,它们是石油等大宗商品的重要输出国,因此该方面的出口额在总出口中乃至国家财政收入中都占据着十分重要的地位。IMF 曾在 2018 年的《世界经济展望》杂志中强调,由于这些大宗商品价格持续下跌,依赖这些商品出口的一些国家的经济增长速度明显放缓。大宗商品价格低迷除了会影响严重依赖大宗商品贸易的国家的总体收入，还会对这些国家的内部经济乃至政治局势造成一定的动荡，例如引发经济下滑，财政恶化，外债偿还能力减弱等负面影响，给国内经济带来巨大的金融风险；此外美联储的货币政策也在一定程度上影响这些国家的经济环境与背景，对其产生重要的影响。根据以往经验，美联储的政策会对基础薄弱的新兴经济体产生明显的抑制影响。由于美联储的加息通道在可预期的未来尚不会关闭，这些新兴经济实体的货币政策乃至资本市场势必会产生重大的波动，进而加剧这些国家经济状况的恶化程度。

二、WTO 模式红利趋弱

2001 年 12 月我国正式成为世贸组织成员。加入世贸组织为中国带来的“红利”是当今中国能成长为世界贸易大国不可或缺的条件。回顾十多年的发展历程和取得的成就，事实证明，中国加入世贸组织的决定是英明的，倘若没有“入世”，中国便不会在国际市场上获得巨大的发展空间与大量发展机遇，仅凭自身国内的经济力量和国家制定的一些对外经济政策，根本不可能支持中国对外贸易走如此之远，更无从谈及当前的对外贸易大国的地位。换言之，当前成为贸易大国早已不是中国的目标，中国的目的是打造世界一流的贸易强国。然而随着加入世贸组织带来的制度上的红利被消耗殆尽，中国的贸易强国之路任重而道远。

中国自成为世贸组织的成员国之后，便不遗余力地提升出口产品的技术含量与商品附加值，以达到占领海外市场的目的。海关部门有关数据表明，中国的这一努力是有目共睹的：2001 年我国出口的高技术含量商品占贸易总额的 17.5%，而到 2016 年该比重约为 30%，增速明显。其中，机电产品的技术含量普遍较高，也由当年的 44.6%提高到 60%左右。加入世贸组织对中国来说，最大的挑战也是最大的红利，即加速中国国内经济改革，推动国内产业升级。企业为了适应市场大环境，也必须不断提升产品的技术含量及附加值，拓展海外市场，增强产品在国际舞台上的竞争力。通过这些举措，推动产业发展达到一个新高度。

然而,WTO 新成员的 15 年保护期已经于 2015 年到期,打开国门已经成为板上钉钉且无法逃避的事实。很多人没有意识到打开国门意味着什么,以及对于我们普通人的正常生活会造成哪些影响。可是实际上,它与每一个中国人的生活问题息息相关,因为当国门打开意味着至少有两件事情即将发生:第一件事情,就是外资企业可以被允许进入到包括之前国家管制的交通、钢铁乃至金融证券等所有行业,之后的投标项目只由个人财团参加,国家不能参与;第二件事情更是与我们的生活紧密相关,进出口商品将全部免除关税。

与此同时,其影响也是显而易见的,加入 WTO 以来,我国对外的进出口贸易额不断上升,2009 年,我国已在世界贸易出口国排行中占据第一的位置,2013 年超过美国,一跃成为世界第一大货物贸易国。不过根据 2016 年世贸组织的有关资料显示,我国在连续三年排名第一之后,又被美国反超。依据有关资料,2016 年美、中两国的货物贸易总额分别为 3.706 万亿美元、3.685 万亿美元,中国落后于美国。尽管在进出口额同比比较中,美、中均有不同程度的下滑,美国减少了 3%,而中国的进出口额却分别同比减少了 5%与 8%。由于美国进出口额减幅都小于中国,2016 年中国还未能捂热仅仅保持了三年的全球贸易额首位的宝座就又把位置腾出给了美国。但 2017 年中国对外贸易总额达到 4.105 万亿美元,又成为世界第一大货物贸易国。

三、东南亚国家替代性要素供给能力趋强

随着经济快速增长和需求不断扩大,东南亚国家已成为新一轮国际产业转移的主要目的地。随着社会的发展,中国的人口红利期已过,劳动力成本日益上涨,而东盟有关各国则在制造业上展现了巨大的竞争潜力。由于东盟各国在人口资源、城乡结构等方面具有高度一致性,因此其在制造业国际直接投资上相对拥有较强的竞争性。在承接国际产业转移上,东盟一些国家,如泰国、菲律宾等国已逐渐成为我们越来越强有力的竞争对手。尤其是在本地原料主导型的加工工业方面,马来西亚、菲律宾、印度尼西亚等国具有明显的竞争优势,这些产业不但是东盟一些国家工业发展的主要领域和出口商品最多的行业,而且

依靠的是低廉的劳动力和孱弱的产品附加值。

东南亚各国在吸引产业发展角度具备了诸多优势。从人力成本角度讲,东南亚一个熟练工一个月基本工资是220~300美元,相当于人民币一个月1 300~1 800元,普工差不多110美元,中国大陆普工人民币3 000元的基本工资要比其高出一倍,甚至更多。例如国内一个普通车工月薪是人民币4 000~5 000元,镗床工月薪8 000~12 000元。新德里,印度最发达的城市,普通工人工资是80~100美元,甚至更少都有人做,很像中国20世纪90年代那时候人们找不到工作的情况;从用地成本角度,中国厂房地价差不多是每亩4~8万元(当然有的地区有补贴),一个像样一点的厂房需30~50亩,如果要在印度或者孟加拉国开厂,地是免税的,成本相当低廉。值得注意的是,在较早承接国际产业转移的行业领域上,东盟国家也“十分具有优势”,例如通信设备、计算机及其他电子设备等制造业。那么毫无疑问未来在承接这一领域的国际产业转移时我国西部地区与东盟国家将面临着更加激烈的竞争。东盟国家中当属泰国和越南在该领域中最具竞争力。就泰国而言,电子信息产品制造业作为泰国的支柱产业之一,成为泰国经济增长的主要引擎,目前泰国坐拥世界四大硬盘组装公司即美国西部数据、希捷科技、东芝以及日立环球在本国分设的生产基地。迄今为止,泰国已成为世界上不可小觑的硬盘制造基地。至于近年来越南的电子制造业迅速崛起的缘由,这与大量外资电子企业从周边国家向越南迁移不无关系。因而面对日趋激烈的外部竞争,我国必须狠下功夫,抢占跨国公司巨头和引大项目入驻的难得机遇,着力于延伸产业链条以及增加生产附加值,吸引更多相关配套的厂家和商家进驻,才能在与东盟国家的竞争中脱颖而出,并争取能够有效承接起高技术型的电子信息产品制造项目。从目前国家间产业转移的特征来看,不难发现传统加工制造业的转移正处于持续减少的下降通道,由最初的以劳动密集型、资源加工型为表征的产业转移逐步开始转变为以资本密集型、技术密集型为主体的产业转移,转移的梯次级别愈发高端。因此在产业转移结构日趋升级的背景下,西部地区在承接国际产业转移方面面临着越来越严峻的挑战，仅仅依赖低廉的劳动力成本来获取相对比较优势的道路已经走不通，应该着眼于长远并明确自身的行业优势，利用好相关产业基础和国内配套能力，不断深挖发展潜力，方能吸引更多高质量有价值的产业转移项目。

随着经济全球化的发展以及科技信息化时代的来临，区域分工方式已经出现了深刻长远的变化，即从原有的产业间的分工转变为产业发展的要素分工。这一重大的趋势变化无疑将意味着产业边界由此将不再如同以往清晰可见，跨产业间的合作与融合会成为不可阻挡的历史潮流。这给予我国在新一轮国际产业转移承接的阶段以重要的启发，中国不应过多依赖和满足于加工贸易型产业的承接，而应当立足资源禀赋优势的角度，整合优化资本密集型、技术密集型等行业，延伸符合本地优势的产业链条，并把握好国际直接投资产业转移的引导方向和力度，使我国能够更加注重高附加值领域的引资而纠正对传统的劳动密集型行业所形成的路径依赖，同时也要着眼于促进引进的国际直接投资与当地产业的融合以发挥出“1+1>2”的合力效应。另外，也不可忽略产业承接阶段中自主创新能力建设的重要性，这将有利于后进地区自主创新的内生性培育。

破解在新一轮国际规则制定中被“边缘化”的风险，需要学习并熟悉国际有关规则。目前国际在优化境外投资的便利化水平和提高对外开放的透明度的惯用做法主要可归纳为两个方面，一方面是全面实施“国民待遇加负面清单”的管理模式，另一方面是不再实行“审批制”而转为“备案制”的境外投资管理体制。近年来我国不断致力于负面清单管理模式的推行实施，采取了“两条腿走路”的战略。一是主动在国内设置的自贸区采取负面清单管理模式，二是通过签署双边投资协定的方式来倒逼国内改革。主动出击和倒逼机制看似存在一定的矛盾，但其实对立中包含着统一，完全可以协调好这两者之间的关系，如此一来既能充分发挥出自贸区先行先试的探索作用，也能通过外部压力来突破改革中所面临的困境。当然，我们始终要高标准推进国内各项事项的改革，坚定不移地实行对外开放，朝着国际化、法制化、透明化的目标不断优化营商环境，注重培育并提升国内企业竞争力，实现与世界经济更具深度的融合发展。

越南电子制造产业市场分析

自20世纪90年代初开始，索尼、东芝、三洋等日本消费电子制造商，通过至越商来料组装生产方式开发当地市场，越南政府则陆续全面豁免电子零组件进口税以扶植国内电子制造业发展，越南开始以电子零组件进口建立供应链市场。之后，越南于1995年加入东盟，分别签订一系列国际双边和多边自由贸易协定，接着履行各项国际承诺开放进口市场，逐渐调减包括电子制品和零配件在内的商品进口，如此一来，进口电子产品价格相较于当地组装出厂价更具市场竞争力，因此索尼由2000年直接输入销售泰国和印度尼西亚工厂产品，同时逐渐撤出越南组装生产链，造成胡志明市Viettronics Tan Binh、Viettronics Thu Duc以及Viettronics Quan 10等曾经长期替索尼组装电视机、DVD播放机以及收录音机等消费电子产品的越商，在失去索尼的支撑后逐渐没落，转向进口经营电子产品。例如Viettronics Tan Binh于2014年成为美国电子品牌Pioneer越南总代理商。

近年来由于越南政府持续招商引资，尤其提供电子制造业许多投资优惠，外国电子行业亦相中越南外销市场日益扩大，国内社会稳定、人口年轻、工资相对便宜等发展有利因素，于2000年代后期相继前往越南设厂，Samsung、LG、Panasonic以及Intel等国际大厂亦皆现身越南，其下游厂商也紧随而至，开创另一番电子制造业供应链。并让越南自2013年以来电子产品出口比重与年俱增，2014年跃升至全球排名第12的电子产品出口国，在东盟地区排名第3名，年均增长10%。

根据越南投资事务局统计资料，当地电子产业总共吸收100余亿美元国外投资，其中手机制造商最积极，当中Samsung独领风骚。其他电子零配件制造商也跟随而至，相继成立KSD Vina、Morips Vina、Orientech Vina、Rftech Vina、KET Vina、Kybye Vina、Melfas Vina、Dongsung Vina等外资电子零配件制造厂，跟随大型跨国电子制造商在越南布局开发市场。

实际上，越南电子制造业供应链仍有极大的困境需要克服，首先是越南机械制造业长期发展落后，迄今仍只能出厂制程简单的机械设备，而且工作母机老旧，精密度低，无法争取当地外资企业机械设备采购合约。根据越南冶金工业科技协会于2014年年底的统计资料显示，当地约500家铸造企业中，仅约200家的加工金属基本达到当地外资制造业要求的标准，且大部分未能切入当地外资企业采购供应链。例如Samsung在越南80多家下游厂商中，越商占比不足10%，而且只能供应包装材料、纸箱、海绵盒、塑胶模具等附加值最低的配件环节。因此进口机械设备的需求长期兴旺发展。根据越南海关总局的统计资料，2015年上半年越南合计进口139.6亿美元机械设备和零组件，较2014年同期大幅增长36%，其中外资企业进口90.4亿美元，较2014年同期增长50.6%，本地企业进口49.2亿美元，增长16%。显示短期内越南的电子零组件仍依赖进口设备来制作。

其次，根据越南塑胶行业协会（VPA）的统计资料显示，当地塑胶行业原料产量目前仅能满足市场20%～30%的需求，主要为PVC、PET、PP等，70%依赖进口。另一方面，越南塑胶产业目前仍以生产消费塑胶产品为主（2014年出口30亿美元塑胶制品），高科技塑胶制品则尚有待发展。同时，越南充沛的劳动力、勤奋的劳工以及相对低廉的工资仍吸引大量日、韩为首的电子制造业者进驻。比如三星电子于1995年初开始在越南成立了Samsung Vina消费电子联营企业，迟至2013年以后开始大规模经营越南工厂，分别在越南北宁省和太原省各投资25亿美元和20亿美元设厂制造移动通信设备及零配件，并于2015年另在胡志明市西贡高科技园区投资14亿美元制造消费电子产品。

2014年Samsung越南工厂出口260亿美元产品，约占越南当年整体出口总值17.5%（出口金额第一位），2015年Samsung出口300亿美元，年增长率达15%。为此英特尔于2017年开始在胡志明市西贡高科技园区投资

3 亿美元组装和封测第 4 代 Core i 处理器(chip Haswell);2014 年年初开始制造平板电脑和智能手机处理器 SOC(system on a chip)以及第 4 代 Haswell CPU。据了解,外国电子制造商近年多选择在越南北部地区投资设厂,除出于邻近中国方便进口元件的考量外,制造商也相中日本 Honda 和 Toyota 等外国汽机车制造商长期在河内和永福省等地投资设厂后,带动当地金属加工及精密机械制造业起步,造就出较南部地区深厚的电子电工熟手技术人力资源,加上北宁、海防、永福以及兴安等省份与首都河内市咫尺之隔,较容易与中央政府机关直接沟通等有利条件。

四、区域经济协作模式的“反全球化”浪潮

作为最大的发展中国家的中国,自 2001 年加入世界贸易组织以来,综合国力明显增强,目前已成为世界第二大经济体、世界第一大贸易国、世界第一大吸引外资国、世界第二大对外投资国,国际地位得到了显著的提升,对邻近国家乃至世界的影响力与日俱增。美国近些年来,频频就自身出现的巨大贸易逆差向中国等主要贸易大国发难,美国仅仅把问题的症结归咎于全球化市场的失灵和中国的“搭便车”行为,使美国未能从全球化的浪潮中谋取预期所应得的利益,并开始将中国视为挑战其在全世界的经济霸权地位的主要竞争对手。为了扭转外贸巨额逆差和经济增长略显乏力的颓势,并进一步压制中国的崛起,美国在贸易领域的动作频频。早在奥巴马执掌美国期间,美国凭借自身在农产品、高端制造业以及服务业所具备的独特优势,于 2009 年年底高调宣布加入《跨太平洋伙伴关系协定》(TPP)并开始主导 TPP 的谈判进程。然后在 2013 年美国又着力启动与欧盟进行《跨大西洋贸易与投资伙伴协定》(TTIP)谈判。上述所提及的 TPP 和 TTIP 分别涉及的 12 个 APEC 国家和欧盟成员国均是中国重要的贸易伙伴,这些国家对中国的对外经贸发展的重要性不言而喻。而当特朗普入主白宫后,虽然基于政见不同的考量决定退出《跨太平洋伙伴关系协定》,但

这并不意味着美国从此放弃对中国崛起的战略遏制。从特朗普竞选期间关于中美贸易问题的言论到执政之后单方面挑起贸易战,种种迹象均表明美国对于中国经济实力发展壮大进而威胁其全球政治经济地位的顾虑有增无减。面对这股反全球化的逆流,中国应当坚定自身支持多边主义和国际规则的立场,一如既往维护并推进世界贸易组织框架下的多边贸易投资机制建设,以高标准建设的自贸区和秉持着开放理念的"一带一路"倡议作为提高贸易自由化的重要架构,同时深化与东盟、欧盟、金砖国家等组织与所属国家的经济合作关系,促进多方在产业、文化、金融、教育、科技等领域的交流合作与优势上的互补。

五、国际合作进程略显迟滞

20 世纪 80 年代以来,中国在实施改革开放的同时开始注重双边和区域合作机制建立,并以此为契机营造宜商宜居的环境条件,进一步提升对外开放合作的水平。迄今为止,中国在双边和区域合作机制的建设取得了较为丰硕的成果,已经基本形成了较为完整的体系。该体系涵盖着对外开放合作的方方面面,包括了内容详实、细节具体的双边投资协定及自由贸易协议;合作框架与边界泾渭分明的上海合作组织;相对务虚有待深化发展的各种伙伴关系;旨在加强基础设施投入与建设支撑力度的诸如金砖国家新开发银行、亚洲基础设施投资银行等多边开发性金融机构;践行区域共同繁荣、发展、开放精神的"一带一路"倡议及其配套筹建的丝路基金等,逐步实现了较为广阔的地方区域与合作领域的辐射与覆盖。虽然我国在双边和区域合作取得了明显的进展,但面对国内外新形势的变化,也逐渐暴露出不少不足之处。

首先是双边投资协定标准参差不齐并渐渐无法满足时代发展要求。截至目前,中国已与世界上超过 130 个国家与地区签署了相应的双边投资协定。虽然涉及的国家众多,但协议文本的内容互不一致,其中大多数协定更倾向于保护利用外资的相关合法权益而相对缺乏对我国企业"走出去"的支持力度,难以适应对外投资迅猛增长的发展趋势。其次是自贸区协定成果略显平乏。截至

2017 年年底，中国已签署了涉及全球 24 个国家与地区的 16 个自由贸易协定。这些相关国家与地区在地理位置上的分布呈现出不均衡的状况，主要散落于靠近海域的陆地。更为重要的是，我国尚未与除了东盟以外体量较大的经济体系达成自由贸易机制安排的意向。再者是第三伙伴关系的合作深度亟须加强。据不完全统计，中国目前所建立的 75 对类型多样的伙伴关系涉及 70 个国家以及 5 个国家集团，涵括东盟主要大国、欧洲国家与所有金砖国家。顾名思义，伙伴关系的建立旨在为我国与全球国家、地区与组织搭建深化合作交流、共谋促进合作的对话平台。但就目前而言，伙伴关系的确立途径略微单调，严重依赖于政府层面上一轨外交的联系沟通机制，而缺乏通过深挖非政府组织和民间团体的潜力来寻求更多伙伴关系的确立。此外，伙伴关系在经济合作领域中所发挥的实质性作用相对有限也是伙伴关系需要进一步完善的地方。第四，在区域经济合作推进过程中的相关协调机制尚不明确。一个比较鲜明的案例便是具体落实“一带一路”倡议。想要让“一带一路”倡议的成果惠及更多的国家与地区离不开资金的支持，对此我国也牵头成立了诸如金融国家新开发银行、亚洲基础设施投资银行等多边开发性金融机构以及为此专门筹建的丝路基金，这些无疑将更好促进“一带一路”倡议缔结更多丰硕的成果从而真正落到实处。但如何协调统筹好上述金融机构在推进“一带一路”建设过程所扮演的角色将是未来不可回避的工作重点之一。

当今区域经济合作呈现出新的发展趋势，主要体现为更宽松的自由化和更高效的便利化这两大鲜明特点。面临时代发展背景的深度变化，我国应当主动把握并适应区域经济合作所带来的新机遇和新挑战，其中关键在于主动对接国际规则与标准。一方面，中国通过改革开放四十年所释放的政策红利实现经济地位的崛起，无论在产业宏观层面抑或是企业微观层面都具有一定参与国际竞争的能力和加大对外投资的力度。上述两个方面意味着对接国际规则的客观条件已逐步成熟。在明确对标国际规则必要性的同时，我们也要深刻认识到该做法不仅可以拓宽海外发展的经济格局，促进国内经济发展方式的转型升级，更能在新一轮国际化竞争的浪潮中避免陷入规则制定与优化被“轮空”的尴尬处境。从国外的具体实践经验来看,国际上目前较为通行的做法是采用“国民待遇+负面清单”管理模式和以“备案制”为主的境外投资管理体制相结合的双重举措。近年来,我国着力推动负面清单管理模式的落地生根,以此进一步缩小与国际规则的差距,深化“放管服”改革成效。而当前负面清单管理模式更多只是应用于国内自贸区与双边投资协定等有限的领域,而未能普遍在全国范围内予以推行。下一步,负面清单管理模式应根据现行阶段的先行先试适时进行完善,积极稳妥扩大推行范围,并加紧研究出台境外投资管理备案制的可行性方案。

六、经济增长动能趋于枯竭

全球市场的需求增长速度乏力,世界范围内的新市场开拓难度加大,导致经济增长动能仍处于疲软的状态。市场的开拓从理论上可划分为依赖地理维度上市场新发现的外延式市场开拓以及借助存量市场发展壮大的内涵式市场开拓。而目前想要通过如同哥伦布一般发现新大陆来实现外延式市场的开拓机会渺茫,只能更多寄希望于现有市场需求的扩大。从全球经济发展的历程看,我们不难发现市场需求的强弱往往与经济增长呈正相关的趋势。第二次世界大战结束后,欧洲与日本面临着战后恢复重建的迫切需求,形成了相当旺盛的市场需求。因而从第二次世界大战后到 20 世纪 70 年代初全球走上了经济增长的快车道。反观 20 世纪 70 年代中后期,由于全球市场需求日趋饱和,市场经济运行出现失灵的情形,在一定程度上造成了较为严重的产能过剩,全球主要经济体相继陷入经济增长的低谷,经济增速均出现了不同程度的下降。而后随着“亚洲四小龙”经济的腾飞以及中国改革开放释放出强大的需求,全球经济拨开云雾见月明。

一般来说,当市场需求萎靡不振之时,往往伴随着产能过剩的产生。更为糟糕的是,当市场需求疲弱,经济增长放缓之际,贸易保护主义通常有所抬头,贸易争端也会呈现出高发的态势,不可避免将会对贸易全球化的趋势造成短期的障碍效应。虽然目前全球贸易体系的确存在不少亟需完善的地方,但贸然采取贸易保护主义行为甚至不惜发动贸易战并无助于解决现行多边贸易体系所潜存的种种弊端,只会导致"一损俱损"的局面形成。因而,当经济下行压力增大时,应当通过自身的革旧除弊来进一步激发经济增长的潜力而非采取以邻为壑的危机转嫁方式。

七、全球经济发展不平等加剧

不平等程度加剧是全球经济新格局的鲜明特征之一。经济发展不平等加剧既包括国家层面上的经济发展不平衡,也包括国家内部区域之间经济不协调。其中,国家之间的经济不平衡被专家学者们视为是"全球不平衡问题",在2008年全球金融海啸发生前后就得到了广泛的关注与讨论,全球经济发展不平衡表面上看似由经常账户的不平衡所引致的,但实际上应归因为全球分工的不合理和储蓄投资结构的错配,进一步势必会造成国家内部不同部门和不同主体更为严重的收入不平等和财富不平等问题。与此同时,不平等也会引发一系列的社会问题。英国意外脱欧背后正是源于贫富差距日益扩大的阶层不平等。脱欧公投的投票结果显示,大多数英国精英阶层是赞成英国继续留在欧盟的,反观绝大多数来自草根阶层的普通民众则选择支持脱欧,道理很简单,这是因为他们感觉到自从加入欧盟以来自身在工作待遇和社会福利等方面所带来的幸福感有减无增,正是阶层不平等所造成的不安全感使得他们愤然促成了英国的意外脱欧。类似地,特朗普击败希拉里而意外当选事实上也与贫富差距加剧的背景下底层民众源于阶层不平等所产生的不安全感紧密相关。特朗普在竞选期间直戳国内贫富差距渐趋扩大的痛点,并给出了引发社会底层共鸣的解决方案。特朗普极具煽情的竞选宣言笼络了草根阶层的信任并最终使其成功登上了总统的宝座。

缓解不平等的关键还在于如何合理分配收入。中国2017年全年国内生产总值达到人民币 82 万亿元，在做大做强蛋糕的同时，怎样分配好这块大蛋糕显得尤为重要。如何在资本、劳动、税收等环节作出合理的安排，即要素分配结构的合理性，它将直接影响实体经济的消费率和储蓄率，决定着总需求的强弱，也势必关乎经济增长的动能。此外，阶层不平等加剧同样是产能过剩问题的罪魁祸首之一，势必会危害到实体经济的可持续发展。

第二节　中国经济格局的困境与需求

一、新时代下经济转型的需要

改革开放以后，中国逐渐走向繁荣复兴，持续三十多年保持高速增长。然而，在国内外因素的影响下，当前经济增长率降至 6%～7%，步入了经济发展的"新常态"。"新常态"下，中国面临新的问题和挑战，一是中国在国际竞争中面临产业竞争力不足，价值链低端锁定等问题，在全球贸易中遭受发达国家和新兴经济体的两头挤压。中国在全球价值链体系中的地位仍处于较低的层次，凸显出我国转变经济发展方式，调整产业发展结构的迫切性。当前全球贸易形式发生了诸多深刻复杂的变化，如今不再仅仅局限于最终产品的商贸往来，产品内贸易逐渐成为全球贸易的重头戏。尽管从贸易体量上看，我国位居贸易大国的行列，但中国在全球产业链中主要承担简单组装加工的职责，实际上并无法为全球商品创造更多的附加值，因而也只能在国际贸易过程中获取有限的增值收益。改革开放之初，中国充分利用自身劳动力成本低廉的优势参与到全球化生产的体系中去，当时中国对外贸易的特点就是出口以劳动力制成品为主的低附加值商品，转而进口技术含量高、附加值高的产品。而如今，对外贸易商品结构得到了明显的改善，服装、玩具等劳动密集型产品的出口占比显著下降，取而代之的是，机电产品、重型设备等技术密集型产品的出口比例不断攀升。企业也逐步更加注重培育自主创新能力，打造自身优质品牌，由原来的加工制造过渡到重视附加产值的增生。这既是依赖低廉劳动力的经济发展模式难以为继的另寻他路，也是国家主动作出经济转型和产业升级的战略抉择。

经济转型与产业升级势在必行，但同时也遭受着不少的困难与挑战。首先便是来自劳动力、土地、物流等要素价格的不断上涨。其中以物流成本的上升尤为明显。物流成本的节节攀升渐渐对中国产业可持续健康发展产生不可忽略的负面影响。物流成本的传导必然将抬高相关产品的销售价格，进而导致产品竞争力的下降，更为重要的是，物流成本的居高不下不可避免挤占了企业研发投入的相关资金，进而会进一步挫伤企业创新能力。据有关学者测算，中国目前的物流成本水平与全国国民生产总值之比大约为 18%，相较于美国等发达国家，该比值高出 10 个百分点左右，可以说中国当下的物流成本是处于较高的区间的。过去一段时期中国制造业之所以能够迅猛发展是因为明显的成本优势所造就的竞争力，而当下中国经济发展进入新常态，包括劳动力成本在内的要素成本面临着不可逆的上升趋势，无法如同之前仰赖于低廉的劳动力来驱动制造业的发展，因此转变经济发展方式和产业结构的转型升级已是迫在眉睫之举。其次，传统驱动力日渐枯竭，创新驱动新引擎有待进一步发力。由于传统生产要素的成本不再低廉，仅仅依赖要素驱动乃至投资驱动已渐渐没法实现经济的可持续发展。就目前而言，创新驱动力的经济增长乘数效应开始得以显现，但完成新旧驱动力的迭代还为时尚早，仍需要要素驱动以及投资驱动共同发力。因此，改善对外贸易结构，提升在全球价值链条中的地位，实现新旧动能转换是新时代下中国经济转型的必由之路。

二、“一带一路”倡议下的“双轮驱动”

双轮驱动机制，主要用于国际金融的发展当中，它是指主权国家的行为通过两种途径影响世界经济，第一是国际贸易，第二是国际金融。在我国大力推动“一带一路”倡议的大背景下，实现国际贸易与国际金融的双轮高效运转显得尤为重要。2015 年 6 月，国家发展改革委员会联合外交部和商务部共同对外发布了《推动共建丝绸之路经济带和 21 世纪海上丝绸之路的愿景与行动》，该文将成为未来一段时期内推动“一带一路”建设的纲领性文件，其中着重突出了“资金融通”在“一带一路”建设过程中所起到的关键性支撑与引领作用。因此，“一带一路”建设所蕴含的难得机遇无疑将给我国金融业发展注入强力推进剂，但与此同时也对未来金融服务和驱动贸易发展提出了更高的要求。当前，“一带一路”建设已逐步成为中国全方位实行对外开放的重要内容，而深化金融合作交流也是“一带一路”建设过程中的重要环节，通过中国与俄罗斯、中亚、西亚、南亚和中东欧等“一带一路”沿线国家与地区开展了包括但不局限于双边本币互换结算、金融机构合作与互通等形式多样的金融合作，针对需求导向以及问题导向定期对金融合作交流过程中存在的困难与阻碍，及时采取妥当的举措予以化解，进一步完善创新区域融资保障体制机制，充分发挥亚投行等多边金融机构在促进人民币区域化与国际化所担负的引导作用。加强中国与“一带一路”沿线国家间金融服务贸易合作是促进中国与“一带一路”沿线国家共同发展、共同繁荣的重要途径。研究表明，中国国际金融服务目前无论从贸易规模还是国际竞争力方面总体偏低。因而只有通过推进人民币在“一带一路”沿线国家国际化进程，注重金融产品创新，培养“一带一路”金融服务人才，强化互联网金融在“一带一路”倡议中的作用，才能真正提升中国金融服务贸易国际竞争力，深化中国与“一带一路”沿线国家的金融合作。

“一带一路”建设是党和政府基于人类命运共同体的战略高度所主动发起的倡导，其核心要义便是深化国际贸易合作，这离不开对国际贸易效应的深入研究以及提高相应的驾驭能力。推动“一带一路”建设，深化国际贸易合作，既要在提升贸易便利化程度上狠下功夫，也要注意将区域一体化作为出发点和落脚点。要想提升贸易便利化水平须着重铲除阻碍贸易往来和资本流动的各种无形或者有形壁垒，并提高相关贸易规则的透明度，而就进一步加深区域经济一体化方面要致力于打造更具竞争力的市场经济，提升对外吸引力，深挖区域合作的潜力，促进产业链上下游的融合发展。伴随着“一带一路”建设不断向前推进，中国在对外贸易方面仍将拥有不可小觑的发展前景，“一带一路”建设将毫无疑问给国际贸易格局带来全方位的深远影响，而不仅仅局限于贸易便利化以及区域经济一体化。例如，当“一带一路”倡议不断得以落实，也会对中国跨区域的产业转移乃至中国产业结构的调整产生实质性的影响，而中国自身产业结构的转型升级反过来又将继续对国际贸易格局带来深刻的变化。

“一带一路”建设作为深化国际贸易合作的重要方式，涉及交通运输行业、国际贸易行业、信息行业以及文化行业等众多行业，给国际物流和国际贸易发展带来机遇的同时，借助国际贸易与物流两者之间的协同发展关系，有效提升我国各行业在国际贸易方面的核心竞争力，进而加快企业国际化交易和拓展经营业务范围，转变和实施新的经营理念和管理方式，促进国家经济的国际化、市场化发展。“一带一路”倡议在境外投资和运营安全，国际贸易与国际物流协同及物流企业发展等方面仍有很大的发展空间，结合当前“一带一路”倡议形势，通过提升倡议实施意识、抓住发展机遇、创建协同发展新环境及加快物流企业国际化发展等措施来实现国际贸易与国际物流协同。

三、改革攻坚期的金融风险防范

随着美联储加息周期的启动，美元的强势归来，加上特朗普号召制造业的回归，更加助推了全球流动性转折点的降临。美元的过度强势，不仅加速了资本流出中国的速度，更让我国的货币政策在被动收缩的同时面临着前所未有的囚徒困境。加之多年来我们并未真正有效地清算和解决悬在我们头上的名为高杠杆的达摩克里斯之剑。高杠杆、人民币贬值、资本外逃成为可能引发中国经济系统性风险的三大最为危险的因素。政府和企业债务、房地产泡沫、产能过剩等这些高杠杆风险也就真真切切构成了中国经济发展的隐忧。防范化解金融风险，维护金融稳定发展，是当前我国不可回避的工作重点之一。金融的发展壮大理应更好地哺育实体经济的可持续健康增长，但金融发展的过程中由于资本的逐利性、监管的缺失等难免会引致风险因子的积聚,因而我们需要竭力防止“黑天鹅”事件以及“灰犀牛”风险直接或间接给实体经济的可持续发展造成严重的冲击,守住不发生系统性金融风险的底线。防范化解金融风险,是实现高质量经济发展的必经之路,既要不遗余力加强市场监管与加大整顿力度,排除影子银行、房地产泡沫、地方政府债务等风险隐患点,又要毫不动摇实行供给侧结构性改革,形成金融与实体经济的双向互哺循环。

第三节　自贸区发展的重大意义

自贸区,从定义上来看,是国家或者地区以自身的相关法律法规为依据在本地特定区域设立享有特殊政策优待的高阶版经济特区;从形式上来看,该区域的经贸往来都归并为国家或者地区境内关外的贸易行为;从本质上来看,自贸区是实施自由港政策的关税隔离区,即由某个国家或者地区在其所辖疆域内圈划出特定的区域能够对外进行更加便捷的经贸合作,同时政府当局对该区域所发生的贸易活动没有过多的管制与干预,并豁免外国商品的关税。自贸区的设立,一方面是我国为了适应全球经贸发展新格局以及规则标准体系新变化所主动作出的关键战略部署;另一方面也是我国推行全面深化改革,促进产业结构转型升级的必由之路。毫无疑问,自贸区将是未来一段时期内提升我国对外开放质效的全新试验田,承载着为国家推进外贸战略转型、构建开放型经济新体制探索新路径、积累新经验的重大使命,同时也在深化体制机制创新和推动“一带一路”建设中发挥突出的作用。

一、优化区域经济结构

自贸区可视为在特定区域建立了一个面向全球的国际化市场,如此一来既可以在一定程度上降低邻近自贸区相关企业获取源自国外相关资源的成本费用,也无形中使企业进军国际市场所面临的障碍得到有效的削弱。此外,自贸区的设立与发展也让相关企业能够更容易接受到国际资本的投资、更方便招募到国际优秀人才,这将有助于带动外向型经济的进一步发展壮大。同时,自贸区给周边城市所提供的更加便捷优质的国际贸易服务势必精简国际贸易交易繁琐的流程,降低交易过程中产生的时间成本和资金成本,进而将推动本地进出口贸易行业的深度发展。当前,我国经济发展进入了新时代,经济运行保持着稳中向好的发展态势,但仍然面临着诸多风险与挑战,破除经济健康可持续发展的约束条件关键在于通过提升对外开放水平实现以开放促改革,以改革促发展的政策预期目标,这需要处于改革开放前沿的自贸区在推进贸易便利化、促进资本双向流动等方面努力实现新突破,不断取得新成效。伴随着国内自贸区建设如火如荼地开展,自贸区建设所带来的乘数效应逐步在国际经贸和投资上得以显现。在贸易方面,我国与自贸区协议成员国之间的货物贸易成交额突飞猛进,对外贸易比重上升的趋势不断稳固;就投资而言,我国和世界上主要国家或者地区之间的相互投资热情一路高涨,投资金额不断攀升,在实际利用外商投资额中占据着不可或缺的一席之地。自贸区在提升贸易投资便利化方面不断取得新进展,将有利于进一步拓展对外开放新空间,激发区域经济发展新活力,继续发挥着全面深化改革的示范带动作用。

从整体上来看,由于要素禀赋、地理位置和经济发展基础等方面存在短期内难以抹平的差距,我国在实施对外开放的过程中显现出"海强陆弱""东快西慢"的差异化效应。在深度践行"一带一路"倡议的时代背景下,我国目前所设立的自贸区可以在深度参与"一带一路"建设过程中牢牢把握与相关沿线国家深化互利合作的难得机遇,借助自贸区建设不断深入推进,以此提高向东的开放水准并同时加快对西向的开放步伐,从而奠定"一体两翼"的对外开放与合作的全新架构。换言之,我们要充分利用自贸区建设潜在的辐射效应,不再仅仅注重沿海地区的对外开放而也要重视内陆沿边地区在对外交流合作中所承载的不可替代的作用。特别地,"一体两翼"的发展架构在某种意义上会促进内陆沿边地区与经济发展水平较高的区域之间实现人才、资本、技术等生产要素的流通，由此将会缓解内陆沿边地区生产要素匮乏的境况，使得该地区的要素禀赋水平在一定程度上发生向好的变化，进而改善区域内的相对比较优势。这有利于承接更优质的产业转移项目，进一步优化产业结构以及提升资源配置的效率。

二、以开放倒逼体制改革创新

自贸区作为新时代背景下全面深化改革的前沿阵地，承载着探索在对外贸易、跨境投融资、科技研发等领域的制度创新。推动体制机制创新，既需要通过主动出击来革除线性管理体系中的不合理制度，也要注重在循序渐进实施对外开放的同时解决在此过程中暴露出来的体制弊端。以开放倒逼体制改革创新是切实遵循经济发展新理念的应有之义，是全面深化改革的有机组成部分，是转变经济发展方式，实现高质量经济增长的有效保障。在倒逼机制的作用下实现开放促改革的政策导向，从而激发企业等市场主体的活力，提升贸易与投资便利化水平，金融创新活力也得以进一步迸发，由此达到国内外经济发展优势的互通互补。

当前，自贸区已经开始遍布神州大地，初步形成各具特色、各有侧重的经济发展布局，成为以开放倒逼体制改革创新的成功范本。自贸区通过践行开放倒逼体制改革创新的路径，以改革创新排头兵的姿态发挥先行先试的表率作用，取得了三个方面的主要阶段性成果。第一，金融开放创新体系日臻成熟。国内各大自贸区在中国人民银行、银保监会、证监会、国家外汇管理局等机构的大力支持下，在人民币跨境清算与支付，放宽外资资本进入，普惠金融创新等方面取得了重大进展。以广东自贸区为例，前海片区农业银行创新性开展延时结算、联动结算等跨境人民币清算业务，已为境内外同业清算跨境人民币往来业务达6.5 万余笔，金额总计超 7 300 亿元；南沙片区设立首家中外合资投资基金管理企业；国内首款将消费金融与社交大数据相结合的贷款产品“微粒贷”诞生，已有效满足了超过200万大众客户的紧急融资需求。第二,投资管理体系不断朝着高水平推进。投资管理效率的提升,进一步增强外资企业进驻自贸区的吸引力以及集聚力。国内多个自贸区根据自身的实际情况针对注册流程以及运营过程推行一系列具有立体化、个性化的创新性投资管理服务。“一口受理”系统的优化升级、“商事主体证照卡”的推广普及,“多证合一”“一照一码”的简缩流程等创新性举措无疑将为企业节省不少的时间成本。广东自贸区南沙片区不断对“一口受理”系统加以优化与完善,充分发挥大数据分析技术的优势。“一键导航”申请人仅需“一号管理”和“一键共享”所有电子申请材料,各部门就能同时实现“一网联通”式的数据共享,使企业办理多证联办业务更加便捷高效。第三,贸易便利化迈上新台阶。国内自贸区针对贸易链条上的海关、检验检疫等20多个部门所涉及的办理流程积极出台一系列便利化举措,比如原产地证智慧审签、“互联网+”智慧质检、出入境船舶通关无纸化,这不仅能够压缩通关以及检验鉴定时间,也能够有效降低企业经营成本。广东自贸区南沙片区通过建设国际贸易“单一窗口”整合各相关部门系统、形成统一的非营利性国际贸易业务公共服务平台,从而实现同步受理、同步查验、同步放行,大大提高了通关效率。

三、融入世界经济发展新格局

目前世界处于不断变革图新的时代,和平与发展仍然是今后较长一段时期不变的主旋律,世界各国之间的政治经济往来日趋紧密,国际化趋势愈发明显。产品生产、投资融资、科技研发乃至人才培养已不再固步自封于国界之内。全球次贷危机表明,要想世界经济获得可持续的发展动力不能仅仅仰赖发达国家集团的贡献,更应该开始将目光视线转移到发展中国家的身上。然而,现有的国际体系以及所运转的秩序与规则渐渐无法适应当前的发展趋势,亟须根据新形势作出适当的调整。值得注意的是,发展中国家在世界经济舞台中的话语权不断提升将是继20世纪下半叶政治地位的崛起后又一不可阻挡的历史潮流。

因而,发展中国家的经济腾飞不仅给全球市场需求创造了新的增长点,更为全球经济的可持续增长注入了强大的动力。这无疑将对国际政治经济新秩序的修正与完善营造有利的客观环境,成为维护世界持久和平的强有力保障。

与此同时,当今世界比历史上任何时期更加开放与包容,没有任何国家能够在脱离于其他国家的前提条件下实现经济的繁荣发展。日益加深的经济全球化虽并非百利而无一害,但其在深化国家之间的经济商贸往来以及促进世界经济的稳定发展的作用有目共睹。在经济全球化趋势的推动下,各国经济发展的依存度更为强烈,“一荣俱荣,一损俱损”的命运共同体效应日渐凸显。然而,一旦世界上某个经济体陷入经济动荡危机的泥潭,多米诺骨牌式的连锁效应将势必给全球各个经济体带来无法逃脱的负面脉冲。因此,全球各地区在享受经济全球化所释放的红利同时,还需要建立健全风险防范机制,加强沟通与交流,及时将潜在的风险隐患扼杀在萌芽阶段。自十一届三中全会以来,对外开放始终是我国奉行的基本国策。开放作为我国经济发展新理念的核心之一,向外界传达了我国对外开放的大门永远向外敞开的坚定信号。中国经济一直保持着稳中向好的发展态势,为世界经济的繁荣与稳定输出更多的正面外溢效应,肩负起作为最大发展中国家应有的义务与责任。但当前我国在提升对外开放质量和加强内外联动性依然存在不小的改进空间。因此,我国需要着力提升和利用好国内外两个市场、两种资源的能力与机遇,坚定不移推进自贸区建设,积极稳妥放宽服务业对外准入门槛,逐步有序实现资本项目的可兑换,促使我国在经济全球化的滚滚洪流中化被动为主动,以更加自信的姿态融入世界经济发展新格局。

第二章

2 自贸区的国内探索与全球借鉴

第一节　自贸区与国内经济开发区的比对

改革开放伊始,整个社会的底层构造还不完善,如果是在全国范围内去实施和推动改革开放,很多措施在这样的背景下并不能够行得通,而且还可能会导致改革失败。在这种情况下,选择在不同的地区去设立一些相对来说较为特殊的经济区域作为改革开放的试验田,无疑是明智之举。按照这样的一种思路在改革开放的前期,推进开放和改革战略相继取得了一定的成效,比如最早的“经济特区”,以及之后新开辟的“沿海开放城市”和“沿海经济开放区”,另外还有就是“开发区”和“高新区”。

当前,我国经济发展的过程中出现了一些难题,解决这些深层次的问题,特别是突破制度上的桎梏,既与地理区位特征有关,也与行业技术特性相关;既与社会治理体系有关,又与政府管理体制及政策措施等诸多因素密切相关。当前的经济手段已难以维系经济的高速发展,就需要采取更加综合的举措来解决这一系列问题。自贸区注重于从多个角度去综合把握重点,大到区域规划、社会治理和政府管理,例如各项政策如何去实施落地;小到企业的组织与市场,不断去探索发展新模式,满足经济发展的要求。接下来本章从经济制度安排差异、经济治理模式差异、主导产业差异、区域竞争模式差异、政府管理制度差异五个方面将自贸区与经济技术开发区等经济开发区进行比对,并对自贸区制度的优越性进行分析。

一、经济制度安排差异

自贸区经济制度安排实质上是自由港政策的关税隔离区,而且其在贸易和投资等方面比世贸组织有关规定具有更加优惠的贸易安排。自贸区需要在主权国家或地区的关境以外划出一部分特定的区域,在这个区域之内外国商品能够被准许豁免关税并且自由进出。在自贸区内外国船舶得到允许可以自由进出，外国货物进口不需要交税，进口货物的配额管制也取消了，实际上自贸区也是一个国家对外开放的一种特殊的功能区域。自贸区具备很多特点，例如具有自由港，能够吸引外资设厂，从而发展出口加工企业，同时自贸区还允许和鼓励外资设立大的商业企业、金融机构等以此促进区内经济综合发展。

经济开发区是经济技术开发区、高新技术开发区、高科技工业园以及各类产业工业园（如汽车工业园、化学工业园、农业开发区等）的统称。经济开发区的经济制度安排特征主要体现在税收、用地等政策优惠。比如政府在某一区域设定经济开发区，对在开发区成立的企业给予减免税收和用地价格便宜等优惠政策。

二、经济治理模式差异

自贸区的经济治理理念关键在于力求推动制度创新，简化行政流程，提高行政效率，妥善处理公共经济事务，从而达到“善治”，即在稳定的法律制度框架下，经济实现持续稳定健康发展。例如南沙自贸区政府启动了政府权责清单制订和推进行政审批制度改革工作，初步梳理了南沙区向省、市所申请的行政审批事项，其中包括废除了 67 项行政审批科目和 43 项备案科目，另外也包括了转移和整合行政审批 15 项、备案 7 项，市场准入审核事项由原来的 101 项缩减到现在的 12 项。制定审批清单，调整各类审批流程，优化注册登记流程，争取试行“一颗印章管审批”。推行“一口受理”新模式。政务系统改革，“一口受理”登记改革结合并联审批企业设立的机制，大大简化了企业登记注册的流程，企业可在 1 个工作日内获得 8 个相关部门颁发的文书证章。同时，在全国范围内率先将《海关报关单位注册登记证书》整合进海关“一口受理”系统。而国内经济开发区虽然也在经济治理方面做出了诸多努力，但影响力度和范围都相对有限。

“政企合一”这一模式是开发区实行的经济治理模式，这种模式的特点是开发区的行政机构能够同时具备管理者和开发商的双重功能,这样的功能能够提高办事效率,是开发区在建设初期最常选用的方式。但随着开发区规模不断壮大,经济体制逐步完善,这种模式的弊端慢慢显现出来。这种管理体制类似身兼数职,并不能很好地均衡分配精力,在一定程度上来看其实并不公平,公平竞争的原则遭到冲击。因此将开发区管委会的相关职能划分清晰是必要的,最主要的是规划、监管职能和独立法人主体经营职能这两点。

三、主导产业差异

自贸区的产业发展主要依托于其高度开放的经济体制,充分发展外向型产业。南沙自贸区连接港澳,可以借鉴并吸取港澳发展的经验。同时结合自身的优势,地处广州,便于吸收广州中心城区发展的经验,加快推动南沙航运物流、科技智慧等领域发展,促进南沙自贸区快速发展。给其他自贸区发展提供示范的样板,不断为整个中华民族实行新一轮的改革开放贡献力量。

国家选定部分适当的区域用作发展经济开发区,在完善相关的基础设施建设的基础上,充分挖掘该区域的潜力。同时政府也会提供一系列优惠待遇,使其能够稳健地发展。例如广州花都经济开发区的主导产业是汽车及零部件、新能源汽车、智能装备。每个经济开发区的主导产业可能有所不同,但是毫无例外均是遵循充分发挥开发区产业优势这一政策导向。

四、区域竞争模式差异

区域竞争模式是指改革开放以来,为了调动地方发展的积极性,通过中央向地方放权、财政税收、公共服务、考核等一系列制度安排和具体措施,使得每个地方成为推动本地经济社会发展的主体。自贸区由于拥有“政策高地”的优势,区域的海关监管、金融市场等领域高度开放,区内各项制度也相对宽松,主要发展外向型产业,与周边非自贸区地区产业发展形成错位竞争的局面,例如南沙自贸区着力发展的国际航运、物流和贸易中心等产业，与周边地区形成了良好的错位竞争局面。自贸区与就近自贸区之间的竞争力高低，主要取决于自贸区之间政策开放度、腹地水平、区位条件、经济治理水平的差异。经济开发区一般都有清晰的产业定位，主要集中于一个或几个产业，其相对于周边区域的竞争优势主要来自其税收、用地等政策优势，以及产业集群发展形成的规模优势。

五、政府管理制度差异

自贸区在最开始创建时由于基础条件各异，各自具备不同的功能，管理水平也相差较大，但是经过了几十年的竞争和发展，各国自贸区的管理已经慢慢地趋向于规范化。例如南沙自贸区着力推动行政管理创新，不断提高行政管理效率，广东省及广州市政府一方面通过专项补助加大财政支持，另一方面向新区下放包括开发建设、市场监管和公共服务等各类管理权限 118 项。明确将通过“负面清单”的方式下放部分经济和社会管理等多达 60 项行政权限，除确需由省级行政机关统一协调管理的事项外，原则上下放或委托南沙自贸区管理机构依法实施，极大地给予南沙自贸区的高度自主权（南沙自贸区管理机构设立前，由南沙开发区管委会、南沙区政府依法实施）。

行政主导模式是开发区管理体制的主要模式，运作机构是政府派出的机构——管委会。但是目前开发区管理体制仍存在以下主要矛盾：一是开发区管理机构的法律地位不明确。在我国，开发区并不属于行政机构设置的任一序列，而在法律上，也没有相关的法律条文是关于开发区的。二是行政管理体制不顺，条块管理矛盾多。开发区政府兼具管理者与开发商的双重功能，这种既当“裁判员”又当“运动员”的管理体制不利于公平竞争。

六、自贸区的优越性分析

第一，自贸区不拘于一般开发区的内容框架。开发区主要承载政府的某一项战略,自贸区属于国家战略,因而更强调全方位的制度创新,冀望于在多个层面实施先行先试,其中包括金融、投资管理、航运、服务业开放和贸易等层面。第二,自贸区的创新重点与保税区不同。上海综合保税区将功能创新作为重点,主要是满足跨国公司的运作,便于与国际化接轨,企业可以通过上海保税区这个对外窗口,更好地走向世界,同时也便于世界上优秀的公司进入中国,给中国的经济发展带来良好的经验,不断促进中国经济的发展。而自贸区是以制度创新为核心,通过制度创新,促进中国经济全面协调可持续发展,不再如同过往以牺牲环境为代价来换取 GDP 的粗放式增长,注重的是制度的全面和创新。第三,自贸区与新加坡等自由港模式不同。新加坡发展模式的创新之处主要集中在贸易自由、融资汇兑自由、航运自由等领域。而我国自贸区则更多强调的是以开放促改革、以改革促发展,倒逼改革,改革与发展相辅相成。第四,自贸区的重点不仅在于自身的建设发展,最主要的目标是建立可以复制的经济模式在全国范围内进行推广,继而让改革的红利惠及全民。

第二节　国外自贸区的经验镜鉴

一、巴拿马科隆自由贸易区

(一)巴拿马科隆自贸区发展历程

巴拿马科隆自由贸易区(以下简称“科隆自贸区”),是拉丁美洲最大的自贸区,位于巴拿马运河北端、巴拿马市北 100 千米处,占地 2.4 平方千米。早在 1917 年,在巴拿马运河修建完成正式通航后三年,科隆自贸区的建立就被摆上日程,政府方面也开始考虑这个项目到底是否可行。但是随着时间的不断推进,这个想法真正被开始实现是在第二次世界大战结束之后。1945 年,巴拿马总统开始关注这个项目并立项。1946 年,巴拿马政府开始进行可行性的方案论证。1948 年,巴拿马政府正式批准自贸区项目建设。经济服务现代化和开创大规模精简地区商业活动的机制是巴拿马政府一直以来都期望解决的国内和国际两大层面的基本需求,而科隆自贸区项目就是这两大需求实现的基础。科隆自贸区发展到今天已经跻身巴拿马经济的重要命脉行列,和巴拿马金融以及巴拿马运河处于同等重要地位,同时也是西半球最大的自贸区,排名世界第二,对巴拿马的国民经济起到了至关重要的作用。科隆自贸区聚集进出口货物数量大、交货期短、交通便利、政策便利等区位优势,在国际贸易市场上处于举足轻重的地位。

位于巴拿马国际金融区的一百多家世界各国的银行里,就有 1/6 在科隆自贸区设有办公地点。分别来自不同国家,比如新加坡、中国、墨西哥和美国等国家的鞋帽、电器、化学品和药物等,是自贸区主要的进口物品。进口流程结束后,这些物品会被出口到拉美市场,例如哥伦比亚、委内瑞拉、巴拿马、波多黎各和多米尼加共和国等。

（二）巴拿马科隆自贸区的优势及特色

第一,地理位置优越。被美国、墨西哥、加拿大、哥伦比亚、巴西、委内瑞拉、秘鲁、智利、阿根廷等国家环绕的巴拿马共和国具有极佳的地理位置,周围多个国家临近,十分便于发展贸易。这样的地理位置使得巴拿马政府能够顺利地推行其开放政策,能够使巴拿马科隆自贸区在和不同国家的经济贸易交往中占据着极其重要的地位。巴拿马科隆自贸区从巴拿马到拉美和加勒比各地区的交通运输网是任何地区都难以相提并论的。优越的地理位置使得在贸易交易过程中大大缩短存货时间,从而节省了利息支出。

第二,美洲的交通枢纽——巴拿马运河的辐射带动。巴拿马具有极为重要的战略地位,最主要的一个原因是其优越的地理位置。巴拿马运河闻名遐迩,正因为它联结着大西洋和太平洋,海上运输十分便利。太平洋和大西洋相隔非常远,如果选择走麦哲伦海峡的航线,就要多走 1.3 万千米,不经过巴拿马运河,会多出一个多月的时间,金钱更是损耗很多。巴拿马运河占据着十分重要的战略地位，无论对政治或是经济而言都具有重大的意义。20 世纪 20 年代，巴拿马运河开通之后，造福了很多国家，很多货物的运送通过巴拿马运河节约了时间也节约了金钱，这是一条值得被国际海上运输所铭记的海上通道。据不完全统计，到目前为止，通过巴拿马运河的船只数量已经达到 70 多万，运送的货物总量达 50 多亿吨，意味着每天世界的各个港口都会收到巴拿马运河运送过来的货物。根据 1977 年的“托里霍斯-卡特条约”，1999 年 12 月 31 日，运河的全部主权被巴拿马共和国收回。时任巴拿马共和国总统米莱娅·莫斯科索·罗德里格斯阁下在联合国第 54 届大会发言中说道：“运河，使我们成为了世界的桥梁和全球的心脏。八十五年来，它推动了国际社会的经济进步。现在，巴拿马人民将完全参与这条越洋通道的繁荣。因为，巴拿马已确定 21 世纪初期，运河不仅要向国际贸易提供守信用的服务，而且还要为推动人类的持续发展做出贡献。”

第三，税制优惠。巴拿马征收所得税采用的是国土有效区域概念，换言之，如果赚取的收入是来源于巴拿马本国的，需要征收税款。但如果是其他形式的则依情况而定，假如有的商品只出口国外，并不在巴拿马国内进行流通，不参与股份分配，也就是说只要不是在巴拿马境内开展活动所带来的收入，就算最终的收入会转移到巴拿马，也不征收税款；本国或是外国的存款，通通免收利息收入的税。抵税证（CAT）是巴拿马政府为了奖励非传统产品出口而专门制作的一种凭证。发行 9 个月就能够被使用，这个凭证可以用来抵销直接税及进口税，有效期限是 4 年，逾期失效。只要符合非传统性产品出口或者产品在本国增值 20%以上，特殊地区 10%以上的条件就能够获得抵税证，但装配工业不适用此项奖励办法。上述特殊的税制造就了巴拿马成为全世界的避税天堂。

第四，美元作为通用货币给自由贸易带来高度便利。巴拿马共和国成立于 1903 年，国家货币是巴波亚，与美元一起流通。巴拿马的法定偿付货币是美元，作为流通货币在日常生活中使用，巴拿马银币是官方货币，与美元等值，但它的存在形式只有硬币。资金自由流动是巴拿马货币体系的特征，因为巴拿马暂时还没有关于货币兑换的相关法律条文规定，或者对货币出入境的限制，巴拿马与其他国家进行贸易时使用的货币主要是美元，所以在实行开放政策时，显得尤为顺利。对某些通货膨胀严重的国家具有较高吸引力。

第五，便利的公司注册制度。根据巴拿马公司法规定，组建一家巴拿马公司只需提供公司名称、董事的姓名和地址、公司最高职员的姓名、资本总额及其股票份额数和发行形式即可。在已收到所需资料的情况下，成立一家公司需要约 24 小时，在公共注册处注册需要 2 个工作日。任何事件中在极为紧急的情形下，有已注册的公司可兹利用。

巴拿马公司拥有很多优势：巴拿马法律不要求公司拥有固定的股东人数，可由一个人完全拥有；公司所有的股票都可以发行给持有人。这种情况下，将没有必要保存正式的记录，也没有必要公开股东身份；巴拿马法律不要求公司开展业务的最小资本额，仅要求权益方建立股份资本的总额、分配的股票数量和票面价值，以及公司是否将发行没有票面价值的股票；巴拿马法律不要求公司的实缴资金与其资产价值间有任何相关性。因此，一家实缴资金只有 10 000 美元的公司可以拥有价值几百万美元的资产。这意味着公司股票的票面价值无须与账面价值相对应。

第六，高度便利的国际金融体系。巴拿马的金融部门包括银行、股票交易所、保险和再保险公司以及金融及租赁公司，而其最重要的组成部分就是国际银行。尽管曾经历过国内、国际的危机，但在经营过程中，巴拿马的金融中心一直持续不断地发展着。来自世界近 35 个国家的一百多家银行组成了这一银行业中心，注册资本达到 334 亿美元。巴拿马的银行主要是外国机构。事实上，美洲、欧洲和亚洲的所有主要金融机构现都在巴拿马设立了分行。私人银行部分，包括国内、国际私人银行，共占总资产的 90%以上。在代表巴拿马公众部分的国家公众银行中，有两家有一般许可证，而另外两家则不接收公众的存款。

巴拿马科隆自贸区金融银行体制提供的其他便利和承诺如下：无资金汇入和汇出限制；编号账户；美元自由流通；政府不干预银行利息的规定；银行利息

免税;法律准许以任何一种货币进行业务活动并接受存款;出色的国际通信;优秀的双语种人才;政治社会稳定。

第七,广泛多样的对外开放政策。巴拿马国内的资源比较匮乏,主要是依靠进口。但是一方面要出于对本国贸易的保护,需要对进口的产品进行贸易保护。巴拿马只对一些农牧业商品、食品和药品实行进口许可证管理。除一些特殊商品,巴拿马进口商品不需要贸易许可证,方便贸易自由,吸引投资进入。

在进口融资方面,各银行根据进口商的信用状况给予融资,融资期限一般在三个月到四个月,最长可达六个月。同时,开信用证不需支付保证金,条件相当宽松。

巴拿马政府的法令规定,在巴拿马投资电信、旅游、农业、工业、出口、建筑、采矿等项目超200万美元的,均可享受与本国投资者和企业同等的权利和义务,其投资产生的利润、红利、利息均可以自由支配。

巴拿马规定外国企业可以独资或与巴拿马本国的企业合资建立出口加工区,或者在已有的加工区内建立企业,已经注册为巴拿马公司的加工区内企业,可免税进口原材料及机械设备。该项规定主要是为了促进出口加工业贸易的发展。

第八,高效的管理体系。在自贸区域内设立管理委员会,主要负责管理本国和国外企业的日常事物。另外,区内为外国公司从事进出口和其他业务提供了诸多方便,如区内建有可供外商租用的数十座仓库,租期一般为20年,到期还可续租;允许外国公司从事各种商品、制成品、原材料、容器的运入、储存、展出、开包、制造、包装、分装、装配、精制、净化、混合、改型、调配等业务。

(三)巴拿马科隆自贸区面临的困境

近年来,科隆自贸区的业务由于受到世界经济不景气的影响,以及主要转口目的国委内瑞拉经济下滑和哥伦比亚贸易保护主义措施的实施,出现了大幅下滑,其中委内瑞拉企业对自贸区的经济发展冲击最大。委内瑞拉国家货币遭遇大幅贬值,同时也实行货币管制,造成了很多委内瑞拉企业不能及时归还欠款。据 The Tico Times 统计，委内瑞拉的企业拖欠巴拿马企业的债务累计约 10 亿美元。2016 年 6 月 6 日新近完成的审计显示委内瑞拉企业的债务是 4.1 亿美元，但是委方在短期内难以还清债务。另一方面哥伦比亚对巴拿马转口贸易衣服鞋帽征收关税以此来保护本国纺织业，哥伦比亚作为科隆自贸区最主要的贸易转口国，通过贸易征税保护本国贸易产品，但是对于科隆自贸区来说是一个沉重的打击，商品价格升高，从而商品的竞争力有所下降，销售量出现下滑。

巴拿马高层次人才缺乏。由于教育体系不完善，高素质人才缺乏，难以满足巴拿马经济发展需要。虽然巴拿马人力资源丰富，但是大部分从事低技术工作，而高素质人才较少。从整体来看，因为高素质人才的稀缺，所以巴拿马创新动力不强。

总而言之，科隆自贸区正遭受内外部环境所带来的极大挑战，即主要贸易国委内瑞拉的经济危机、哥伦比亚贸易保护主义和巴拿马自身人才缺乏，导致科隆自贸区的国际地位不断下降，经济发展缓慢。

二、纽约港自由贸易区

（一）纽约港自由贸易区发展历程

美国纽约港自由贸易区成立于 1979 年，由美国国会批准成立，其依据是 1934 年美国国会批准的《自贸区方案》（FTZ Act-19USC-81a-81u）。其成立是适应转型需求的典型代表，基于 20 世纪 60 年代后期到 70 年代初期，美国在全球经济中的地位逐步下降、美元大幅贬值以及失业率上升的背景，为积极促进对外经济贸易的发展，全国掀起了设立对外贸易区的热潮，纽约港自由贸易区应运而生。据统计，20 世纪 70 年代初，美国原本的对外贸易区只有 10 个，发展到目前为止，对外贸易区的数目已经增加到 250 多个。与此同时，美国的对外贸易额占 GDP 的比例以及经济开放度也在逐步攀升。

（二）纽约港自由贸易区优势及特色

从基本功能来说，美国纽约港自由贸易区属于一个综合性的自由贸易区。

随着自由贸易区数量的不断增加，纽约港自由贸易区也在与时俱进，持续完善其服务功能。首先，纽约港自由贸易区身为美国屈指可数的自由贸易区之一，主要采用围网等方式将片区分隔封闭，担任货物中转、区内自由贸易交换的功能。另外，纽约港自由贸易区在区外专门划分若干区域，主要经营包括手表、汽车、制药以及饮料等进出口加工制造业务。其次，为进一步提升国际竞争力，吸引外资，纽约港加大对基本服务的功能提升。自由贸易区减免税收主要包含生产税、库存税、营业税等。其中，纽约港自由贸易区采取的倒置关税政策，即原料关税高于成品关税，是纽约港自由贸易区税收制度中最为重要的一环，无论是原料还是成品，进入自由贸易区的时候都不需要缴纳关税。根据这项措施，纽约港自由贸易区自然就吸引了大量的著名厂商来自贸区内设厂生产，其中最典型的代表就是日本、德国的大量汽车制造厂。最后，纽约港自由贸易区还在区内推行金融自由化。纽约港自由贸易区在区内放松金融管制，积极批准新兴金融工具的使用以及新金融市场的设立事宜，放宽外资金融机构的准入门槛，放宽或取消对银行支付存款利率的限制等。

（三）纽约港自贸区发展现状

纽约港自由贸易区一系列服务功能的提升，以及独享优惠政策的颁布为其蓬勃发展打下了坚实的基础。目前，纽约港自由贸易区是全美250多个自由贸易区中最大的自贸区之一，港口对外排名位居北美第三、东海岸第一。纽约港自由贸易区由于面向全球首屈一指的大都市纽约，吸引了大量国内外公司在该商业心脏地带设厂经营。首先，纽约港自由贸易区通过免税区政策大量吸引了外资的进入，给自贸区发展注入了新鲜的动力，从而改善自由贸易区与周边地区的投资发展环境，纽约港自由贸易区现有的企业包括汽车进口商、汽车加工商、多种用途的仓库运营商以及冷冻浓缩橙汁进口商。除此之外，纽约港自由贸易区目前还有多家制造商，40%的制造商出口海外市场。其次，纽约港自由贸易区还包括另外九个子区，区内产业包括制药业、制造业、石油产品、特种化学品、香水和手表进口商及分销商。最后，自由贸易区有效改善了当地的就业形势。

三、德国汉堡自由贸易区

(一)德国汉堡自由贸易区的发展历程

德国汉堡地处中欧,地理位置优越,起源于易北河支流阿尔斯特河下游,竞争优势明显。便捷的交通条件可以使汉堡自贸区的货物方便快捷地到达整个欧洲,这样吸引了大量外资进入汉堡自贸区,从而有效促进了汉堡自贸区的发展。

近代世界开启以来,汉堡经历了相当多的挫折,但是汉堡自贸区每次都能在遭受重大的打击之后抓住机遇,将自贸区发展得更加强大。在进入和平年代,汉堡自贸区更加快速发展,不断成为世界的贸易中心。

1881 年	汉堡进入德国关税联盟,关税联盟规定在自贸区内可以长期储存外国货物,在储存货物的同时还可以享受免税待遇
1888 年	汉堡成为世界上最大的咖啡、可可、香料和地毯的转运地之一
1900 年	汉堡人口超 100 万,成为真正意义上的大都市
第二次世界大战时	虽然在战争过程中汉堡自贸区受到了重创,但是正是由于战争的原因使得自贸区的面积更加扩大,也在重建的基础上可以进行大规模的现代化建设
20 世纪 60 年代	集装箱业务兴起,自贸区开始建起大批先进的集装箱装卸码头

然而,随着欧盟内部形成单一市场,大部分的货物免税流通。欧盟内部统一关税,关税大幅下降,使汉堡自由贸易区的关税减免作用降低。2009 年《里斯本条约》(以下简称《条约》)开始实施,《条约》规定所有进入自由贸易区的货物在离港前 24 小时内都要进行登记,同时受到海关监管的保税仓库同样具有保税功能,这无疑进一步削弱了汉堡自贸区的关税优势。

由于欧盟形成单一市场,加上世贸组织和其他多个双边贸易协定的影响,货物关税显著下降，自由贸易区豁免关税的优势渐渐弱化。2013 年 1 月 1 日，围绕汉堡自由贸易区的围栏全部拆除，9 个进出关口全部取消，汉堡结束了它 124 年的自由贸易区的历史，变成了欧盟海关的港口之一。

（二）汉堡自贸区的空间布局特点

汉堡自由港空间布局主要以码头作为块状分布的单位，汉堡港有四个集装箱码头，分别为 Altenwerder 集装箱码头（CTA）、HHLABurchardkai 集装箱码头（CTB）、Tollerort 集装箱码头（CTT）、Eurogate 集装箱码头，这四个码头能够为集装箱船提供服务。各码头具有多个泊位和龙门吊，从而为集装箱业务增加便利，提高了集装箱业务的效率。

Altenwerder 集装箱码头（CTA）	由汉堡港口仓储物流有限公司（HHLA）经营，同时也是世界上最先进的集装箱装卸码头之一。该码头于 2002 年投入运营，码头拥有 4 个泊位和 15 架集装箱龙门吊
HHLABurchardkai 集装箱码头（CTB）	由汉堡港口仓储物流有限公司负责经营。占地面积和集装箱装卸能力在汉堡港所有集装箱装卸码头中排名首位。该码头拥有 8 个泊位和 25 架集装箱龙门吊，每年有 5 000 艘船只在此作业
Tollerort 集装箱码头（CTT）	由汉堡港口仓储物流有限公司经营。该码头拥有 4 个泊位和 8 架集装箱龙门吊
Eurogate 集装箱码头	由欧洲最大的码头和运输集团 Eurogate 经营。该码头拥有 7 个泊位和 21 架集装箱龙门吊

（三）汉堡自贸区的功能定位

第一，国际物流中心。汉堡自贸区正在逐渐形成自己的一个完整的供应链体系，对加工、储存、运输等方面实现全面优化，使得汉堡自贸区的运营效率不断增加。同时汉堡自贸港的重心在集装箱处理上，汉堡具有两大集装箱码头运营商 Eurogate 和 HHLA。Eurogate 一直努力将运输能力提高到约 600 万个标准箱，HHLA 也在不断将运输能力提高到超过 100 万个标准箱，不断提升汉堡自贸港在集装箱领域的全球地位。这些战略举措都是在不断提升汉堡自贸区的国际物流中心的地位,通过全面发展一整套供应链体系,在重点发展集装箱处理业务上统筹协调发展。

第二,加工贸易集聚区。自由港的优势是在自由港区内的加工或其他活动时不需要缴纳增值税,另一方面,货物在自贸港的存放时间没有限制,这样就减少了大量的储存成本,从而也会吸引更多的企业将加工厂设立在自由港内。减税优势极大地吸引了全世界的公司在汉堡自贸区成立自己的工厂,再由汉堡自贸区向全世界销售产品。

(四)汉堡自贸区的管理体制

第一,汉堡州政府负责总体规划和土地使用。在总体规划方面,自贸区规划由州政府进行总体规划,在自贸区内的任何建设都需要遵从总体规划。土地使用方面,汉堡自贸区所有的土地与水域归政府所有,然后州政府再将土地租借出去供企业使用,租期一般为 3 年。此外,州政府还规定在自贸区内流通货物的名单。只有在流通名单内的货物才能在自贸区内流通,享受税收的优惠,州政府禁止流通的货物则不能在自贸区内流通。维持自贸区内各企业公平竞争,为所有进入汉堡自贸区的企业营造公平公正的商业环境。

第二,迄今为止,汉堡自贸区仍未设港务局,其管理机构十分独特,由经济和劳工事务部负责日常管理。汉堡不仅是德国的一个直辖市,同时也是一个州,拥有自己的政府和议会,管理自贸区的各大事物。自贸区的经济和劳工事务部的主要职能有:(1)制定港内交通规则。(2)建立健全港界区域内的港口基础设施,港内航道和疏浚港池。(3)规划并建设基础设施,给经营者提供租赁服务。(4)收集在港与进出港口船舶的动态,引领船舶进出口。(5)颁布港口的相关法律框架,明确港口活动方向。(6)向港口征收各项使用费。

第三,由私人公司对汉堡自贸区的各项港口作业进行商业运作。州政府将收到来自码头租用者的包括码头岸壁租用费和土地租用费的这两笔租金。同时,州政府还亲自制定岸壁租金、港口使用费、港口土地租金、引航费等各项费用标准。由汉堡州政府百分百控股的 HHLA 是所有公司中最大的,但其仍按私人方式来运作管理,因此其在汉堡港中有着很高的地位,汉堡州政府也靠它来调节整个汉堡港的生产经营活动。

(五)汉堡自由贸易区的相关政策体系

欧盟委员会条款第一百六十六条列明:自由区作为公共海关区域,几乎没有海关手续,只是受到相对系统化的管理。根据《德国联邦法》,自由港拥有可被视为第三国的地位,当且仅当从自由港输入货物向欧盟市场时才需要向海关结关、缴纳关税和其他各项进口税等。整个自由区是被德国宪法严格保护的,仅仅允许对自由区的部分界线做小小的调整。不同于一般的保税区,海关对自由港的管理模式给与了极大的自由,在整个货物卸船、运输再到装运的过程中,始终贯穿着便捷和自由的运维措施。

欧盟的自由区分为两种,一种是自由区Ⅰ型(TYPEⅠ),另一种是自由区Ⅱ型(TYPEⅡ)。汉堡自由港区属于 TYPEⅠ。TYPEⅠ为封闭型,进出自由区的船只和物品都无须向海关结关,相反,TYPEⅡ为非封闭型,进出自由区的货物一开始就需要先提出申请,监控步骤也相对复杂,我们大多数所提到的欧洲自由区主要指 TYPEⅠ。汉堡自由港区由于传承了原先自由港的政策以及理念,所以稍显宽松和自由。海关监管始终以便民为目标,使用尽量简便的手续,降低海关管理程序步骤,致力于建设一个更加灵活的系统,以促进国际物流以及国际贸易的健康发展,从而通过关税和监管来调控整个国家的经济发展,而不是妄图通过监管来增加税收。汉堡自由港不仅是德国联邦共和国的一个重要组成部分,更是属于欧盟关税区。汉堡自由港区提供的税收待遇是整个欧洲地区最优惠的。

然而,根据欧盟《关税法案》,进入自由港的第三方货品并不属于欧盟的关税区,也就是说,自由港进入的货品无须清关,甚至可以存放在自由港内而无须缴纳关税或者别的税种。其特别优惠有:(1)在船上挂上海关关旗的开往自由港的船只无须向海关结关。(2)在自由港进行转船等活动的转运或进出口的船只不受海关限制。(3)仅仅当船只从自由港驶向欧盟地区时才需向海关结关。

四、迪拜杰贝阿里自贸区

(一)迪拜杰贝阿里自贸区发展历程

迪拜杰贝阿里自贸区(JAFZA)地处迪拜市西南方50千米处,总面积为48平方千米,是阿拉伯联合酋长国迄今为止最大的自由区,也是整个中东地区最大的自贸区。1985年,自由区由迪拜政府建立,是世界上第一个通过ISO 9000国际认证的自由区。20世纪70年代,阿拉伯联合酋长国政府计划在迪拜周边的杰贝利拉地区建设一个中东地区最大的人造港口,1979年,该港口成功建成,并交由一家全球航运公司负责经营管理,并将国际化的集装箱船运航线引进到杰贝阿里。然而,因为其为单独运营港口,其他航运企业则不愿意使用其竞争对手控制的港口。另外,由于过于高昂的交通成本,收货人大多不接受使用该港口。在这样的环境下,整个港口发展进程十分缓慢,港口的业务也增长困难。直到相关海外咨询机构提出在港口创建一个独立的自由贸易区,港口艰难营运的情况才有了一定缓解。

1980年,杰贝阿里港口开始被定义为"自由区",然而该时期的港口自由区相当于中国国内本土的保税区,只是意味着对再出口的商品免除关税。1985年,杰贝阿里自由区管理局(JAFZA)成立,由相关专属的独立机关负责管辖。不过仅凭一些优惠措施,是不能吸引到大量优秀境外企业的。于是该自由区开始向全球宣传推销自己,挑选出部分有潜力的国家或地区创建办事处,日本进驻自贸区就是当时最成功的例子,甚至吸引到了索尼等知名巨头企业入驻。

1990年,迪拜政府建成迪拜港口管理局,标示着杰贝阿里自由区正式开启高速发展阶段,也不再由曾经的全球航运巨头负责管理迪拜港口,而是管理局正式接手。从此,大规模的航运公司都开始使用该港口,大量如施华洛世奇和梅塞德斯奔驰等知名企业都先后入驻自由区。在建设码头的同时,1992—1998

年,阿拉伯联合酋长国积极修改了相关法律法规并允许在杰贝阿里自由区内建立两种主要的公司形式——自由区独资公司(FZEs)和自由区合资公司(FZCo)。

作为迪拜乃至阿拉伯联合酋长国经济增长的重要发动机,杰贝阿里自由区在近几年发展势头非常迅猛,已经成为阿拉伯联合酋长国最受追捧的投资目的地之一。2005—2010年,自由区企业营业额年均增长率为34%,注册企业数增长60%,占迪拜出口总额的50%,对迪拜国民生产总值贡献率达到25%,占迪拜吸收外国直接投资总额的20%,为阿拉伯联合酋长国提供了约16万个工作岗位。历经近30年的积累和发展,目前园区拥有7 000多家公司,其中包括150家世界500强企业。2013年中国与JAFZA之间非石油贸易总额超过120亿美元,70%从中国出口到JAFZA的货物通过自由区转口到周边海湾国家,中亚以及非洲各国。

(二)迪拜杰贝阿里自贸区发展主要优势

第一,优良的区位优势。自由区紧邻世界上最大的人工港——杰贝阿里港(码头全长15千米,拥有67个泊位,为世界第七大集装箱港口),仅需30分钟的车程即可到达迪拜国际机场,仅需15分钟车程即可到达正在建设中的新机场——马克图姆国际机场(预计年货物吞吐量为1 200万吨,客运能力将达1.6亿人),能非常快速地将货物运达中东周边、欧洲以及非洲等各大消费市场区域,海陆空中转运输都极其便利。与此同时迪拜政府正组织筹划一条连接自贸区、港口、物流城以及机场的物流"绿色通道",此后货品只需10分钟就能从港口转送到机场。

第二,完备的设施优势。在整个基础设施层面,迪拜政府在自贸区投入了大量资源,从通信、能源供应到道路和高速的通信网络数据传输;员工住宅区、超市、药店、银行、保险和休闲场所等配套设施也一应俱全。众多大型物流公司的入驻,也为园区企业提供了便利的物流服务。自贸区内不仅可以出让部分没使用的空地,还可以将已经建成的厂房、仓库和办公室出租。

第三,完善的自贸区管理制度。自贸区管理局是整个自贸区的合成管理机构,整个管理局是由海关、港口和自贸区组成的。自贸区管理局不仅具有直接向投资者颁发营业执照的权力,并且可以提供多种高效便捷的一站式服务,如行政管理、工程、能源供应和投资咨询服务等。同时,为了给入驻公司提供更多商业机会,自贸区管理局还定时给自由区内企业策划安排各种商务配对活动。

第四,丰富的产业优惠政策。自贸区内企业占有 100%的所有权,没有货币限制,没有资本撤回的限制,不需要当地保人,同时,无雇用外籍员工的限令,也无当地用工的限令,无须缴纳公司以及个人所得税。企业货品的转口、生产经营所需设备及原材料都是免税进口的。另外,自贸区对区内企业的经营利润以及资本调拨回本国不加以限制,无任何相关外汇管制措施。

第五,高效的国际货物周转。杰贝阿里凭借其地处全球最大物流通道中心的优势,自贸区距迪拜机场只需 10 分钟车程,杰贝阿里港口每年都最少有1 440万个集装箱的吞吐量。货物高效便捷的自由流转,货品能在机场、港口以及自贸区之间灵活流动,给客户创造了最快速的海空连接。任何货物在到达杰贝阿里之后,可以迅速地流转到世界上任何国家。

第六,自贸区强调客户导向。客户满意度是杰贝阿里管理局(JAFZA)做任何行动的首要考虑,也是其决策制度和监管系统的主心骨。自贸区为了保证给用户提供最好的基础支持,所有政策都是站在客户角度制定的,采用最新最先进的技术,使客户专注于业务和成长。与客户保持良好关系,保持健康的沟通加上考虑周到的政策,对建设稳定庞大的客户群体是至关重要的。总之,这些措施对自贸区经济大有裨益,促进杰贝阿里管理局(JAFZA)快速发展。

不过需要留意的是,杰贝阿里管理局(JAFZA)作为杰贝阿里自由区的管理机构,即使其名为“管理局”,但实际上却是一家实实在在的公司,进行公司化的经营,公司的副总裁为阿勒杰纳希,母公司为迪拜世界集团(DWP)的经济区世界(Economic Zones World),作为经济区开发的专属机构,DWP 不仅拥有杰贝阿里自由区,还拥有迪拜汽车自由区。公司是由政府设立建成的,被赋予了自由权限来开展业务，完成吸引企业入驻投资的任务。

五、智利伊基克自贸区

（一）智利伊基克自贸区发展历程

智利伊基克自由贸易区（作为沙漠里一颗闪耀的明珠，西班牙语里简称“索弗里”ZOFRI）作为智利共和国唯一的国家级直属自贸区，是南美最大、美洲第二的贸易区，地处智利共和国北部沙漠地区塔拉帕卡第一大区的首府伊基克市北部。总面积大约240公顷，于1975年6月依法建立。伊基克自由贸易区的主要功能包括进出口贸易、转口贸易，以及与之相关配套的装配、制造、组装、加工仓储等辅助功能。通过近40年的发展，伊基克自由贸易区内各种场馆以及基础设施已经非常健全，包括规模巨大的工商中心、批零中心、物流中心、会议中心、展馆、金融区、服务区、工业区、汽配区等，1 700多家企业为当地提供大量就业机会和岗位，具体从事商品展出、包装、去包装、再包装、灌装、贴牌、销售等多种生产性活动。伊基克自由贸易区已经发展成为整个智利甚至南美洲最大的商品集散中心，不只在智利本国进行销售，还重点辐射厄瓜多尔、巴西、巴拉圭、秘鲁、阿根廷、玻利维亚等周边国家。

（二）伊基克自由贸易区功能区域划分

第一，伊基克自贸区物流中心，其包括三个区域，分别是车辆储存区；面积为1.5万平方米的商品储存区；面积为3.22万平方米的车辆和重型机械户外存放区。智利本国以及外国的所有法人和自然人须在经过自贸区管委会准许，并与管委会签署特许经营合同后方可进入自贸区，依据自身需求展开工贸业务活动。自贸区管委会使用最先进的电脑信息系统向自贸区内所有客户提供信息、商品存储、房地产等一系列综合服务项目。非本国企业在智利依法办理好注册手续后也能顺利进入自贸区。进口商品在自贸区内期间并不需要向智利方缴纳任何关税。自贸区内实体在区内制度体系下进行的一切经营活动免交增值税(19%)和第一类税(自2004年起为17%),自贸区内用户间互相提供的各类服务也无须缴纳增值税。

第二,伊基克批发和工业区,其用途在于展示和储存各种不同的商品。无论处于批发贸易中心(封闭区)内的仓库还是在工业区内的仓库均是如此。在批发贸易中心内的仓库占地面积为365平方米,楼高3层,由电梯、仓库、办公室、卫生间和展示厅组成。在工业区内的仓库占地面积为600平方米,楼高1层。区内企业可享受以下多项优势:在著名国际商品集散中心面向海内外开展分销;得天独厚的地理优势辐射超过3亿潜在客户;与多个买方市场来往便捷;超过150家银行、海关代理、保险公司、陆海运公司等服务机构进驻;数十年一体化外贸服务经验;商品可无限期在区内存放;自动化系统保障商品便捷出入海关。

第三,批发贸易中心(封闭区),其主要用于开展批发业务,与港口相邻联系便捷。在这块区域30公顷的有效使用面积内,有500多家公司同国外有着商贸往来,商品来源地主要是亚洲,而出口目的地主要是厄瓜多尔、巴西、阿根廷、秘鲁、巴拉圭和玻利维亚等地区。

第四,工业区,其用以进行大宗或者小量批发业务,也能进行工业加工活动。该区域占地面积56公顷,在此地区入驻的商户拥有诸如仓储、交易、安装生产和分装产品等活动所需的一切条件,其最终产品的销售也和其他任何进入该自贸区的商品并无二致。

第五,零售商业区,该区域用于展出并零售商品。将伊基克自贸区同其他自贸区区别开来的一个重要特征就是伊基克自贸区内是被允许开展各项零售业务的。管理委员会在零售商业区内建造三个展示零售厅,作为外国货品的展销地。于此进行展销活动的企业需具备两个基本条件:首先,需向管理委员会上交一定管理费用。展示零售厅内每个客户至多可拥有7个摊位,每个标准摊位大小为20平方米;其次,必须在仓储区内拥有一个面积不小于360平方米并有自主产权的仓库。消费者可以随意选择购买展示零售厅的任何商品,并交纳

6%的消费税，此项税收暂时由摊主代收，之后再集中上缴。另外，还视消费者所购商品的具体使用地点实行差异化征税，如果所购买的商品只在第一行政大区里使用或带出国外，则无须缴纳关税。如果消费者将价值低于500美元的商品带出第一行政大区至智利境内的其他地区同样可以享受免税优惠，只是超过部分需缴纳11%的关税，另外，还需加收18%的增值税。

第六，汽配零售区，这个商业区内有40家商店和一个服务场所，用来销售汽车的零配件及其他杂项和服务项目。每个商店有66平方米，为2层结构，有展示销售柜、办公室和仓库。

第七，服务区，智利各主要银行在伊基克自由贸易区内都设有分理处，分理处都位于会议中心一楼。另外设有服务楼，楼内有16个场所，可以为客商提供通信、通关、外币兑换、邮寄及担保业务。拥有可容纳400人的会议厅及4个各能容纳50人的附厅。这里也是伊基克自由贸易区公司的办公楼。

（三）伊基克自由贸易区法律政策

规范伊基克自由贸易区的法律文件主要有《自由贸易区法》和《自由贸易区内部运作条例》两个，现行的"自由区法"于1977年4月25日正式颁布实施，后经多次修订。法律条文及其内容全面、详实、严谨。为具体落实执行此法，有关当局还制定了一系列伊基克自由贸易区管理规章制度，其主要内容为：

第一，关于自由贸易区的基本概念。智利《自由贸易区法》第二条明确规定：自由贸易区是界线隔离明确、紧靠某港口或机场、受海关治外法权保护的区域或单独的地块。第二十四条也明确规定，停留在自由贸易区内的货物可被认为是在国外，因此可以免缴由海关收取的各种税收、费用和其他征收项目。这些规定蕴含着两层意思：一是自贸区是一种"境内关外"的特别地区；二是整个海关的管控是以"治外法权"的理论而发生的，所以与海关领地相比，自贸区的管理权限是有一定限制的。因此，《自由贸易区法》第九条明确规定了海关的管控要求，即"发布关于货物进出口所适用的单证材料和管理程序"；"看守和控制自由贸易区的人口和隔离线"。

第二，自贸区的功能。《自由贸易区法》第二条、第八条规定：伊基克自贸区的功能主要是进出口贸易、转口贸易和以此衍生的相关制造、装配、组装、加工、仓储等业务。具体经营方式包括商业区展示和零售、仓储区展示和批发以及仓储作业等。

第三，自贸区的开发、管理以及相关监管。由现在的自由贸易区管理公司负责。该公司是智利政府通过财政部，依法转托的符合财政部以及主管经济发展、基础设施相关政府部门规定条件的法人。《自由贸易区法》第十二条规定：用户和管理公司之间发生的纠纷，需组织一个由一名用户代表、一名管理公司代表、一名由地方长官以及当地海关关长构成的仲裁委员会来最终处理解决用户与公司之间的纠纷。

第四，海关政策。自贸区内的海关并非直接监管企业，其主要任务是审核货物转口以及进出口的各类手续，并保留相关稽查权。自贸区规定区内经营者仅需缴纳相对关税而言非常低廉的基本注册费，就可享受关税豁免权。自贸区管委会和海关各自依法行使职权，但保持网络互通。

第五，税收政策。自由贸易区的有关税收优惠政策情况如下：第一，自由贸易区内商品进出口实行零税率。从国外进口转售至第三国的商品无须纳税；进入国内销售的，以下几种视情况征税：(1)在自贸区内不加工，直接在本省内销售的收取6%的关税。在自贸区内经加工后在本省内销售的免缴关税，仅需缴纳18%的增值税。(2)未经加工销售至国内其他省份，缴纳18%的增值税和1%的关税；加工后再销至他省的缴纳6%的关税和18%的增值税。(3)自贸区内的内外资企业在税收上完全一致，不提供特别优惠；交易额在500美元以下只缴纳18%的增值税。自贸区内企业享有的特殊税收优惠包括：(1)自贸区内企业免收18%的增值税。(2)免征15%的初级税。包括赌博彩票收入、证券交易收入、雇员所得、个人所得、不动产收入、农产品收入等。另外，财政部每年都会在预算中安排海关、税务局以及国库分别进行税法培训和宣传的各项经费。地方政府并不拥有向自贸区内征收地方税的权力。这些优惠政策主要涉及：

(1)对于进入该自贸区的商品免征所有形式的关税。商品可以在自贸区内零售,也可以批发,还可以转口到玻利维亚、秘鲁、阿根廷等周边国家。除武器、弹药、有伤风化、有害健康和危害国家安全的物品不能进入自贸区外,其他一切商品都可以进入自贸区,且不征收任何商品税和关税。在自贸区内存放的商品并没有时间限制,仅需根据保管条件和保管期限收取一定保管费。企业还可以向管理局租用土地来建造仓库,并拥有 25 年的使用期限,但用于建工业企业的土地租用期最长不超过 40 年。在自贸区内可以进行任何工业活动,包括从原材料的加工到使用原材料生产出出口成品。(2)优惠政策还有自贸区内所有企业无须缴纳所得税,本国商品进入自贸区同样无须缴纳增值税。所有在贸易区内经销的产品,无限期免缴增值税。(3)智利的最大区以及其他地区销售的外国商品所得到的智利比索可自由兑换成外币。中央银行不能控制外国商品的转口以及进入。

(四)伊基克自由贸易区发展成绩及趋势前景

通过各种优惠措施的实施,伊基克自贸区及其所在地区的城市的经济、社会以及环境取得了实质性的新突破。首先,伊基克自贸区近几年落实了大量项目,2011 年,自贸区执行的几个投资项目的总面积就超过了 23 108 平方米。另外,跟 2010 年相比,伊基克自贸区有限公司的营业收入增长了 9.7%。2011 年伊基克 ZOFRI 免税购物中心商业区总销售额更是高达 275 亿美元,比 2010 年增长了 23%。

该自贸区近年来的平均营业额已达 3 亿美元,同时,还拥有超过 150 家包括保险、海关机关、港口公司、货运公司等各类外贸服务公司。由于伊基克自贸区方便的交通系统和独特有利的地理位置,使其拥有与 2 300 家跨国企业互相合作的机会以及接近 3 亿的潜在客户,并同时解决了上万人的就业问题。伊基克自贸区的发展不仅促进了就业,而且更重要的是,创造了一个可持续的良好的投资环境,从而促进整个阿里卡地区和塔拉帕卡区的长期健康发展。伊基克自贸区近 40 年的发展,无论是销售额还是贸易额都保持着高速发展,由此有充分的理由相信,在今后自贸区仍有继续取得新成效的良好前景。由于伊基克来源于天然硝石方面的财富大大减少,伊基克市在寻求新发展方向的过程中试图利用海洋资源,凭借建立港口、加强海路运输来出口铜矿,以寻求财富。伊基克港也因此摇身成为整个智利最大的港口之一,伊基克 ZOFRI 免税购物中心——南美最大的免税区,即定位于此,受到了广大游客和当地人的欢迎。

智利北部仅有的免税购物中心便是自由贸易区,从刺激经济增长的角度出发,智利政府在此地制定了大量优惠政策,如免税政策等,由此这个经济特区得以以相对其他区域几倍速的发展。在这个自由贸易区储存的商品,仅从税收角度讲就享受了无限期免除附加税和进口关税的优惠,商品储存、运输以及将商品卖出甚至只需交付最终增值税即可。通过这些政策,伊基克免税区在世界范围闻名遐迩,尤其是位于伊基克的免税购物中心,因销售各式各样种类丰富的品牌产品,吸引了大量目光。每年,都有无数的游客、消费者、各个行业的投资人和零售商集聚于此。在 Tarapaca(伊基克的省会城市),本地居民可以免税购买购物区内任意商品,外地人则享受一定的免税额度(1 218 美元)。

六、国内外自贸区的比较和经验借鉴

(一)货贸领域开放程度国际对比

我国是全球第一制造业大国、最主要的农产品生产国之一,同时更是全球货物贸易第一大国、货物第一出口大国和进口第二大国,在世界价值链中扮演着不可或缺的角色,同自贸伙伴一起削弱关税和非关税壁垒,推动全球货贸深度开放、降低贸易成本符合中国的整体利益。

1.货物市场准入

《关税与贸易总协定》第二十四条明确规定:自贸区应对成员间全部的实际上原产货物贸易免收关税并取消其他的相关限制性法规。一般来说,整个国家对“实际上所有货物贸易”的理解为其最终免收关税货物的税目并且其相对应进口额的比重均大于等于90%。相应地，第二十四条指出自由贸易区可以在"合理持续时间"内构建，一般来说自贸成员国取消关税会有一个持续的过渡期，为了使双方产业尽早获益，这个过渡期一般不应超过10年，这也是国际上所公认的。在一些国家及组织诸如澳大利亚、欧盟、美国等，签订了非常自由开放的自贸协定，整个货贸最终零关税产品税目所相应的进口额比例都超过了99%，另外，几乎所有商品在协约日期生效起就立即开始实行零关税政策。比如TTP——《跨太平洋伙伴关系协定》，该协定成员国最终零关税产品和税目比重整体上为99.4%，即时执行零关税产品税目和贸易额比重都高至85%左右。从中国的角度讲，对大多数自由贸易伙伴，我国最终零关税产品和税目比重已达90%乃至95%以上，跟日韩等制造业强国相比，贸易额比重已达85%，最终零关税产品税目比重约为90%。如果按照这个势头继续发展下去，我国的产业将获得更多机遇、应对更多挑战，推行包容开放的自贸协定亦是大势所趋。

2.货物贸易有关规则

货物贸易领域创新性做法主要可归纳为原产地规则、技术性贸易壁垒、卫生与植物卫生措施、贸易便利化和海关程序等有关举措。首先是原产地规则，该规则是指享受自贸协定优惠关税的进口货物，须有相应的原产证书，证明自身是符合自贸协定标准的原产货物。企业签发高标准的自贸区原产地证书为一项国际惯例。生产商、进口商或出口商可以根据情况如实填写证书，通常没有固定格式，不过在监管方面要求严格把关，对造假零容忍，一旦发现违规行为，将给予违规者严厉惩罚。但在中国，并未达到上述程度，有关主管机关签发自贸区原产地证书仍是行政主流。在中澳和中瑞自贸协定中，认同原产地证书自主声明这种方式，从而可以进一步减少商业贸易成本。同时，我国主张在自贸伙伴之间构造一个原产地数据交换系统，这有利于提升原产地认定及证书发放效率。

涉及技术性贸易壁垒（TBT），整个国际间高标准自贸协定要求各有不同，一般来说以WTO的《TBT协定》为参照，对产品技术准则、法令及测评过程的透明度和使用设置均提出了较高的要求。

涉及卫生与植物卫生措施（SPS）角度，国际高标准自贸协定的要求更具体，以 WTO《SPS 协定》为基础，要求不能干涉协议各方在该协定下的义务和权利，同时要求列出有关动植物卫生、食品安全等具体举措，以书面形式表达相关科学依据，同时加上管控、根除任何对贸易各方带来不好影响的病虫以及食品安全有关措施。及时公告，对书面评议作出回复与解释。中国在这方面并未走得更远，基本遵照《SPS 协定》，指出要对风险分析、区域化等准则按类细分，没有做出更严厉的处罚规定。

涉及贸易便利化和海关程序的角度，在货物放行时限方面，我国没有明确的限制，只在部分局部协定中有所商议，例如在中韩自贸协定中允诺尽力在货物到站后的 48 小时内放行。在处置国际快件方面，中国在中韩等局部自贸协定中采用一套相应的快速通关步骤，而 TPP 则规定在货物到达的 6 小时内放行。在海关程序方面，在满足申请人向海关注册、存在货物实际进口等条件的情况下，中国采取国际上高标准自贸协定通行的预裁定条款。

（二）服贸市场开放化程度国际比较

服务业作为第三产业，是我国国民经济的关键组成部分，服务贸易的迅猛发展在我国经济发展的过程中发挥了重要作用，优化产业机构改革也要求进一步深化服务业发展。最近 10 年里，我国服务业产值在国内生产总值中的占比由 2005 年的 41%提升到 2015 年的 50.5%，对外服贸总额也从 2005 年的 1 571 亿美元翻倍增至 2015 年的 7 130 亿美元，年均上涨 16.3%。目前，我国是全球排名的第五服务出口大国和第二服务贸易大国。

1.服务市场开放准入

就服务市场而言，作为加入世界贸易组织的谈判条件，我国将共计 160 个服务部门中的 100 个加以开放。目前我国签署的所有自贸协定以世界贸易组织协议标准为基础，以自主开放作为我国实行各种贸易政策的准则。

2.服务贸易相关规则

服装贸易规则中有多种条款规定,首先要提到国民待遇,国民待遇是一种推动减少贸易摩擦的举措,除个别例外产业不好执行以外,自贸协定签署国应当给予在本国内经营的服务业外企全面的本国国民待遇。当前在我国,国民待遇一般按规定给予协议中的相应国家的企业。

最惠国待遇是另一个利于贸易的措施,它是指协议国之间在航海、通商、关税、公民法律地位等方面相互给予的至少不低于当前或未来给予任何其他国家的优惠、特权或豁免待遇。这是一种互相利好的政策,意味着协议双方各自将对方视为最亲密的贸易伙伴,建立了一个恒定的贸易基础。我国在最惠国待遇政策方面基本遵照了世界贸易组织《服务贸易总协定》(GATS)的有关规定,但将来签署的自贸协议涉及最惠国待遇的某些方面可能并不包括在内。不过此类设定已经有所松动,在最新的中新、中澳自贸协定中加以放开,以书面形式明确指出在指定部门给予新西兰和澳大利亚最惠国待遇。

最后涉及承诺方式,只列出不对外放开的部门和所有限制政策是国际惯例,也是高标准自贸协定采用的负面清单承诺方式。当前我国并未采取这种负面清单的形式,不过在中澳、中韩自贸协定中已经迈出了关键的一步,接下来将在第二阶段协商中讨论负面清单事宜。

(三)投资领域开放程度国际对比

为了在投资领域取得长远发展,近年来,我国一直采取重视投资、吸引投资、激励投资的组合政策,实现了对外投资和投资吸引等方面的大幅度增长。对外投资方面,仅 2015 年一年,我国对外非金融类的投资就有 1 180 亿美元,与去年相比上涨了 14.7%,从全局角度看,该指数已连续 13 年上涨,平均每年约增长 33.6%。到 2015 年年末,我国对外直接投资第一次突破万亿美元。吸收外资是重中之重,由于对于该项目的重视,我国连续二十多年吸收外资数量名列发展中国家前茅。

在国际上,高标准的自贸协定一般在保证开放的前提下允许保留少部分对外来资本的限制，基本上采取负面清单模式搭配准入前国民待遇。而当前我国在这方面仍有所保留，并没有在已签订的自贸协定中加入负面清单模式和准入前国民待遇，仅有在最近进行中的中欧、中美双边投资协定以及区域全面经济伙伴关系（RCEP）谈判中初步采取负面清单模式。

在我国提出“一带一路”倡议之后，加快同沿线国家和地区的投资交流与合作已经成为当务之急，我国以对外投资和吸引投资为载体，不断加强产业国际竞争力，吸引和对外投资水平持续提高。但由于起步时间较晚，对各种国际高标准自贸协议相应规定准则仍待研究，还要一定时间才能逐渐享受到这种策略带来的利益。

（四）规则领域开放程度国际对比

随着时间推移，国际高标准自贸协定规则一直在发展完善，在原有基础上不断增添新的内容，如国有企业管理、政府购买、环境保护、知识产权及专利等方面。这些不仅包括曾经提出过但因存在争议被暂时搁置的方面，也有在新时代下对原有内容提出的新要求，还包含一些时代发展中涌现出的新问题。总体而言，这些新议题体现了新的贸易环境下对自由贸易向公平贸易转移的要求。

为了在开放中取得优势、不落人后，建立一个良好的贸易规则制度环境是实现竞争优势的摇篮。不同国家之间的规则环境差异直接体现对外开放程度，各国均需根据实际情况在规则层次上展开竞争，以顺应不断变化的发展潮流。我国党的十八大、十八届三中全会以及十九大均在规则层次上做出了要求以适应变化。例如，2015 年签订的中澳、中韩自贸协定是我国当时最全面、最深入、最开放的自贸协定，根据现实需求加入了一些新内容，包括环境保护、竞争、电子商务和知识产权等方面。我国在这方面一直努力追赶先进国家，以自身利益为先，帮带落后国家，在发展过程中寻找方向，形成公平合理优化的贸易新规则，为未来的贸易发展打通路径。

在自贸区建设中，坚持党的领导必不可缺。党的十九大明确提出“赋予自由贸易试验区更大改革自主权”，我们的目标不仅是要建造自贸区来实现便利贸易，最终还应构建出一个完整的自贸区网络，成体系成制度地落实各项贸易优惠。这要求我们准确判断国内情况，并研究好如何将我国实际与世界潮流相结合，以使自贸区建设正常进行。

（五）国内自贸区建设借鉴国外自贸区建设先进经验

1.明确功能定位，注重功能扩展

明确自由贸易区的主要功能。“一方水土养一方人”这句话同样适用于自由贸易区。每个自由贸易区的设立都有其特定的条件，界定自由贸易区主要功能，充分发挥其差异化作用，是自由贸易区制胜的不二法宝。首先，港口或者靠近港口地区的自由贸易区，应该积极利用其地缘优势，着眼保税仓储，重点突出其物流功能，使其成为区域性货物集散中心。其次，内陆自由贸易区充分发挥其内陆连通优势，将其功能辐射到周边地区，利用周边便利的人力资源流通优势，增强区内企业竞争力，区域协调发展，实现共赢，充分实现其带动功能。

与此同时，自由贸易区也应该注重通过功能的适当扩展来适应社会发展的需要。大多国际闻名的自由贸易区均是采取区内加工以及转口贸易为主要创收手段，通常我们一般将国际自由贸易区的功能分为两部分，即基础功能和辅助功能。其基础功能一般包括进出口贸易、仓库储备、区内加工以及转口贸易等。而辅助功能一般包括保险、金融、贸易、旅游等服务。在发展过程中，我们可以看到更多改变，由早先注重货物贸易，到未来放眼于推动货贸与服贸共同发展；从最初只看重贸易功能，到今天投资与贸易功能共同发展，并集中精力促进投资开放。在企业管理、外企国民待遇、市场准入、咨询服务等方面，自由贸易区提供了一个更加自由包容的场所。由只注重贸易自由，到注重贸易、金融、投资自由相互结合；由主要承办在岸业务，到现在在岸业务与离岸业务共同发展，并集中精力促进离岸功能发展。

2.匹配相应的管理制度与政策形式

自由贸易区发展至今，已经初具规模且相对完善，当前大多数国家或地区的自由贸易区采取了公私合营的经营制度。在早期，自由贸易区以公共经营为主，世界上第一个私营的自由贸易区于 1983 年建立，同年英国政府出售了 49%

英国联合港口股份，随后将剩余的51%股份在一年里卖出。20世纪90年代，全球28个发展中国家的112个港口的自贸区通过民营企业融资超过90亿美元，凭借加速经济政策的出台以及对外经济活动的开放，很多国家由此加强了自由贸易区运行的效率，不仅降低了公共支出，也降低了各产业部门的风险并提高了利润。

在管理制度方面，通常我们对自由贸易区的管理有两种认知：由政府投资并负责运营的政府形式，以及由私人资本为主要基础的民营形式。而最新的世界银行报告上，将自由贸易区的管理定义为三种类型：公司型管理模式、私人企业型管理模式、地主型管理模式。

公司型管理模式主要管理主体是自由贸易区内的各种公司企业，政府授权企业在自由贸易区内经营，该企业便成为管理者的一员，须承担一定的责任与义务，如缴纳土地租金、维护自贸区环境等，由此企业可以在自贸区开展正常活动。这种模式最显著的优势在于政企分离，政府作为监督者整体监管自由贸易区的运行，各企业在政府约束下、在市场规则下追求利润以实现最优。有效防止了政府过多干预引起体系僵化、腐败滋生等现象，给予各企业更多的自主性。在国际上，自由贸易区的公司型管理模式也可以分成两类，即公有运营和混合经营。因为可能存在效率的问题，发达国家一般不采用公营模式，这种模式下可能导致体制过于僵硬。因此，国际主流公司型管理模式为混合经营模式，最具说服力的两个实例便是两个发达的经济体——日本和新加坡。日本极为看重企业工资自由逐利的运营方式，严令禁止各种政府机构影响私营企业的独立经营，并对国营企业施加诸多限制，这种模式指定私营企业要与政府共同经营管理自贸区，使政府和私营企业均能发挥良好作用。新加坡在1998年开始将政府与企业分离开来，比如将港务局拆分成为海运与港口局和港务集团，港务集团作为一个独立企业被分离出来，由私人投资经营，有效地提高了生产效率。

私人企业型管理模式比较少见，这种模式的私营程度比混合经营模式更进一步，自贸区内所有设施都是由私有资本注资建设的，只要符合自贸区规章与法律，自贸区内企业几乎可以完全自主经营。我国香港就是典型的私人企业型管理模式，例如中国中远、和记黄埔、韩国现代和美国海陆四家公司就经营了香港葵涌码头 19 个停泊位。这种经营条件给了自由贸易区内企业极大的独立自主性，由此带来的高效率也吸引了大量外来资本，为一定时期的繁荣发展打好基础。但是这种模式也有其明显的缺点，缺乏管制可能导致市场失灵，香港经济发展有时显现出不稳定性可能与此有一定关系。

地主型管理模式，顾名思义，是由地主进行管理，通常地主都是当地政府，即由政府直接进行对自由贸易区的管理。地主型管理模式是当前世界上最主要的管理模式，一般由政府任命相应部门代表政府负责经营，它要承担自由贸易区规划与建设活动的相关职能，并在建成后招商引资，维护良好的经营环境。这种模式有一个很大的优势，就是在自贸区设施建设方面，由政府出资更为可靠，规避了私人建设的风险。而这些投入的国有资本，可以长期通过租金源源不断地充盈国库，保证财政稳定。当前世界上大多数自由贸易区均采用地主型管理模式。

通过上述对当今自由贸易试验区管理的有关主流做法的解析并结合中国本身发展的最大实际，不难发现公司型管理模式更加切合我国自贸区建设的需求。完善自由贸易区的管理体制，需要理顺政府与市场两者之间错综复杂的利益牵绊，明确各自的功能定位。当前，我国的自由贸易区肩负着先试先行的重任，其体制的制定和执行还是带有比较明显的国家和地方干预色彩，这有悖于自由贸易区的核心理念，以权威、精简、高效、透明为原则的管理体制亟待形成。首先，管理体制的建设是一项复杂的系统工程，需要国家层面多部门的共同参与，需要地方政府的积极探索，需要得到区内企业的良好配合，要在宏观管理和微观管理两个层次上，体现管理体制的权威性，充分授权自贸区相关部门的改革自主权，增强其独立处理相关改革现状问题的能力。其次，完善地方管理体制，实现政企分开。构建小政府、大社会，重任务、轻参与的地方政府服务平台，为强化自由贸易区的政府服务、激发市场活力提供良好的服务。最后，政府管理和市场管理两手都要抓，两手都要硬。社会中介服务系统是社会化的，通过市场机制的作用形成的，在转变政府职能、完善行政管理体制的进程中，要加快社会组织的培育使其成为自由贸易区地方管理体制的重要组成部分。

3.政府监管上给予更多自由

建立自由贸易区的目的是将部分部门、企业以更加开放的姿态融入世界经济这个大环境，并把各种外国企业吸引过来，利用他们的技术优势或成本优势，服务消费者并刺激本地企业与之竞争，从而实现经贸方面的全面可持续发展。根据这种目的，在政策制定以及对自贸区的政府监管上，应尽可能给予自贸区自由，可以通过简化审查流程，减少对企业经营的干预，在体制机制层面进行优化与创新，海关等监管机构也应作出相应的调整。在这些方面世界范围内比较有名的是美国的对外贸易区，其监管措施相当成熟，包括出口货物进入自贸区取消报关程序；采取集中报关形式，一周集中申报，降低报关成本；采取数字化申报流程，简化各企业海关报关程序等。同时美国早已采取负面清单模式，在融资方面也是领先的，值得进一步研究学习。此外，爱尔兰的香农自由贸易区在国际上也十分出名，该区域立足于欧盟，为欧盟经济一体化增添了很多助力，其主要针对欧盟内部国家运营，在欧盟设立了一致通过的标准。其主要措施包括免除一切法律要求外入境商品的报关程序，以诚信为基底，匹配相应的通关风险手续，对信誉良好的部门企业给予更多政策便利等。

负面清单管理是一种注重效率的管理方式，负面是指限制或禁止某些方面的事物，将所有不批准、不予通过的商品、企业、行业总结成一个负面清单，在自由贸易区内明令禁止相应事物的进入或限制它们的某些行动。换句话说，只要不列入负面清单，且不违反法律，就可以在自贸区内自行运营。负面清单管理是作为正面清单管理的相反面存在的。在国际上，如果一国想要在贸易上针对另一国，它将对该国采取正面清单管理模式。一般正面清单只列出政府允许的商品和行业，因此会对贸易对方造成过多限制。如果为了使贸易更为开放，提高贸易效率，减少无谓福利损失，自由贸易区所在国家政府通常会采用负面清单管理模式。在这方面，新加坡自由贸易区就采取负面清单管理模式。同时，新加坡自由贸易区在通关程序上实现了高度电子化，有一套海关通关审批电子系统，该系统与几十个政府部门相通，能精确、及时、安全地上报各项数据及通关信息，大大简化了各种过关程序。该程序能够在发现问题后上报人工处理，电子结合人工，实现效率与安全的结合。

除了通过引入负面清单管理模式来提升贸易便利化水平之外，还应当完善自由贸易区金融服务功能。金融机构的繁荣将有助于自由贸易区实现产业升级。增加投资融资功能，构建繁荣的金融交易市场是自由贸易区更加全面化发展的大势所趋。其次，促进自由贸易区产业集群化。随着全球经济一体化，单个企业的优势逐步减弱，产业集群化逐步加强，自由贸易区需要结合国家战略部署，发挥自身优势，引进更多不同类型的经济实体，各个经济实体不断互补发展，最终实现产业集群化发展。最后，促进高校等研究机构与企业合作，提高理论指导实践的能力，并且大力引进创新型人才，为自贸区的发展提供创新的动力。

4.在法律上给予自贸区适度保护

自由贸易区的重要地位要求国家制定相关法律、出台相应政策以确保自贸区的正常运行。在法律角度，各个国家依据实际情况和当地实践设立不同的法律条令。但无论法律形式如何，其目的都是保护该国利益，给本国带来贸易上的优势，因此整体上是倾向本国的。在各国法律中，有一点特别关键且基本达成一致，即“境内关外”的法律地位。即自由贸易区虽属于国土境内，但也属于关境之外，在该区域内不征收各类进出口税，并不设立通常的海关监管形式。这一设定明确了自由贸易区最重要的作用，就是开放贸易，通过这种类似于关税免除的形式得以实现。

关于法律角度，国外的很多做法给我国提供了经验，为了建立最有效的自由贸易区法律制度，这些经验必不可少。2013 年，欧盟采取了早在 2008 年就予以批准的现代化海关法典，该典章强调降低贸易成本，缩减海关流程，其具体内容包含电子海关系统、“经认证的经营者”、单一窗口及一站式平台、统一清关等。其中,电子海关系统是用于简化海关流程,将过关程序电子化,便于管理操控,并将各部分操作步骤统一标准,从而提高贸易开展速度。“经认证的经营者”是先前通过欧盟认证的经营企业,在通关和税收方面享有优惠特权。单一窗口及一站式平台是一种简化海关程序的措施,允许将企业经营者上交的资料信息进行多部门同时检查,节省检查时间。当前,国外成熟的自由贸易区法律体系大多采取海洋法体系,这与其特点有很大关系。海洋法最明显的特征是对事项进行事后处置,且作为案例法系,判案很大程度上以先前发生案例为基准。这种事后处置的特征表明它面向于未来,在管理方式上一般采用负面清单。与之相对的,大陆法体系作为成文法系,大多采用正面清单管理。海洋法体系注重对问题的解决与灵活控制,处置余地较大;而大陆法体系明文规定,注重事前预防,且一般须严守现有章法规定。从这种角度来看,海洋法体系显然更有利于自由贸易区的建设。一旦在建设途中发现问题,受制于成文条例,大陆法体系可能无法迅速采取一些手段加以矫正;而海洋法体系可以通过设立监管委员会、陪审团等机构适时测定评判各种问题,提出应对方法,保证自由贸易区良性健康发展。

第三章

3 实物期权视角下的自贸区制度创新研究

第一节　实物期权研究与发展

一、实物期权的定义与分类

“实物期权”一词最早由麻省理工学院斯隆管理学院的迈尔斯教授在 1977 年提出,实物期权是在金融期权的基础上外延发展的产物。金融期权本质上是一种选择的权利,即赋予其持有者能够在某个时点或者一段时期内按照事先确定的价格买进或卖出特定数量的某种金融工具的权利。金融期权的种类繁多,比如根据对价格预期的不同可将金融期权划分为看涨期权和看跌期权,也可针对行使期权的时限差异将金融期权划分为欧式期权、美式期权和百慕大期权。金融期权最鲜明的特征之一在于权利、义务、收益三者的不对称性,期权买方须向期权的卖方交付一定的期权费用来购买选择的权利,期权买方可因时制宜,视具体情况选择是否行使期权权利,不负有刚性履约的义务,潜在最大的损失为期权费,而最高的收益理论上可趋于无穷大,反观期权卖方在金融期权双方中处于被动的一方,当期权买方选择行使期权权利时,期权卖方必须履行事先约定的义务,潜在的最大收益仅限于期权费,理论上的最高损失远超于期权费本身。

实物期权是金融期权在实物领域(非金融资产)的延伸与应用,因而当期权的标的物属于非金融资产的范畴时,我们可以将这类期权统称为实物期权。实物期权本身同样具有权利、义务、收益的不对称性,这毫无疑问属于实物期权与金融期权两者的共性之一,实物期权的应用场景相当广阔,在研究开发、项目评估、资源开发等方面具有较为成功的应用案例,同样也能够为政策的决策执行提供新的思路与指导。相较于金融期权能够直接详细地定义相关参数,实物期权的分析与应用需要在思维方式上进行相应的等价转换,在实物期权的影响变量中寻求与金融期权定价方法的衔接与转化。

马莎·阿姆拉姆和纳林·库拉蒂拉卡两人所编写的《实物期权——不确定环境下战略投资管理》一书中将实物期权分为五大类,分别为等待型投资期权、增长型期权、柔性期权、退出型期权和学习型期权。等待型投资期权是指当项目具有不可逆性与不确定性时,项目所有者需要一段时间的等待来消除不确定性,同时即使项目短暂推迟决策也不会因此而错失投资机会,所以等待本身的延迟具有一定的价值。柔性期权目前尚未形成统一的定义与分类,Azzone & Bertel(1989)提出柔性期权可进一步分为路径柔性、过程柔性、生产柔性、产量柔性和扩展柔性,将柔性转换为期权思维的第一要务是识别和转化柔性期权自身的相关影响变量,从而使用金融期权模型来简化柔性期权问题的解决。增长型期权是指当项目所有者在项目的初始投资中初见成效,随着时间的推移,会不断涌现新的投资机遇,从而能够带来增值的预期。退出型期权是指当项目产生的收益不足以弥补投入成本或者造成严重的负外部性时,项目所有者应当放弃该项目的继续投资并选择收回项目残值。退出期权实质上可视为贴现的看跌期权,当面临不利的条件时,嵌套有退出期权的项目所有者往往可以行使退出期权,放弃该项目来获取项目残值以尽量减少损失。学习型期权是指决策者付出资金上的代价获取正确外部信息,减少信息不对称性对决策所造成的负面效应,提高决策的科学性。

除上述的分类外,实物期权还有其他不同的分类方法,如杨春鹏在其《实物期权及其应用》一书中根据实物期权自身的特点将其分为六种情形:推迟投资期权、扩张投资期权、收缩投资期权、放弃期权、增长期权、转换期权。其实,项目本身往往不可能仅仅包含单种属性的实物期权,大多数时候会集多种实物期权性质于一身,因而从实物期权类型的角度来看,实物期权显然会比金融期权更复杂一些。

二、实物期权在实践中的应用

实物期权经过二十多年来的实践与探索，目前总体上已经形成了较为完善的理论体系，也逐渐成为决策者分析问题不可或缺的工具之一。回顾实物期权的应用过程，主要可以概括为三个阶段：第一阶段是以思维方式独立存在，当项目面临诸多不确定时，投资者会尝试运用期权的思维对项目的收益进行评估并作出相应的决策，即实物期权作为一种思维方式为非金融资产领域的资源配置提供分析和解决的新思路，这是实物期权应用的“萌芽”阶段；第二阶段是通过思维方式的升华从而形成较为成熟的经济解释理论框架，并且运用该理论可以很好地分析一些传统理论无法解释的问题，比如企业融资偏好实际上不会完全遵循“优序融资理论”，不同市场结构的环境条件下企业战略选择的差异性，企业账面价值与市场价值两者之间差异的形成机理；最后一个阶段则是以决策工具的形式呈现在世人面前，主要是通过寻求实物期权与金融期权二者的共性，利用金融期权定价模型来尝试对非金融资产进行定价，从而为决策者提供参考依据。

截至目前，实物期权在实践活动中的成熟应用主要集中在三大领域：自然资源的估值与决策、土地开发决策、研究与开发项目的决策。

自然资源的估值与决策是实物期权理论应用最早同时也是较为成熟的领域之一，这很可能与自然资源投资周期长、前期资本投入高、自身价格波动性大紧密相关，使得在对自然资源投资决策时需要综合考虑诸多的不确定性，将实物期权理论引进自然资源投资与决策的领域克服了传统估值方法无法准确衡量不确定性引致后效的弊端，从而让投资者迅速把握投资机遇，及时调整投资规模成为可能。

土地开发本身具有鲜明的不可逆性，不可逆性是指土地上的建筑物一旦确定其用途并落成，日后将难以留作他用。当土地尚未开发表现出用途的不确定时，决策者需要在多种可能性的选择中一锤定音，获取土地上未来潜在用途的收益最大化。

研究与开发投资往往在很大程度上决定企业竞争优势并进而影响企业自身的盈利能力,在研究与开发的初始阶段和过程中不可否认面临着显著的不确定性,研究与开发的投入并不能确保最终能有新产品或者新技术产生,运用实物期权理论能够允许决策者在不同阶段的多个时点对项目进行评估,从而决定是否继续实行下一阶段的投资。

第二节　自贸区制度创新与实物期权定价的关联研究

一、自贸区制度创新的不确定性

传统观点认为,国内自贸区的政策有利于降低我国的贸易壁垒并促进贸易量的增长。然而,这一观点却忽视了自贸区制度创新的不完全契约性所带来的不确定性。自贸区制度创新的不确定性对进出口厂商的进出口决策和交易有着不容忽视的影响。由于自贸区制度创新带有不确定性,进出口企业不得不面临沉没成本,直至政策明朗,企业态度才会由被动观望转变为发挥主动性。

纵观学术界的现有研究,自贸区制度创新的不确定性是一个很新的研究主题,以往对自贸区或者贸易的研究大多集中在确定性的框架下研究贸易政策。主要有两个原因:其一,自贸区制度创新的研究范围较广,加之数据获得的难度性较大,这无形增大了研究难度;其二,自贸区制度创新的不确定性,没有一个统一的衡量标准,同时量化和测度比较困难。

一般而言,自贸区制度创新的不确定性的来源可以分为以下三类:第一,由于外部条件发生改变,使得原本优惠的贸易安排随之变动;第二,国内自贸区内,在签署某些贸易协定过程中所留下的空白,为贸易政策随机变动提供了一定空间;第三,贸易的报复措施,即第一种分类的恶化结果。

目前,自贸区制度创新的不确定性尚未有明确的定义,本小节在 Bloom(2011)、佟家栋和李胜旗(2015)等学者的研究基础上,给出如下自贸区制度创新不确定性的定义:自贸区制度创新受国内政府未来决策的变动可能性以及国家间相对无规则的贸易的影响,导致企业进出口、投资及个人消费行为面临风险溢价的经济风险。

从直观来看,自贸区制度创新的不确定性增加将会对贸易量产生负面影响,大多相关文献也证实了这一观点。这是因为不确定性的上升会增加进出口企业进入市场的沉没成本,进而减少了参与市场自由贸易的进出口企业;而不确定性的下降则会减少这一沉没成本,在其他条件不变的情况下,提高了企业的生产率和企业参与自由贸易市场的积极性。

进一步地深入探究,自贸区制度创新的不确定性还会从另外两个方面影响企业的经济行为:第一,它提高了出口企业生产效率的临界值。当企业在决定进入出口市场时,需要支付一笔固定成本,理性的企业便会将出口的预期利润折现值和该笔成本对比,只有当前者大于后者时,企业才会决定进入出口市场进行贸易;同时,在此过程中,产生了一个出口企业生产效率的临界值。当自贸区制度创新的不确定增大时,企业出口的预期利润折现值将会大打折扣,进而促使了出口企业生产效率临界值的上升。第二,它可能会消减出口企业进行产品质量升级的动机。倘若出口企业需要进行产业升级,同样需要支付一笔固定成本,然而自贸区制度创新的不确定性已经提高了企业生产效率的临界值,这便会消减尚未能达到临界值的企业进行产品升级的动力,甚至有降低产品质量的潜在风险。

二、自贸区制度创新的不可逆性

国内自贸区需要不断得到推动和发展,这既是经济贸易利益的诉求使然,也是政治外交的需求体现。从自贸区的本质特点来看,设立和建设自贸区是一国长期的经济发展战略,由于自贸区制度创新同时具备长期性和不可逆性的特征,因此自贸区必须立足互利互惠,争取各方最大的经济利益。

自贸区制度创新不可逆性的提出,一定程度上借鉴了投资不可逆性的定义。投资的不可逆性是指某些资产的投资,具有不能通过变卖、转变用途等方式收回投入成本的特性。在自贸区制度创新指导下,对于不可逆的贸易交易,一旦交易之后,贸易成本便成了沉没成本。当未来的经济状况发生改变时,参与贸易的企业便失去了主动选择权,这种选择权的价值便是这项贸易的机会成本。这与实物期权定价的项目不可逆性有着相似的特点,项目不可逆性的概念最早在环境保护的文献中被提出,随后投资分析领域的专家观察到,许多投资项目存在着避免不可逆行动的机会,在决策时其表现为一种选择权,即期权。

因此,运用实物期权分析方法来解决自贸区制度创新的不可逆性所带来的问题便成为了可能的途径之一。自贸区制度创新同时存在不可逆性和不确定性,假如推迟贸易不会额外增加沉没成本或失去贸易机会,那么企业决定进行某项贸易便包含了各种看涨期权,而企业决定退出某项贸易也就包含了看跌期权,在存在不可逆性的前提下,最优的贸易决策规则必将包括这些期权。

运用实物期权分析方法解决自贸区制度创新的不可逆性所带来的问题,需要区分市场是处于完全竞争市场条件还是非完全竞争市场条件。在一个充满竞争的市场条件下,贸易可以使企业有更大的能力去充分利用机会提高企业的未来利润。因此,相比于没有增长期权性质的贸易活动,嵌套着增长期权性质的贸易活动所具备的利润曲线的凸性更大。而在非完全竞争的市场条件下,情况则将截然不同。

三、自贸区制度创新的不延迟性

“延迟”这一概念最早于 20 世纪中期由一位美国营销学家提出,历经大半个世纪的实践,人们扩大了其内涵,被用于企业管理、经济贸易的许多方面。从字面上来看,“延迟”通常指拖延时间,而就自贸区制度创新的不延迟性而言,并非简单地指"不拖延时间",而是作为一种为减小风险溢价,适应贸易产品多样化生产的一种特性,其基本思想是:在参与贸易的出口企业供应链中,产品的生产过程通常可被分为通用化阶段和差异化阶段,虽然这两个阶段的预期目的不一,但仍需要尽可能地保证两个阶段不受任何一阶段的延迟而影响自身。

自贸区制度创新的不延迟性实现了具有大规模生产优势的企业与具有定制化生产优势的企业的有机结合。大规模生产的企业能够实现规模经济,而定制化则能够获得范围经济,从而在满足贸易产品多样化需求的同时,也提高了快速响应能力。当新订单进入自贸区时,企业便能以最快的速度完成产品的差异化过程与交付过程,以不变应万变。从降低自贸区制度创新的不确定性,到实现自贸区制度创新的不延迟性,这将有利于提高出口企业的竞争能力。从本质上讲,不延迟性是自贸区实施的一种创新。

企业产品生产过程的两个阶段——通用化阶段和差异化阶段,不仅是在单个自贸区内不受任何一方的延迟而影响自身,在不同贸易区之间也是一样的,这构成了良性竞争的前提基础条件。因此,自贸区制度创新的不延迟性还有一个好处便是,这能形成国内多个自贸区的良性竞争,用更生动形象的语言阐述便是——形成"自贸区改革锦标赛"。

第三节　基于实物期权视角的自贸区制度创新红利效应解析

自由贸易试验区的设立是国家推动深化改革与扩大对外开放的重大战略举措,也是制度创新的综合试验田。制度创新是经济持续健康发展的根本动力,制度创新会促使资源在不同部门之间进行自由流动并实现合理配置从而为中国经济的增长不断注入推进剂。在中国经济新常态下,自贸区的建设必将成为新一轮制度创新实验和深化改革开放的排头兵,并把可复制、可推广的制度创新经验应用到全国范围,促进经济结构转型升级,推动经济稳步增长。目前自贸区的制度创新主要集中于以负面清单为核心的投资管理制度创新，以提升通关便利度为重点的贸易监管制度创新两大政策层面。

在此，假定自贸区制度创新所能惠及的群体规模为 μX，其中 μ 表示自贸区所辐射的群体的占比，单位潜在的惠及受众 X 服从式(3.1)所表示的几何布朗运动。其中，α 是客户规模的漂移率，σ 是客户规模的波动率，dz 是标准维纳过程增量，因而无风险利率为

$$\mathrm{d}X = \alpha X \mathrm{d}t + \sigma X \mathrm{d}z \tag{3.1}$$

基于上述假设，自贸区的制度创新的红利效应可以从实物期权角度进行分析。首先，在自贸区设立以及制度创新举措出台之前，人为假定自贸区的制度创新红利为零，同时随着制度创新的政策举措逐步落地实施，将有望涌现大量的投资机遇，制度创新所带来的红利效应将逐渐得以显现，此时制度创新本身可视为未来制度创新的增长型期权，此时自贸区的价值 $V_0(X)$ 可以表示为：

$$V_0(X) = AX^{\beta_1} \tag{3.2}$$

其次，当辐射的受众规模达到 X_1 时，自贸区在推进制度创新的过程中所支付成本代价为 I，同时不妨假设这笔成本为现金流的一次性支付。当制度创新不断得以落实后，每个惠及的受众将可以等价获取红利的数额为 k，自贸区制度创新惠及的受众的红利效应年度加总为 $k\mu X$，ρ 表示主观的折现率，自贸区的相应价值将发生变化，可表示为 $k\mu X/(\rho-\alpha)$。此外，若制度创新的进程由于一些不可抗力的因素受挫，制度创新所带来的红利效应远不及预期，此时假定惠及的受众规模下滑至 X_E 时，自贸区的制度创新需要作出及时的调整甚至暂停，此时制度创新本身相应可认为具有柔性期权或者退出期权的特性，由此将产生 μE 相对应的试错成本或者退出成本，这笔成本的高低与自贸区的辐射影响力具有显著的正相关关系，即自贸区的辐射影响力越大，一旦自贸区的制度创新推倒重来或者停滞不前，将会付出沉重的代价，引发严重的外部性。此时自贸区的价值 $V_1(X)$ 可以由(3.3)表示：

$$V_1(X) = BX^{\beta_2} + k\mu X/(\rho - \alpha) \tag{3.3}$$

由突出显示的相关性质不难得出 β_1 与 β_2 均为方程 $\sigma^2\beta(\beta-1)/2+\alpha\beta-\rho=0$ 的解,并且 $\beta_1>0>\beta_2$。当自贸区尚未开始制度创新,若 $X_I>X$,自贸区此时未能达到制度创新的门槛,但同时拥有未来制度创新的增长型期权 AX^{β_1},一旦未来触发制度创新的门槛值,自贸区制度创新的举措可以立马实施并将源源不断带来红利效应;若 $X\geqslant X_I$,自贸区将拥有红利效应的增长型期权 $k\mu X/(\rho-\alpha)$ 并持有附加一定成本代价的退出期权 BX^{β_2},此时,在 X_1 处式(3.2)和式(3.3)势必满足价值匹配与平滑粘贴条件:

$$V_0(X_I)=V_1(X_I)-I \tag{3.4}$$

$$V_0'(X_I)=V_1'(X_I) \tag{3.5}$$

而当自贸区处于制度创新的进程中,若 $X>X_E$,自贸区可以不遗余力地推进制度创新同时仍然持有退出期权;当 $X\leqslant X_E$ 时,自贸区会选择付出成本 μE 进行补救并作出制度创新机制的调整或者暂停相关制度创新进程。因此,在 X_E 处式(3.2)和式(3.3)依然满足价值匹配与平滑粘贴条件:

$$V_1(X_E)=V_0(X_E)-\mu E \tag{3.6}$$

$$V_0'(X_E)=V_1'(X_E) \tag{3.7}$$

理论上,联立方程式(3.4)、式(3.5)、式(3.6)、式(3.7)即可解得门槛阈值 X_I 和 X_E 以及参数 A,B。但由于联立所得到的方程组呈现非线性,因而无法得到上述四个待求未知数的解析解。但是,我们仍可以从经济学的常识出发,得到如下代数关系:$0<X_E<X_I,A>0,B>0$。

由于上述方程组没有解析解,不妨做如下处理:

$$F(X)=V_1(X)-V_0(X)=BX^{\beta_2}+k\mu X/(\rho-\alpha)-AX^{\beta_1} \tag{3.8}$$

当自贸区制度创新惠及的受众规模位于区间(X_E,X_I)内,参考 Dixit & Pindyck(1994)的相关做法,可得出如下关系 $F_{XX}(X_E)>0$、$\mathrm{d}X_E/\mathrm{d}I<0$。表明当制度创新成本较高时,自贸区一旦开始推行制度创新就不愿意因中途受挫导致制度创新停摆甚至以失败告终,更希望保持制度创新原有的势头与方向来避免因制度创新的战略调整或者戛然终止而再次承担制度创新成本。这就可以说明

自贸区在出台制度创新的举措之前要加强顶层设计,科学评估并作出慎重的决策。同理可得 $F_{XX}(X_E)>0$、$dX_E/dE<0$,这表明随着退出成本的增加,自贸区更偏向于会在辐射的受众规模更小的时候选择终止退出的时机,也就是说退出成本的高低将会直接影响自贸区是否终止退出制度创新,这将进一步加剧自贸区制度创新的风险。另外,$F_{XX}(X_I)>0$、$dX_I/X_E>0$ 则表明随着退出成本的增加,推行制度创新需要自贸区有更强大的地域辐射影响力作为支撑。换言之,正是由于终止退出的成本较高,因而自贸区制度创新的最佳时机将不得不相对延期。最后分析初始自贸区辐射范围对制度创新的潜在影响。一方面,根据式(3.3)、式(3.4)、式(3.5)可知,初始辐射影响力的增加势必提升制度创新所带来的红利效应,也就是说自贸区制度创新如果一开始能够背靠广阔的地域辐射范围,充分发挥规模效应的作用,使得制度创新的时机相应提前。另一方面,辐射的受众规模 μ 与退出成本 E 同样影响着自贸区制度创新出现重大调整的纠错成本或者制度创新终止退出的弥补成本。总而言之,随着市场规模 μ 的提高,自贸区一旦制度创新受挫,纠错成本或者退出成本也会随之水涨船高,从类似对纠错成本或者退出成本的分析中,不难知道随着自贸区辐射影响力的扩大必然会使得制度创新的门槛阈值 X_I 增加,即制度创新的时机将会出现一定程度的延误。

第四章

4 自贸区的1.0时代：上海经验

第一节　上海自贸区建设的主要任务

中国上海自贸区自 2013 年成立,成为中国经济的试验田。其特别的贸易体系是中国经济再次创新的标志。研究上海自贸区的具体任务与创新之处都对中国经济发展有借鉴作用。

一、文献综述

王锐兰和李玉芳(2015)认为上海自贸区负面清单虽在已有版本的基础上作了一定的修改,但仍存在内容繁杂、表述清晰度不足、法律地位不明确等自身缺陷,以及辐射范围狭窄、行政管理方式陈旧和配套制度不完善等问题。目前上海自贸区负面清单仍处于探索和改进阶段,需要进一步提高文本质量;消除负面清单"形式化"的嫌疑;保证未来产业安全和经济安全,实现负面清单的动态管理;完善配套实施细则,提高行政管理透明度等。

王臻峰(2015)对现有的四个自贸区作了分析,认为上海自贸区有示范作用,是重点领域。郭田勇和陈澄(2014)说明了金融改革是上海自贸区的一大亮点并且取得初步成效。透过上海自贸区,中国未来金融改革大潮的趋势和方向也能相应显现。陈勇鸣(2013)从服务贸易开放的紧迫性和自贸区对上海"四个中心"建设的机遇和挑战两方面进行分析,认为其有助于上海国际航运中心、国际金融中心等建设,但同时存在银行业风险管理等弊端。

周立伟(2015)从上海自贸区制度亮点出发,描述了自贸区贸易监管制度,认为上海自贸区的发展可推广经验,并为其他地区的自贸区建设积累大量可实践经验。陈昊和王军(2014)认为上海自贸区实施了包括金融服务在内的一系列监管服务模式的改革创新。分析了上海自贸区金融改革进程中银行业面临的机遇,并进一步探讨了银行业抓住机遇推进战略转型的发展策略。武剑

(2013)分析上海自贸区的成立给中国释放了诸多的红利，尤其在金融领域的发展方面，上海自贸区的具体创新与突破以及未来在自贸区内外设置监管红线势必使金融业有序发展更具动力。

郭晓合和陈雯诗(2015)对上海自贸区引进负面清单管理模式给予了充分的肯定，认为该模式的采用会有助于加速我国的现代化进程，进一步为全面深化改革提供不可或缺的推动力。但相较于国际 BIT 文件而言，上海自贸区所执行的负面清单尚存在较大的改善空间，主要体现为服务业管制色彩较为浓厚，市场准入的壁垒效应仍较为明显，市场纠纷解决机制的缺位三大方面的不足之处。胡加祥(2014)则指出在简化负面清单的过程中要注意做好相关行业的风险测试，以尽量降低可能带来的不良冲击，与此同时，也要适时启动法律修改工作来改进原有的市场监管模式。

上海自贸区在全球货币竞争日益激烈的背景下建立，成为中国改革发展的新尝试和对外联系的窗口。这一新兴事物在为发展提供动力的同时，也带来一系列的问题，包括知识产权保护问题。上海自贸区享有国家政策支持和特殊的经济区域，其贸易往来频繁自然会带来知识产权保护问题，重点体现在贴牌加工贸易中的商标侵权、自贸区中的平行进口行为规制等问题上。这些问题的解决会对上海自贸区内的知识产权保护产生深远的影响，因此，探索出更适合上海自贸区的道路，需要我们共同努力，从而推动上海自贸区乃至整个中国的发展和进步。

二、加快政府的职能转变

处理市场与政府的关系，加强政府职能是我国目前市场化改革的重点任务。《中国(上海)自由贸易区实验区总体方案》(以下简称《总体方案》)提及，要以更大力度转变政府职能，加快对一级地方政府管理体制的创新步伐，全面提升政府治理能力；健全符合市场经济规律和治理能力现代化要求的政府管理体系，率先形成法治化、国际化、便利化的营商环境和公平、统一、高效的市场环境。具体措施包括“建立一口受理、综合审批和高效运作的服务模式”;“建立行业信息跟踪、监管和归集的综合评估机制”;“建立集中统一的市场监督综合执法体系”;“积极鼓励社会力量参与市场监督”;“提高行政透明度,完善体现投资者参与、符合国际规则的信息公开机制”;“完善投资者权益保障机制”以及“建立知识产权纠纷调整、援助等解决机制”。建立上海自由贸易区促进政府职能的转变,同时,政府职能的转变也将促进上海自由贸易区的发展。

(一)亚太营运商计划

2014 年,自贸区管委会签署了亚太营运商计划政企合作推进计划书,正式推出亚太营运商计划。它是上海自贸区便利化的一个重要载体,也是提高上海自贸区国际化水平的功能性项目。具体地说,亚太营运商计划是自贸区总部经济的一个组成部分,是集贸易、物流、结算为一体的实体操作的亚太区营运中心及营运总部,也是长期培育企业的流动性计划。以总部经济为基础,以自贸试验区为中间枢纽,跨国企业主要负责贸易订单、物流分拨、资金结算在亚太区乃至全球范围内的流动和管理,促进区域订单供应链和资金结算的整体服务,统筹国内外市场在岸和离岸业务,实现贸易、物流和结算的统一运作。在无形中形成倒逼机制,提高了政府的管理水平,其中最突出的是政府的行政方式、工作方式的改变。自贸区管委会副主任“凡是有意愿有条件加入都能加入到亚太营运计划中”,我们可以看出,加入该计划,是不设门槛的,也就是说企业多了自由选择的空间。而且在将来的发展中,政府和企业将扮演合作的角色,不再是政府带领企业或者企业处于被动地位。政府和企业会一起研究经济问题,讨论经济模式,一起协商解决方案。实际上,这是一种合作共赢的模式,政府正一步步向服务型政府转变,提高资源配置的能力,为企业提供更多机会,相对于企业来说,有了更多竞争优势和保障。政府的角色改变、职能转换,为上海自由贸易区的发展提供了一定的保障。

(二)负面清单

市场准入负面清单制度,是指政府规定哪些经济领域不开放,除了清单上的禁区，其他行业、领域和经济活动都许可。凡是与外资的国民待遇、最惠国待遇不符的管理措施，或业绩要求、高管要求等方面的管理措施均以清单方式列明。这是负面清单管理模式在外商投资领域的运用。通俗地讲，就是政府规定外资不能触及的行业，在一定程度上保护了国内企业，有助于提高国内企业的竞争力。这对政府来说在管理模式上将是一个很大的挑战，政府以前都是按部就班，按规章办事做事，负面清单管理模式则需要跟上全球经济变化的步伐。然而市场是有滞后性的，如果信息的传播赶不上市场的变动，负面清单也就是一纸空文。自从实行负面清单后，凡不在清单内的，不用通过审批，大幅收缩政府审批范围，深化行政审批制度改革，减少了工作程序，工作效率得到很大的提高；明确政府发挥作用的职责边界，各部门各司其职，大大促进了投资贸易便利化，因为要不断跟上经济市场的变化，政府需要不断优化行政管理的运行模式，继而在很大程度上避免了腐败的滋生，创新了政府监管模式，政府运用法治思维和法治方式相结合对市场监管，推进市场监管法制化、规范化、制度化，促使政府从传统模式向现代管理模式转变。

（三）网络信息共享平台建立

伴随着全球化的发展和科技的创新进步，网络在人们的生活中发挥着不可取代的作用。网络信息共享平台是指借助网络平台的传播速度的优势，政府实现科技资源共享，真正做到信息公开和提高透明度。信息是建立网络信息共享平台的基础，随着社会的发展，信息的作用越来越被人们重视，它已成为物质、能源之后的三大资源。目前，我国企业无论在规模还是实力上均与外企存在一定的差距，并且面临着信息资源不对称、自主研发能力弱、产品和技术创新能力不强的制约，相关产业的发展也由于缺乏系统的科技支撑，呈现出国际经济市场竞争力不强、发展后劲明显不足的态势。上海自由贸易区的信息共享平台是为了企业便利而设立的，平台的建设者、操作者是政府，也就是扮演着资源给予者的角色。在公共资源构建的平台上，企业开展经济贸易活动，可以实现政企分开，形成“政府搭台，企业唱戏”的局面，有效地改善我国产业规模小、实力弱和集约化程度低的状况。政府通过上海自由贸易区服务平台,不仅能把办事流程简约化,提高工作效率,还能提高社会事务和服务透明度,与此同时,各类公共服务活动在平台上的开展,有利于相关机构进行监督,对政府决策合理化、管理科学化、服务高效化起到积极作用。例如,可以及时在平台上更新负面清单,可以发布上海自由贸易区的合作计划、跨境电商的推广信息等。因此,上海自由贸易区建设一个以网络科技为基础、信息服务体系为支撑和共享机制为保障的多功能性公共服务大平台,可以优化资源整合、完善系统体系、便民利民服务,在真正意义上加快政府职能的转变。

三、负面清单的探索与构建

(一)负面清单的探索

1.概念

中国上海自由贸易试验区作为一个旨在探索适合我国经济发展模式,积累经济开放的经验以推广至全国的试验区,为更好地施展加快我国产业开展转型升级、加强国际经济合作和增强国际竞争力的“试验田”的作用。自 2013 年正式成立以来,采用创新型的外资准入管理体制及方法——准入前国民待遇+负面清单制度。

准入前国民待遇是指我国在引进外资的时候,如果它符合要求,则可以让其享受跟我们国家的投资者及其投资同样的待遇,让其企业在我国设立、取得、扩大;负面清单制度通常指东道国政府在签订的国际投资协定中承担一定义务的同时,以列表形式列明与义务不相符的特定领域或行业部门,即哪些经济领域或行业禁止或限制外商投资。也就是说,负面清单作为一份黑名单的存在,以清单的形式公开列明禁止或限制的领域,与正面清单相对。而准入前国民待遇+负面清单制度是指对于未被列入负面清单作为限制或禁止外资投资的行业和业务,享受准入前国民待遇,即内外资一视同仁。而被列入负面清单的行业和业务,无法享受准入前国民待遇。

2.负面清单制度的起源及我国采用该制度的背景

负面清单制度的使用最早起源于19世纪,1834年建立的德意志关税同盟国,就是采用负面清单模式订立贸易条约。但真正意义上的国民待遇义务要追溯到20世纪,1953年美国与日本签订的友好通商航海条约,其中约定双方应当给予另一方国家的企业国民待遇,除公用事业、银行、空运等。此条约是真正运用到国民待遇义务的负面清单制度。

关于我国采用负面清单制度应当源于多哈回合谈判,又称多哈发展议程,旨在推动世贸组织成员削减贸易壁垒,通过更公平的贸易环境来促进全球的经济发展,特别是经济发展落后的国家。其谈判的关键难题是农业和非农产品市场准入,原定于2005年1月1日结束谈判议程,但是针对上述主要问题一直得不到解决,因此至今都仍未能达成协议,从而导致多边贸易受损,各国对其削减贸易壁垒、改善开放贸易和促进发展的前景并不看好。而就在此时,TPP,即跨太平洋伙伴关系协议应运而生,其前期只是由智利、新西兰、新加坡和文莱四个国家于2005年签署的协议。自美国于2008年加入以后,TPP势起,太平洋沿岸多国都积极加入其中,但作为世界第一大贸易国和第二大经济体的中国却并没有在其中。而TPP采用的自由化程度十分高的制度——"准入前国民待遇+负面清单制度",曾经有多达12个国家参与谈判的一项多边自由贸易协定。与之类似,美式双边投资协定(BIT),以及1994年生效的北美自由贸易区(NAFTA)都在一定程度上采用了负面清单制度。据我国商务部统计,负面清单已在70多个国家和地区签订的国际条约中得到运用。

由于"多哈回合谈判"始终未能取得突破性进展,使得各国期望在WTO框架内扩大投资、降低投资准入门槛和改善投资环境的愿望在短期内难以实现。负面清单双边、多边贸易协定规则正是在这种背景下得以广泛运用。我国作为世界第一大贸易国和第二大经济体,面对反对全球化的逆流,在对待国际贸易的问题上牢记扩大对外开放的初心,上海自贸区在对外贸易中不断探索负面清单管理模式便是最好的注解。

（二）负面清单制度的构建

2013 年版上海自贸区负面清单按照《国民经济行业分类及代码》（2011 年版）分类编排，包括 18 个行业门类，公共管理、社会保障和社会组织。负面清单（2013 版）采用“保留行业+特别管理措施”的结构，共 190 条特别措施，其中第三产业最多，占 47.9%。另外，40 条为禁止、150 条为限制，见表 4.1。这是中国第一次采用负面清单制度，也是上海自贸区的第一次尝试，其中有很多不成熟的地方，例如其表述有很多不恰当之处。

表 4.1　2013 年版负面清单制度的内容①

		百分比/%	禁止类	百分比/%	限制类	百分比/%
第一产业	23	12.1	4	10	19	12.7
第二产业	76	40	10	25	66	44
第三产业	91	47.9	26	65	65	43.3
总计	190		40		150	

2014 年版负面清单共 139 条，比 2013 年版瘦身了 51 条，调整率为 26.8%，限制更放宽，表述更清晰，管理更透明。其中禁止类 34 条，限制类 105 条，而第三产业同样占最大比重，有 48.2%之多，见表 4.2。

表 4.2　2014 年版负面清单制度的内容②

		百分比/%	禁止类	百分比/%	限制类	百分比/%
第一产业	20	14.4	4	20	16	80.0
第二产业	52	37.4	6	14.4	46	88.5
第三产业	67	48.2	24	20	43	64.2
总计	139		34		105	

① 资料来源：根据上海自贸区负面清单 2013 年版整理所得。

② 资料来源：根据上海自贸区负面清单 2014 年版整理所得。

而2015年版负面清单于2015年4月20日由国务院颁布，分别划分为15个门类和50个条目，总共122项特别措施。不仅如此，2015版负面清单不仅适用于上海自贸区，同时，适用于广东、天津、福建三大自由贸易试验区。这是上海自贸区采用负面清单制度的推广。在这一点上，上海自贸区发挥了其作为试验田，将有用的措施在全国范围内复制推广的作用。

上海作为促成我国产业开展转型升级、加强国际经济合作和增强国际竞争力的"试验田"，使用新实验、新手段、新尝试的负面清单制度，以便探索适合当今中国国情的行政审批制度，在2015年颁布的负面清单制度已体现了其价值。但是当前的负面清单制度始终存在开放度、透明度不足，表述欠规范严谨和重大领域未实现突破等问题。只有不断完善才能使其更好地起到其外资引进、加强国际经济合作等作用。

四、扩大投资领域的开放

（一）上海自贸区投资发展的现状

中国（上海）自由贸易试验区建设的主要任务除了加快政府职能转变等之外还有扩大投资领域开放。不仅表现在金融领域，而且要扩大开放航运、商贸等领域；探索与创立上述的负面清单管理模式，逐渐创立与世界接轨的外商投资管理制度；此外，自贸区扩大投资领域开放还包括改革投资的管理模式，支持不同形式的境外投资等内容。

从2013年9月29日上海自贸区挂牌成立到2016年6月底，上海自贸区累计的新设企业已经超过了3.7万户。累计新设企业中，内资企业超越3万户，外资企业多于6 700户。累计境外投资项目1 100多个，中方投资总额高达424亿美元①。

① 资料来源：根据中国（上海）自由贸易试验区网站整理所得。

（二）上海自贸区投资发展的特点

1.境外投资项目数增加

根据统计数据显示，2015 年，上海自贸区境外投资备案项目数为 636 项。中方投资额高达 229 亿美元，同比增长 6.2 倍；境外实际投资额 79 亿美元，同比增长 13 倍，占全市比重近 50%。

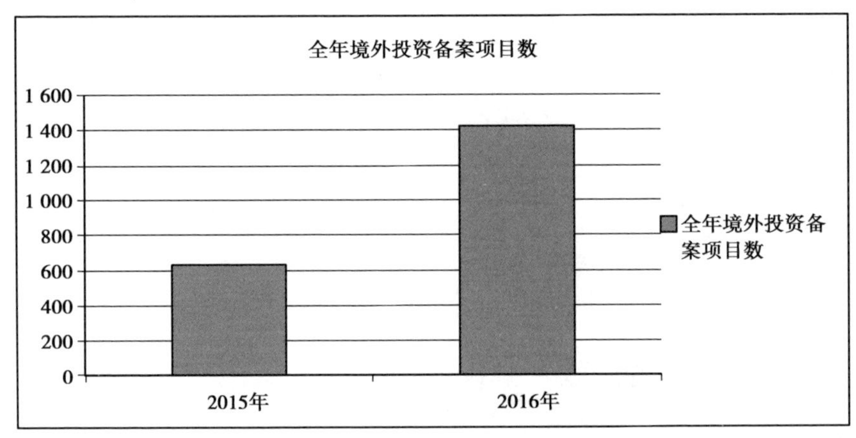

图 4.1　上海自贸区境外投资备案项目数①

到了 2016 年，上海自贸区境外投资备案项目数为 1 425 项，较上年同期增长 224.1%，见图 4.1；整个上海市外商直接投资实际到位金额较上年增长 0.3%，而在这其中，自贸区的外商直接投资实际到位金额就大幅增长了 28.2%，占全市总量的比重大于 30%。同年，上海市深入实现与世界价值链的融合，积极推进企业“走出去”，提高运用两个市场和两种资源的能力。

2.主要投资经济指标大幅增长

2016 年全年，上海自贸区持续推动区内制度创新，促进外商投资的深化以及境外投资管理制度的变革，而自贸区的主要投资经济指标也有大幅增长。在这里，投资经济指标主要指外商直接投资、全社会固定资产投资、工业总产值以及外贸进出口等。

① 资料来源：根据中国上海市统计局网站整理所得。

表 4.3　2017 年中国(上海)自由贸易试验区主要投资经济指标及其增长速度①

指　标	单　位	绝对值	比上年增长/%
地方一般公共预算收入	亿元	578.48	8.6
外商直接投资实际到位金额	亿美元	70.15	13.5
全社会固定资产投资总额	亿元	680.31	12.4
工业总产值	亿元	4 924.95	14.8
商品销售总额	亿元	37 042.67	10.2
服务业营业收入	亿元	5 157.74	14.3
外贸进出口总额	亿元	13 500.00	14.7
出口额	亿元	4 053.10	3.0
期末监管类金融机构数	个	849	4.2
新兴金融机构数	个	4 630	-0.5

从表 4.3 可以看出,2017 年,在主要投资经济指标中,外商直接投资实际到位金额达 70.15 亿美元,较上年同比增长 13.5%,是除主要投资经济指标中工业总值指标外增长最快的。全社会固定资产投资总额高达 680.31 亿元,比上年增长 12.4%;地方一般公共预算比上年收入增长 8.6%,工业总产值比上年增长 14.8%,新兴金融机构数比上年下降 0.5%;外贸进出口总额达 13 500.00 亿元,比上年增长 14.7%,其中,出口额达 4 053.10 亿元,比上年增长 3.0%。总而言之,自贸区在投资领域表现不俗,可圈可点。

3.新设投资企业激增

2014 年,自贸区建设取得重要阶段性成果,全年区内累计 22 040 户投资企

① 资料来源:根据中国上海市统计局网站整理所得。

业,11 440 户新设企业,占比 51.9%,较上年同比增长 1.6 倍。在新增注册企业中,内资企业 9 388 户;外资企业 2 057 户。内资企业注册资本达 3 329.00 亿美元,较上年增长 2.9 倍。年内全面施行扩大六大领域的开放。上海自贸区自 2013 年成立到 2014 年,投资企业有所增长。

到了 2015 年,自贸区对商事登记制度革新进行深化,实现了新设企业的“一口受理、信息共享、并联办事、统一发证”。全年,自贸区区内新设企业 18 269户;在对外直接投资方面,中方投资额达 229.10 亿美元,比重超过全市的一半,较上年同比增长 6.2 倍;外商直接投资的合同金额达 396.26 亿美元。

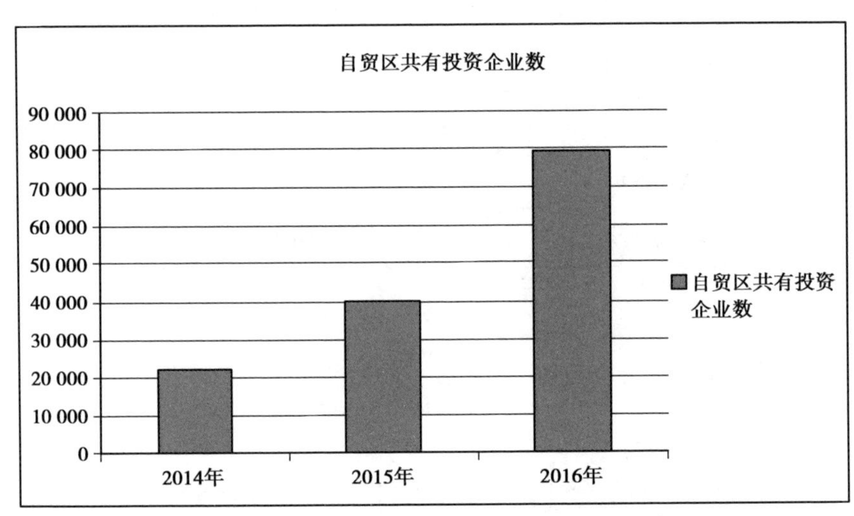

图 4.2　全年上海自贸区区内投资企业数①

如图 4.2 所示,到 2016 年年末为止,自贸区内一共有 79 669 户企业,其中,内资企业有 62 365 户,注册资本为 41 403.62 亿元;外资企业有 17 304 户,注册资本为 2 436.86 亿美元。2013 年到 2014 年,自贸区内投资企业数仅是有所增长,而到了 2016 年,企业数则明显激增,增加了将近一半。

① 资料来源:根据上海市统计局 2014—2016 年自贸区统计报告整理所得。

4.投资入驻新设企业以内资为主

关于 2014 年新设企业的情况上文有提及，这里将主要以 2015 年和 2016 年的数据证明投资入驻新设企业以内资为主。2015 年上海自由贸易试验区区内新增企业 18 269 户，其中，内资企业有 14 943 户，注册资本为 9 078 亿元，占比 82%；而外商投资企业有 3 326 户，合同外资为 396.26 亿美元，仅占比 18%。另外，截至 2016 年年底，区内新增企业 39 360 户，其中，内资企业有 30 811 户，占比 78%；外商投资企业有 8 549 户，占比也仅有 22%。外资企业虽然有所增加，但与内资企业相比依然有较大的差距。而再与上文 2014 年的数据进行对比得知，在新设企业中，内资企业明显多于外资企业，因此，投资入驻新设企业以内资为主。

5.外商直接投资以外商独资为主

外商直接投资，主要有中外合资、中外合作和外商独资几种方式。根据上海市统计局的数据，2015 年外商直接投资合同项目数达 6 007 个，其中，独资企业 4 600 个，占比 77%；合同金额 589.43 亿美元，其中，独资企业 457.41 亿美元，占比 81%；实到金额 184.59 美元，其中，独资企业 138.34 美元，占比 75%。由此可见，外商直接投资呈现出以外商独资为主的特征。

五、推进贸易发展方式转变

推进贸易发展方式转变是在国际贸易中买方和卖方采用各种交易的具体做法。上海自贸区与自由贸易港在发展方式基础上改革创新发展。

（一）香港贸易区贸易发展方式

以香港自由港为代表的成功“经济特区”，其贸易发展方式是中国开放经济的完全表现。作为亚洲最大直接外来投资目的地，投资的直接体现为进出口的活跃程度。

表 4.4　香港货物贸易表现①

	2015 年		2016 年		2017 年	
	亿美元	增减/%	亿美元	增减/%	亿美元	增减/%
总出口	4 622	−1.8	4 600	−0.5	4 969	8.0
进口	5 188	−4.1	5 139	−0.9	5 586	8.7
贸易总额	9 810	−3.0	9 739	−0.7	10 555	8.4
贸易差额	−566	/	−539	/	−617	/

从表 4.4 中可以看出，近年来香港整体上贸易形势稳中向好。总出口、进口和贸易总额三大指标的同比增速均在 2017 年实现了正增长，一扫 2015 年、2016 年负增长的阴霾。虽然香港 2015—2017 年的贸易一直处于逆差状态，但实际上其贸易差额仍然保持在相对稳定且正常的水平。

香港经济的多样化奠定了其经济地位，但多样化的经济规模，同样有贡献比重大的行业。根据香港经济行业分布情况来看，香港四大支柱产业分别有贸易及物流业占比 22.4%、旅行业占比 5%、金融业占比 17.6%、专业和其他生产性服务占比 12.4%。

香港具有相当优势并且可进一步发展的六项产业分别是文化及创意类产业、医疗类产业、教育类产业、创新及科技类产业、检测及认证类产业，以及环保类产业。2015 年，这六类产业的增长值占 GDP 的 8.9%。香港经济产业的支柱，可明显看出其中贸易及其物流业所占比重最大。

香港作为特别的经济区域，旅游业支撑起一部分的经济业务。近年来，内地游客锐减，大大打击了其零售业的势头。2016 年访港游客中，中国内地的游客比例为 76%；中国内地的游客增长率在 2015 年下跌 3%后，在 2016 年相继下跌 6.7%。零售业销货额在 2015 年下跌 3.7%后，于 2016 年 1—11 月下跌8.6%。作为中国最早的经济贸易特区，香港贸易的发展一直锐不可当，但其贸易发展

① 资料来源：根据香港贸发局网站整理所得。

方式深受自由贸易和产业多样化影响。

（二）上海自贸区推进贸易发展方式

自改革开放以来，我国一直在经济上尝试更大程度的自由度，上海自贸区自建立以来就是一个全新的开放试点。给予上海自由贸易区的经济自由，将很大程度地促进商品进出口、外商投资、港口物流业的增长。上海自贸区有利于加快人民币的流通速度。

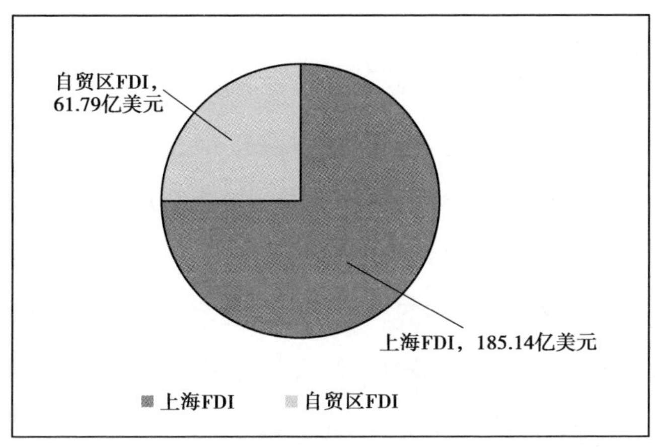

图 4.3　2016 年上海外商直接投资到位金额①

如图 4.3 所示，2016 年上海外商直接投资到位金额 185.14 亿美元，比上年增长 0.3%，自贸区外商直接投资到位金额 61.79 亿美元，较上年增长 28.2%，占全市总量的比重超过 30%。说明自贸区更为吸引外商投资，并且直接投资的成功率更高，自贸区推进的自由、高开放程度贸易方式效果显著。

自贸区没有限囿于保税区的一般做法，传统的贸易在进出口时遇到的关税壁垒，不仅影响外商投资的动力、跨国公司的活跃程度，而且还一定程度损伤进出口企业。现自由贸易区内符合条件的企业实施 15%企业所得税优惠，此政策就是上海自贸区推进贸易发展方式转变的有力证明，税收优惠政策降低了贸易壁垒。上海自贸区拥有优良的航运条件，在能提供便利的航运服务基础上，进

① 资料来源：根据中国（上海）自由贸易试验区网站整理所得。

一步增加了服务贸易领域。自贸区除具有类似于香港的贸易多样化、自由性贸易程度高、进出口便利等优势外,同时自由贸易区在很大程度上负有促进经济开放、加快政府职能转变、让市场更有弹性调动经济的权责。与一般产业开发区聚集于外来资本的进驻有所不同,自贸区更多着重于投资、开放服务业和航运服务等领域的全方位改进。上海自贸区更是一个国家的试验基地,在试验高开放性的经济效果。

六、深化金融制度改革创新

上海自贸区自成立以来,人民银行、银监会、证监会、保监会都积极地推进上海自贸区金融制度改革,各种新型的金融制度正在逐渐建立,金融服务业务也正在完善,获得了国家和社会各界的高度肯定。近年来上海自贸区金融制度改革已经慢慢进入成熟阶段,接下来的任务就是要吸取改革开放的成功经验,建立上海自贸区与上海国际金融中心的联动机制,深化金融制度改革,加强金融服务功能,继续把我国改革开放事业做大做强。

表 4.5 梳理归纳了有关支持上海自贸区金融改革的相关政策。金融改革先在上海自贸区内试验取得经验后,进而在全国范围内推广,以达到金融制度改革创新的最终目标。

表 4.5　支持上海自贸区金融改革的相关政策①

时　间	部　门	名　称
2013 年 9 月 18 日	国务院	《中国(上海)自由贸易试验区总体方案》
2015 年 4 月 8 日	国务院	《进一步深化中国(上海)自由贸易试验区改革开放方案》
2017 年 3 月 30 日	国务院	《全面深化中国(上海)自由贸易试验区改革开放方案》

① 资料来源:《南方金融》总 454 期“上海自贸区发展进程中的金融改革与银行业发展策略研究”。

续表

时　间	部　门	名　称
2013年9月28日	银监会	《关于中国(上海)自由贸易试验区银行业监管有关问题的通知》
2013年9月29日	保监会	《中国保险监督管理委员会八项措施支持上海自由贸易试验区建设》
2013年9月29日	证监会	《资本市场支持促进中国(上海)自由贸易试验区若干政策措施》
2015年10月29日	中国人民银行 商务部 银监会 证监会 保监会 外汇局 上海市人民政府	《进一步推进中国(上海)自由贸易试验区金融开放创新试点 加快上海国际金融中心建设方案》

上海自贸区在一定程度上延续了改革开放的基本理念,但由于上海自贸区建立背景的特殊性,国家并没有给予它太多的优惠政策,而是更注重体制机制的创新,建立符合国际化和法制化要求的跨境投资和贸易体系。因此,上海自贸区金融改革在金融领域全方位开放的基础上,积极探索金融服务的国际化以及促进跨境投资和贸易的便利化。

1.促进金融领域全方位开放

深化金融制度改革创新,首先要放开金融机构市场准入,吸引国内外金融机构进驻上海自贸区开展业务,提高对外开放水平。具体地说,第一,全面放开市场准入;第二,放开经营许可范围。这一点类似我国加入世贸组织的经验。在加入世界贸易组织及承担《服务贸易总协定》义务的谈判中,对经营权而言,结合我国的实际情况,根据《服务贸易总协定》提出市场准入的限制条件。我国在谈判列开价单、允诺开放义务时,根据互惠原则,也希望其他国家对我国服务企业开放市场。上海自贸区同样秉持着上述原则。

2.强化跨境金融服务功能

第一是要设立自由贸易账户。在此之前,央行专门为上海自贸区设立了一个特殊的账户,即自由贸易账户。自由贸易账户被认为是上海自贸区内金融开放体系的重要组成部分。有了自由贸易账户,上海自贸区的资金就可以进行自由流通,减少中间不必要的环节,大大提高资金的流通效率。

第二是推进资本项目的双向开放。在设立自由贸易的基础上,央行又放宽了上海自贸区的资本项目管制,这也被认为是上海自贸区金融制度改革的核心内容。推进资本项目双向开放,首先要允许自贸区与境外的资本项目兑换。其次要放宽自贸区与境外的资本项目管制。

第三是扩大人民币跨境使用范围。为支持上海金融中心的建设和推进人民币使用国际化,央行进一步扩大了自由贸易区人民币跨境使用范围,拓宽了人民币流入和流出的渠道,提高了人民币使用效率。

3.加快推进金融制度创新

金融制度创新要遵循金融制度发展的规律,从国情出发,由内而外,循序渐进。那些不符合国情的创新反而会破坏金融秩序,削弱金融功能。因此推进金融制度改革创新必须脚踏实地,从实际出发。既要避免“无”的放矢,也要防止本末倒置。但我们也不能照搬资本主义国家的金融制度改革经验,而应立足于国情,根据我国的实际情况,建立具有中国特色的金融制度,并不断地进行金融制度改革创新,把金融制度发展与经济发展有机地结合起来,只有这样,才能充分发挥金融制度改革创新对经济发展的促进作用,提高我国经济发展能力,增强我国经济发展质效。推进金融制度改革创新,就要分别推进金融市场制度创新、推进金融企业制度创新、推进金融监管制度创新。深化金融制度改革创新,就要加快金融领域的开放,增强金融服务功能,建立上海自贸区金融制度改革创新与上海国际金融中心建设的联动机制。

经过多年的实践和探索,上海自贸区金融制度改革形成了一系列可复制和推广的制度经验,并且有不少经验已经在全国或其他自贸区进行推广,受到了国家、社会各界和国内外人民的广泛欢迎。

七、营造相应的监管和税收制度环境

相较于保税区，自贸区更加注重政府职能转变，革除以往政府职能单一或者在市场调节中，政府职能进行调控的力度不够，或者政府介入领域较广，政府调控时往往容易出现权力寻租的弊端。创新自贸区的监管，简化国际贸易流程，回收复杂流程中的政府职能，实施“单一窗口”的国际贸易制度，便利地进行国际贸易。稳步推进“货物状态分类监管”非保物流模式试点；针对部分企业，实施“联网监管+库位监管+实时核注”的货物分类监管模式，有效提升了货物物流管理效率。海关监管服务被纳入自贸区创新优势，颁布了 14 项海关监管制度，如“集中汇总纳税”“报税展示交易”等。自贸区新政出台，很大程度上给予航运物流业动力，通过政策保护，简化过程，促进自贸区经济和港口发展。

自贸区自建立以来，出台了多项税收优惠政策。融资租赁企业在自贸区内设立的为境外客户提供融资租赁项目的子公司，可以享受出口退税试点的优惠。自贸区内注册的经营飞机融资租赁的企业或者项目子公司，对于从境外购买的进口民航运输飞机，可以享受进口环节的增值税减免优惠。两项税收优惠政策针对融资租赁的企业，税收优惠吸引了外国资金投资。“先行先试”是自贸区一大特色，除了区内符合条件的离岸业务企业，均按 15%的税率征收；入驻自贸区企业免税两年后三年减半征税。

上海自贸区开放自由的监管体制和税收优惠的环境，为企业以及投资商提供了一个具有发展先机的平台。而这项营造相应监管和税收制度环境的任务，据 2017 年数据显示，取得了卓越的成效。至 2016 年 12 月，上海自贸区累计新注册企业 3.7 万家，其中国内民企占较大比重 77.9%，而新注册企业的活跃程度也高达 80%。税收优惠极大地提高了进出口商的积极性，物流业业绩上升，港口经济的活跃程度更高。作为经济贸易的“试验田”，上海自贸区具有大胆的改革勇气，巨大的发展机遇以及无可限量的光明前景。

第二节　上海自贸区建设的具体措施和路径

一、货物贸易转型

（一）自贸区货物贸易转型战略思路

上海自贸区是中国(上海)基于贸易原则的商品创新自由贸易区,从而促进货物贸易转型。为了深化改革,扩大对外开放,积极融入世界经济,以贸易自由化和便利化为核心,扩大贸易类型和创新贸易形式,使上海自由贸易区成为连接国内和国际的贸易中心。我国近年来对外货物贸易总体情况见表 4.6。货物贸易转型将是现阶段对外贸易发展的重要内容之一。

表 4.6　2007—2016 年中国对外货物贸易总体情况①

单位:亿元

年　份	进出口		进　口		出　口		差　额
	总额	增速/%	总额	增速/%	总额	增速/%	
2007	166 924	18.4	73 297	15.7	93 627	20.7	20 330
2008	179 921	7.8	79 527	8.5	100 395	7.2	20 868
2009	150 648	16.3	68 618	−13.7	82 030	−18.3	13 411
2010	201 722	33.9	94 699	38	107 023	30.5	12 324
2011	236 402	17.2	113 161	19.5	123 241	15.2	10 079
2012	244 160	3.3	114 801	1.4	129 359	5	14 558
2013	258 169	5.7	121 037	5.4	137 131	6	16 094
2014	264 242	2.4	120 358	−0.6	143 884	4.9	23 526
2015	245 503	−7.1	104 336	−13.3	141 167	−1.9	36 831
2016	243 344	−0.9	104 936	0.6	138 409	−2	33 473

① 资料来源:根据国家统计局数据整理所得。

1.研发贸易的创新业态

在贸易发展的过程中，以新的贸易方式、新的贸易技术、新的贸易手段取代传统的贸易方式和技术手段，由此满足不同顾客的消费需求。引入零售业态，打造高端消费品市场。充分发挥开放口岸的进口、出口和转移的优势，建立专业化、国际性的商品交易平台，利用高技术对传统贸易进行升级和改造，创新贸易业态将是贸易发展的一个强劲增长点。积极构建进出口商品电子交易平台，探索跨境电子商务模式，实现"贸易流""资金流""信息流"和"货物流"的融合发展。

2.聚焦国际贸易

抓住全球经济一体化和中国成为世界上最重要的消费市场的机遇，聚焦国际贸易。构建与国际接轨的管理体制，建立自由贸易试验区综合信息服务中心。大力发展转口贸易，转口贸易不仅能促进上海国际航运和贸易中心建设，还能推动上海金融中心建设，对上海自贸区发展具有重要意义。提高进口贸易便利化水平，打造高端品牌，利用自身的地理位置以及物流优势，吸引国外的直接投资，推动我国贸易行业发展。

3.贸易功能全面升级

充分发挥保税仓储、再出口贸易和进出口三大职能，利用物流优势，实现仓储、配送全过程服务，形成多层次、多元化的物流体系。国际贸易展览中心交通便利，引进国外先进的设备和精密仪器，建设进出口商品展示平台，使试验区功能更为齐全，设施更为先进。保税区检验监督政策的实施过程，应建立相应的商检中心和维修基地。放开外汇管制，在区域内进行外汇的自由兑换和流动，在区域内和区域外实现外汇的自由兑换和流动，并及时许可该地区的各类金融机构进行离岸金融服务。

4.完善转口贸易政策

转口贸易是将来的发展方向。转口贸易的发展程度是衡量国际自由港和国际航运中心发展的重要指标。发展转口贸易是洋山保税港区的五大主要功能之一。上海转口贸易腹地的货物经过转口后，主要流向东亚、北美、欧洲等世界各地,见表 4.7。但政策制约、航运服务发展缓慢让上海离成为真正意义上的航运中心还有相当长的一段路要走。

表 4.7 2009 年上海转口贸易主要目的地分布表①

地 区	亚洲					欧洲	北美洲	非洲	大洋洲
	中国台湾地区	中国香港地区	新加坡	日本	韩国				
转口贸易出口量/百万美元	602	2 584	531	514	584	986	1 635	77	176
占总量百分比/%	62.62					12.82	21.26	1.01	2.29

(二)试验区货物贸易转型战略措施

中国(上海)自由贸易区应坚持顶层设计和摸着石头过河相结合,坚持先行先试与依法办事相结合,坚持系统规划和分项实施相结合,有力、有序、有效推进。通过实施贸易转型这个有效的策略,我们将提升中国外贸竞争力,促进管理体系、监督制度、法制体系和运输服务等方面的建设,有效促进试点地区贸易转型升级。

1.加快完善财税配套政策

上海自由贸易试验区可以借鉴欧洲和美国的经验,寻求国际财税一体化。进一步加大财政投入力度,充分发挥财税政策措施,在关税、流转税、所得税和出口退税等方面进行改革。对于关税、增值税和消费税,根据企业的实际情况,试点区所有企业的货物贸易免征增值税。所得税应当根据不同类型企业的中间产品和最终产品设定不同税率。

① 资料来源:上海海关统计处,2009。

2.探索灵活便利的监管模式

相比国外自由贸易区由政府直接管理，上海自贸区综合管理模式存在主管部门位置空缺、受地方政府干预、管理链条太长等弊端，这些无疑都会在一定程度上影响工作效率。在此情境下，上海自由贸易区秉持着有序放开和安全高效的双重原则在贸易领域推行新的监管模式服务。通过审计和执法手段，严格控制好管理货物存在的流动风险，使用简便的监督手段，同时借鉴发达国家的监管措施，采取便捷通关、便利转关等监管分类举措，简化保税区的检查和监管过程，提高运营效率，节约成本。

3.建立健全贸易法制体系

中国的第一个自由贸易区——上海外高桥保税区，已运行20多年，并没有对自由贸易区进行统一立法。因此，根据国际自由贸易区的立法经验，尽快建立和完善自由贸易区的法律制度，努力使立法与建设同步开展。美国的商事仲裁制度在各个方面都取得了令人叹为观止的突破，并对其他国家产生了巨大影响。我国的仲裁事业正在蓬勃发展中，引进先进的国际商事仲裁制度，为自贸区内的企业提供商事仲裁服务。

21世纪以来，中国货物贸易快速发展，取得了举世瞩目的成就，包括货物出口迅速发展的对外贸易。在出口商品结构中，以工业中的资本和技术密集型产品为代表，已成为中国出口商品的主要来源。从20世纪90年代开始，上海作为经济改革试点，开启了自由贸易区的探索之旅，首先在浦东新区建立外高桥保税区，扩大改革开放，促进经济发展。伴随经济贸易全球化以及服务业升级需求，自由贸易区的发展越来越缓慢。在商品贸易和服务贸易的制约下，联动服务的缺失与错位并存、管理手段落后、立法监督水平低、功能设置和创新监管的缺失等阻碍了货物贸易的发展。我们也应看到，在中国贸易货物出口商品结构中仍然存在低水平、高消耗、高排放等诸多问题，因此，应采取措施促进加工贸易转型升级，引导企业提高自主创新能力，优化货物贸易结构和商品升级调整，实现中国货物贸易的持续健康发展。

二、服务业扩大开放

(一)以自贸区的开放带动服务业态创新

服务业是城市现代化的载体和依托,上海自贸区作为与世界接轨的平台,通过扩大服务业,全面带动服务业态的创新。2016 年 1 月 20 日,上海市统计局公布数据,上海的第三产业增加值占全市生产总值的比重已经达到 67.8%,第三产业对上海全市经济增长的贡献率已经达到 94.9%。近年来,服务业在保持生产总值稳定增长过程中起到了关键作用,而上海自贸区在服务业领域实行了一系列创新措施,为服务业注入了新的动力,也为经济发展提供了源动力。

(二)扩大服务业具体措施

服务业空前开放是上海自由贸易区的一项重大创新。上海自由贸易区在金融服务、航运服务、贸易服务、专业服务、文化服务和社会服务领域展开,涵盖银行服务、远洋运输、增值电信等十八个子行业。自贸试验区在六大服务业领域里实施了不同程度的对外开放政策,主要通过允许外商独资和中外合资手段扩大开放服务业。

(三)服务业开放秩序分析

上海自由贸易区开放和扩大的服务业必须在明确职能定位的基础上,有良好的市场开放和市场秩序。这不仅体现了效率和公平,而且强调了市场的重要性和紧迫性。我们不仅要使市场在资源配置中起决定性作用,而且要使政府发挥更好的作用,不仅要取得符合预期的改革成效,而且要使先行先试处于可控范围内。

1.上海自贸区服务业开放秩序选择的科学化

上海自贸区服务业开放秩序要做到科学化,就必须做好两个任务:一是可操作性,如暂停或取消股权要求、经营范围限制和其他准入限制,营造有利于所有类型投资者进入的市场环境。其二,可复制性,只有在不断实践和应用之后,才可以对上海自贸区服务业开放的经验做法作出科学准确的判断，选出更为成熟、更具普适性的经验做法予以复制、推广。

2.上海自贸区服务业开放秩序运行的市场化

订单运作市场化的核心问题是处理好政府与市场的关系。除了使市场在上海自由贸易区的资源配置中起决定性作用之外，我们还应该在纠正市场失灵方面倾注更多的努力。一方面，可以完善上海自贸区的管理体制；另一方面，完善上海自贸区的市场运行机制。

（四）发挥上海自贸区的创新体系

通过现有的实践结果，结合国内外自贸区发展特征可知，科学与技术结合，才能实现最大化的创新效率。信息技术的迅速发展又很大程度上提高了可贸易性服务的比例。区域创新体系可以带动创新资源集聚，创新资源越集中，企业在创新领域中就越有优势。创新资源的可得性和供给能力构成区域创新体系中资源结构的两个维度。可从图4.4中明确二者关系。区域科技的协调创新已成为创新型国家重要战略举措和主要途径，有效地提高我国自主创新能力，其重要程度可见一斑。

图4.4　创新资源的可得性和供给能力的关系

（五）自贸区扩大服务业的建议和对策

1.以技术创新为核心驱动力发展高技术服务业

创新是服务业实现高质量发展的驱动力，创新是高技术服务业最重要的特征。高技术服务业是通过产业链过程中的价值传递实现增值服务。在为生产企业提供物流服务的过程中,现代物流服务业不仅具有大量的计算机技术应用场景,而且还具有"材料"信息化和现代通信技术的运用刚需。

2.推进政府管理服务的创新,加快产业政策的转型

首先,上海自贸区需要在国际商业环境和营销环境下进行创新,提升市场竞争环境指数,真正实现"境内关外",使得自贸区内的企业能实现真正的经营自由。其次,上海自贸区需要营造一个法制化的经营环境,完善其现有的法律法规体系,促进其法律的创新。最后,上海自贸区应该更多地鼓励高科技产业和中小型企业的金融创新,为它们营造一个更好的环境,出台更公平的经营规则,更多地关注企业国际竞争力和发展能力的提升,而非仅仅注重经营规模扩张。

3.通过平台经济引领上海自贸区现代服务业创新

随着电子信息技术的快速发展和平台经济的出现,平台经济作为一种新的商业模式在很多企业中已经存在。新一代信息技术已广泛应用于各个商业领域,作为新兴产业的平台经济也在许多工业领域占有重要位置。上海自贸区要在金融服务、现代物流、电子商务等高科技现代服务业中树立服务标准,促进这些领域形成规模经济,使服务业得以更快速地发展。

总的来说,创新是使上海自贸区服务业进一步扩大必不可少的重要因素之一,通过体制机制的改革与创新,才能使企业发展更自由更壮大。作为经济发展的重要组成部分,现代服务业在保持传统服务业优势的同时,还具有促进服务业更新的特性,以便更好地立足于国际市场。

三、释放金融开放福利

(一)市场准入简化,金融主体多元化

市场准入是为了更好地规范市场,营造公平竞争的良好环境,目前放宽市场准入是大势所趋,符合我国及世界上其他国家的利益诉求。最适货币区

是让人们无须为兑换货币而浪费社会资源,同时通过本币的升值或贬值来调整适应国家发展的流通区域。

金融开放福利的释放离不开金融机构的多元化、金融服务业的开放、平等市场准入环境的建立和非银行机构SECU等个人投资者的参与。上海自由贸易区内的保险机构和其他非银行机构,参与证券和期货市场,并允许该地区海外个人或机构进入上海自由贸易区的证券和期货市场,保障资金有序流动。此外,监管当局对金融市场准入的控制是有效监管的首要环节。新金融机构进入市场,一方面有利于打破垄断,引入竞争,提高金融效率;另一方面,加剧竞争,增加市场风险,导致平均利润下降。因此,审慎控制金融机构进入市场,有利于保证金融业安全稳定发展和有效控制各国金融体系,是确保规模、数量、结构和分配的有效防范措施。

(二)建立大宗商品交易平台，谋求大宗商品定价权

近年来,中国已逐渐成为世界上最大的大宗商品消费国,但国内商品市场和国际市场都处于"失去联系"的状态。在很长一段时间,国内缺乏对大宗商品的话语权与定价权。大力发展国际商品交易平台,寻求大宗商品的定价权依然任重道远,这也是推进人民币国际化和自贸区金融创新的重点。例如,可在上海自由贸易区成立上海国际能源交易中心,也依托附近丰富的资源,建设石油天然气、铁矿石、有色金属等多个国际交易平台,大力发展平台经济,同时,需要发布《自由贸易区商品现货市场交易管理暂行规定》,特别是在电子现货市场,提供相应的系统监管。

(三)资本账户有序平稳开放

开放资本账户,扩大人民币的进出口,有利于促进人民币产品中心在国际评估、结算、投资等方面的建设,扩宽人民币在保险、贸易、投资等领域的使用情况,扩大民营资金进入金融业的可能性与流动性。资本账户有序平稳开放可设立自由贸易账户,并准备建立国际金融平台。

1.设立自由贸易账户

为支持自由贸易区和境外企业的人民币自由贸易账户，处理经常项目和直接投资下的自由兑换业务，简化外商投资企业在该地区的投资运作过程，以提高投资额和配置效率。自由贸易账户日趋成熟，意味着资金的转移更为方便。

2.筹建国际金融交易平台

筹建国际金融平台是与国际金融市场相接轨的重要一步，意为建立资本市场体系，自贸区内的国际金融交易平台将为企业直接融资、调整和优化融资结构、境内证券机构拓展国际业务、区内或境外投资开展风险对冲、中国企业海外投资并购等提供便利的投融资渠道。

表 4.8　上海自贸区与上海市直接吸收外资情况①

上海自贸区与上海市直接吸收外资情况				
	项目/个	合同金额/亿美元	项目占比/%	合同金额占比/%
2012 年	164	16.16	4.06	7.23
2013 年	359	19.09	9.34	7.75
2014 年	2 057	117.95	43.79	37.32
2015 年	2 800	350	46.6	59.42

从表 4.8 不难看出上海自贸区所实施的一系列金融政策明显大幅度地提升了上海直接吸收外资的能力。上海自由贸易区建立的金融平台在自由贸易账户体系的帮助下逐步向世界开放。国际投资者将能够在未来参与这些金融市场平台。建立国际金融交易平台必对扩大自由贸易区资本市场的开放具有重要意义。

① 资料来源：根据《上海统计年鉴》(2012—2015)整理所得。

（四）推进汇率制度的改革

上海自贸区在探索实现人民币汇率制度市场化扮演着“领头羊”的角色。推动人民币汇率制度市场化，关键在于取消强制性的买卖制度，建立银行间外汇市场，改善外汇市场的供求关系，由此增强人民币汇率制度的科学性、公开性和透明度。在上海自由贸易区“金改40”中，不难发现有一系列促进汇率改革的具体措施。第一是允许自由贸易区的外债基金满足在外汇结算中的意愿。企业拥有更多的选择权和主动权，提高企业的积极性。第二是进一步简化经常项目外汇收支的手续，允许自由贸易区货物贸易外汇管理分类为A类，不开立可核实账户。第三是支持总部经济和结算中心的发展，降低跨国公司外汇资金经营管理的门槛，这有利于减少外汇资金贸易管理。第四是支持银行发展人民币和外汇衍生品业务，允许本地区银行办理境外人民币和外汇衍生品业务。

（五）政府放宽各方金融政策

在上海自贸区改革后的140条“负面清单”中可以很明显地看出政府为了打造金融开放而作出的一些具有代表性的让步。其中最具代表性的包括允许符合条件的外资金融机构设立外资银行；允许符合条件的民间资本与外国金融机构共同组建合资银行；允许外商投资支付机构申请《支付业务许可证》；允许设立外商投资信用调查公司；资本租赁公司在自由贸易区设立单一的船舶附属公司，不具有最低注册资本限额。

上海自由贸易区寻求在深化金融改革中进一步探索和完善人民币汇率机制，使人民币汇率在基本稳定的基础上保持合理均衡的水平，进一步扩大市场交易主体，允许人民币自由兑换。外汇交易中心正式开展外汇业务，并扩大包括长期结算和销售外汇等方面的试行。

通过开放来倒逼改革，是整个上海自贸区的大体态势，要在短暂几年之内做到像中国香港、新加坡等地的金融完全开放，对于上海自贸区来说是一条非常艰辛的路。然而，上海自由贸易区的金融自由化提高了金融市场在自由贸易区的竞争力,提高了金融市场的效率,极大地促进了银行业的发展。对金融企业来说,金融自由化为它们提供了许多获利机会。金融自由化促进了金融资本的形成,为企业提供了巨大的空间,上海自由贸易区金融监管的放松,给金融企业带来了更为灵活的经营方式。

四、积累可复制经验

习近平总书记在2014年10月27日提出:"上海自由贸易试验区取得的经验,是我们在这块试验田上试验培育出的种子,要把这些种子在更大范围内播种扩散,尽快开花结果,对试验取得的可复制可推广的经验,能在其他地区推广的要尽快推广,能在全国推广的要推广到全国。"由此可见,上海自贸区是一个国际贸易自由贸易试验区,对贸易和投资、货币兑换、法律环境的有效监管,其目的在于开展更多的改革开放探索,并积累可复制、可推广的经验,从而促进全国经济的发展。之后出台的《关于推广中国(上海)自由贸易试验区可复制改革试点经验的通知》指出:"设立上海自贸区是党中央、国务院作出的重大决策。自上海自贸区成立以来,已形成一批可被推广应用的改革试点经验。原则上,除了修改法律和建设上海国际金融中心的相关举措和经验外,其他的相关做法还应尽快推进到其他地区。"而上海自贸区从原来的1.0时代到如今的3.0时代,经历了"总体方案""深改方案"之后,迎来第三版"全改方案"。从发展情况来看,上海自贸区已获得可喜的成绩,也积累了一些可复制的经验。

(一)上海自由贸易试验区建设的复制原则

上海自贸区给我们带来溢出效应和模范效应等机遇,同时也带来了虹吸效应和竞争效应等更大的挑战,如何把"虹吸效应"与"竞争效应"降到最低,在优秀经验复制过程中需遵循重要原则。其重要原则是区分复制经验与复制制度的差异。以离岸金融市场为例。复制经验是结合自身发展的实际情形将上海自贸区中可借鉴的经验有选择性地采纳及应用，而单纯的复制制度是完全照搬上海自贸区实行的制度，就如离岸市场中上海实行的是内外分离型发展模式。这个模式的选择是根据上海自贸区的地理位置及自贸区的定位确定的，而并非盲目生搬硬套国际上自贸区的通行做法。在系统复制的过程中，我们应该根据这些条件及时进行调整，也就是说，经验复制不是简单的系统移植。在全国范围内，自由贸易区不能一刀切。各地区设立的自由贸易区不可复制，应从实际情况出发，从省情、地区情况和不同区域比较优势、各自发展阶段以及国家发展状况进行提炼和制定政策。

（二）上海自由贸易试验区复制经验的方法

1.全国范围复制推广

上海自贸区有部分改革措施推进效果良好，这些措施可以进一步考虑向全国各地进行复制和推广，主要有：注册资本识别制度、“先许后可”等企业设立商业登记制度，“单一窗口”接受简化跨境贸易和人民币套利。简化办理业务流程，包括民间货币支付业务、跨国公司外汇资金集中经营管理、取消外国融资租赁债券审批和对外担保行政审批等，让政府部门高效清理和压缩现有前置审批事项，转变政府职能，提高审批效率。这样类似的提高效率的利民措施可以扩大推广范围，不能仅局限于自贸区而应推广至全国。

全国范围可利用互联网，以信息为基础，建立市场监管信息共享与服务平台，形成工商、税务、质检、食品药品等领域的监管法律信息共享机制。推动“权责统一、公开透明、简便适用、运行高效”的综合执法体制建设。

2.有条件地复制推广

一是将制度复制到与上海自贸区条件类似的经济区域。如自由贸易账户、离岸业务等内容，这些相似的条件可以推广到我国其他经济地区，如深圳前海、珠海横琴、天津滨海等。

二是将制度复制到部分的相关领域。贸易便利化监管措施，如“先进地区、后报关”、预检、第三方检验结果、“国际贸易单门”等,可以复制并推广到国家海关专项监管区。

3.福建自贸区借鉴上海自贸区经验

2015 年 3 月 24 日,中共中央政治局审议通过福建自由贸易试验区总体方案。福建自由贸易区采取“一审”和“灵活开放税收优惠”等政策。上海自由贸易区实施了一个独立的发展模式,在建立离岸金融市场的过程中逐渐放松管制。福建自由贸易区需要在金融建设中逐步推进,提高风险控制能力,选择合适的发展模式,通过优惠税收吸引外资,加强金融市场监管,深化离岸金融改革。但同时,福建要把握毗邻台湾岛的区位优势,积极推动自贸区的深层次发展。

4.广东自贸片区借鉴上海自贸区经验

2015 年 4 月 21 日,中国(广东)自由贸易试验区挂牌仪式在广州南沙区举行。广东自贸区由广州南沙新区片区、深圳前海蛇口片区、珠海横琴新区片区组成,面积达 100 多平方千米。由于广东独特的地理位置,广东自贸区将主打港澳牌,立足面向港澳深度融合。广东自贸区与天津自贸区一样,与上海自贸区同样采用负面清单管理模式。这大大缩小了限制范围,提升了自贸区的开放度和透明度,达到进一步扩大对外开放的目的。广东自贸区借鉴上海自贸区的经验,三大片区围绕打造金融聚集区的目标开展基础性离岸金融业务,待基础性离岸金融业务发展到一定规模和条件成熟时,逐步建立离岸金融市场。广东自贸区在借鉴上海自贸区经验的同时,并没有照搬照抄,而是发展自己的特色,发挥自身优势。广东自贸区毗邻港澳,可以互联互通,着力打造粤港澳经济的深度合作和贸易自由化的落地。

综上所述,从政策的角度可以看出,上海自贸区为其他区域至全国范围内提供可复制经验的示范样板。上海自贸区的发展由虹吸效益带来各种挑战,在积累经验时应该遵循从实际出发的原则,不可以照抄照搬,应该与自己区域相适应。在上海自贸区发展后,全国各地陆续申请并开放不少自贸区,各个自贸区的借鉴与创新有不一样的选择,但均需与本地相适应。

第三节　上海自贸区发展的路径展望

一、总结宝贵经验，树立“制度自信”

上海自贸区的建设代表着我国新一轮改革的方向，即注重管理政策创新。政策上，上海自贸区作为我国新时代改革开放的试点区域，坚持把制度创新作为工作重心，其中，负面清单管理制度成为改革最亮点。近年来，我国金融创新制度工作不断推动，很多政策也逐步实施，积累了很多可复制可推广的政策经验。企业方面，政府简化了审批流程、给予部分行业政策支持。民生方面，很多进口产品都可以在自贸区买到，比如汽车、红酒。不过，人们对自贸区的期待越高，诉求就越多。近几年，市场对上海自贸区负面清单的完善、金融创新的力度、创业孵化的成果等方面，抱有很大期待。但是，这些预期与现实之间的差距恰恰是上海自贸区下一步的重点。

上海在服务业的扩大开放、投资行业的创新、金融行业的改革、航运业的再度发展优化等方面取得宝贵的经验累积，在不断总结经验的同时，可以树立起“制度自信”。

（一）服务业进一步扩大开放

在协调落实好前两批54项扩大开放措施的基础上，对标国际高标准投资贸易规则，着眼进一步提高透明度，力争尽快推出最新的负面清单，并研究提出新一轮扩大开放措施。例如在通信服务领域，增值电信服务，包括信息传输、软件服务、互联网服务和数据仓储等，在保证互联网信息安全的前提下，一定程度允许外商企业经营部分网络增值电信业务，但行政法规规定以外的业务需要国务院批准。在游戏提供行业，允许外商企业从事游戏设备的生产和销售，需要经过文化主管部门内容批准才可以向国内市场销售。在专业服务行业，借鉴国外律师事务所的服务机制和制度，允许外商企业设立专业服务公司并提供相应的服务，进一步开发旅游市场，扩大对外开放，鼓励引进国外人才，加强国内外良性互动。

由此，上海自贸区服务业进一步扩大开放，保持在国内甚至国际上较为领先水平，可以成为其他地区的参考榜样，进一步增强其开放的自信心。

（二）航运业制度的创新发展

航运业是上海自贸区重点发展行业之一，只有持续加强航运业的体制机制创新，才能适应国际航运新形势，力争成为全国乃至全球的制度典范。航运业制度的创新发展，首先离不开航运开放全新领域的探索，在制度建设方面，可以从港口服务市场开放方面，尽快向国内企业降低保税油经营市场准入门槛，协调商务部等部委尽快出台经营管理办法，明确准入申报路径，尝试逐步向外资、中外合资企业开放船舶供应业务，研究推进外资理货公司进入我国市场，提升港口理货服务国际化水平和服务质量。随着国际航运市场不断开放，外汇航运问题放宽，业务需求放松，世界百强企业外国轮船公司到洋山发展，外国轮船公司在我国的结算运输费增加，这有利于我国航运市场与金融市场相结合。从船舶检验市场方面看，逐步放宽外商船舶检验公司业务范围限制，降低外商船舶检验公司准入门槛，比如注册资本、业务范围限制等方面。

（三）文化产业和社会服务领域的制度发展

在文化与产业相容时代，在上海自贸区的建设战略下，有利于顺应国际新的要求和趋势，开放文化产业和社会服务领域。可以进一步拓宽文化产业的发展，推动文化与金融相融合。在上海自贸区的背景下，文化产业建设、金融投资服务、网络科技技术、教育等行业与新业务、新业态、新经济相互促进。上海自贸区还可以设立国家对外文化贸易基地试验区，积极探索国际品牌授权、版权贸易、影视数据处理等业务，积极构建具有现代意义的文化服务平台。

（四）金融业制度深化改革

金融是一个变化莫测的领域，每天有不同的新问题产生，立法者无法预测未来社会的变化，因此法律是有滞后性的。上海成为第一个金融改革试点领域，但其地位和金融事权冲突可能会影响上海自贸区金融改革的有效性。金融领域的基本立法和监管权力都集中在中央政府和全国人大。如果金融业要进行重大改革，必须对其进行相应的授权。如果没有得到法律的特别授权，目前的自贸区金融改革监管体系需要改进。

另外，金融创新考虑到系统性风险，不易承认"法律沉默"等于默许，进一步完善金融监管的基本法律，做好对金融风险的防范，进一步鼓励金融的深化改革。例如进一步放宽银行业的设立条件，探讨境外或者境内外合作的保险发展，创新融资租赁服务行业的发展等。

（五）"制度自信"最佳体现是负面清单制度的践行

2013 年 10 月 1 日，上海市政府公布了第一版负面清单《中国（上海）自由贸易试验区外商投资准入特别管理措施（负面清单）（2013 年）》，共有 190 条管理措施，其中限制类 74 条，禁止类 38 条。2014 年 6 月 30 日，上海市政府颁布了第二版"负面清单"。相对于上一版，缩减了 51 条。2015 年 4 月 8 日，第三版"负面清单"颁布者，由上海市政府上升为国务院办公厅，适用范围扩展到福建、天津和扩区后的上海四地自贸区。可以看出，上海的负面清单制度已经成为国内领先。但该项制度还需继续改进。

制度建设通常是先完善好然后再推广。自从 20 世纪 80 年代的"内资负面清单"和 20 世纪 90 年代的"外资负面清单"，中国已有近 30 年的相关经验和数据。但是，与其他自由贸易区及负面清单制度相比，中国还可以同时进行自由贸易区及其负面清单制度的推动和改进。因此，2015 年 12 月生效的《国务院关于实行市场准入负面清单制度的意见》（国发〔2015〕55 号）规定："从 2018 年起正式实行全国统一的市场准入负面清单制度。"也就是说，2015 年 4 月在自由贸易区正式实施的负面清单制度，在不到三年的时间内推向全国。可以看出，自由贸易区负面清单制度的改善和推广正在同步进行。

必须总结上海自由贸易区的历史经验和教训，有效避免历史陷阱。这需要学术界和实践界的密切合作。只有总结“中国经验”，各界人士才能充分认识到自由贸易区战略是改革开放40年来经济体制机制改革创新的亮点。这是中国特色社会主义建设的体制改革，它绝不是照搬外国的体制改革。因此，中国更进一步的经济体制改革可以完全超越思想上的错误认识。改革的目标更坚定，道路更平稳，取得的成绩才能更大。

负面清单制度的践行是“制度自信”最佳体现，可以在很大程度上促使政府简政放权。除了修订自贸试验区新版的负面清单，中国政府还将在自贸区内深化行政管理体制改革，建立负面清单管理和协调机制，对外资企业执行定期报告制度，优化负面清单的内容和形式，让更多外资企业准确掌握自贸区带来的新的发展红利。推动政府管理由注重事先审批向注重事中、事后监管转变。《总体方案》指出，要努力实施“一线放开，二线安全高效管住，区内货物自由流动”的创新监管服务模式。在自贸区内，通过借鉴国际通行规则，对外商投资试行准入前国民待遇和负面清单管理模式。对负面清单之外的领域，按照内外资一致的原则，外商投资项目由备案制取代原有的核准制。事实上这是政府简政放权与划清政府与市场的界限的集中表现，从而更好地发挥市场在配置资源方面的决定作用。这与新一届政府推动简政放权与实现政府职能转变的努力方向是一致的。如此一来，首先有助于顺应国际贸易经济发展趋势，增强投资者的信心与积极性；其次有助于促使国内企业注重人才的培养以及提高他们的创新思维；也有助于减少政府审批、依靠市场机制和打破垄断，由此达到“一石三鸟”的效果。

上海自贸区的建设已经留下历史性标志。上海交通大学凯原法学院教授胡加祥（2015）指出：“一谈到中国农村改革大家肯定想到安徽的小岗村，一讲到中国的经济特区肯定会首先想到深圳，今后在中国的历史上一讲到自贸区战略的话，上海的地位是不可磨灭的，这就是上海自贸区的意义，这就是上海自贸区历史的贡献。”因此，上海自贸区的发展应注重总结宝贵的经验，既是为了树立自身的“制度自信”，也可以成为引领我国再度深化改革的新潮流，成为学习的榜样。

二、协调制度间关系，调整区内部门分工

近年来，很多发达国家经济改革是推进制度化、经常化和有效的跨界协调发展，以各政府部门之间通过协调合作的方式，促进自贸区的整体目标的实现。随着上海自贸区的扩容以及上海自贸区管委会和浦东新区政府合署办公，在中央政府层面的自贸区事务协调机制逐步健全，进而出现了新的协调机构；在地方政府层面，上海市也逐步出台了相应的统筹协调机制。为了推进结构性协调机制的实现和完善，以下从建设目标、管理体制和运行过程三个方面提出展望。

（一）建设目标

根据《总体方案》的要求，政府对上海自贸区管理以经济手段和法律手段为主；深化政府管理改革，加快政府职能转变，创新政府管理服务方式，简化审批程序，提高服务运行效率，建立高效的监督管理模式，逐步完善网络管理平台和协同管理机制，包括“建立统一管理的市场监管制度”，“建立一口受理和提高审批服务模式的运作效率”。上海自贸区的部际协调机制是一个由参与者、管理对象和实施机制组成的基本框架。其主要参与者包括公共部门和私营部门。其管理对象包括行政管理、港口管理、综合经济管理、开发建设管理等。实施机制包括实施程序机制和结构机制，实行程序机制和结构机制相结合。其中，程序机制体现在跨部门协调采取的程序安排和技术安排。结构机制主要表现为对内权责明确，对外网络协调。

（二）管理体制

上海自贸区同时受三级部门的管理，分别是中央政府、地方政府和自贸区内部的管理。也正是因为同时受这三级机关的控制，所以在部门之间的协调和方案政策的落实上更需要加强沟通以及建立相对通畅的上传下达机制。既要做到松弛有度，又要做到监管到位。这其中，不仅需要中央政府各个部委之间的协调，还需要上海市政府各类主管部门间的协调以及与其他地方政府的及时

沟通。上海自贸区这种层级管理模式对每个层级的管理部门之间协调沟通提出了很高的要求，因此，要想落实好政策效果，必须解决的难题就是要完善部门与部门之间的相互协调机制。上海自贸区对此提出了“一线放开，二线管住”的管理原则，其中，“一线放开”是指国务院层级的领导管理适当松绑，为下面的管理层级提供更多弹性空间。“二线管住”就要求地方政府或者自贸区内政府严格把关，对下面两层级政府提出更高的要求，各个政府部门之间的协调以及上海市与其他地区政府的协调都是一个很大的挑战。为了更好地处理好这个难题，2015 年 4 月 27 日，上海自贸区就管理机制方面做出了相应的调整，增设了对外联络局、综合协调局等专门负责协调各方关系的部门。同时实现浦东新区政府与上海自贸区管理机构的联合办公，共同承担管理自贸区各职能区域和推动落实自贸区改革试点的职能。政策管理层级的重构使得改革政策的上传下达更加及时，改革内容也更为契合，部门间的协同联动性也大大增强。

（三）协调管理有待深化

上海自贸区各项制度政策的落地需要各个部门之间的紧密配合，各部门之间职能分工和合作是诸多政策得以有效执行的重要保障。上海自贸区推进工作领导小组办公室和自贸区管委会委托国务院发展研究中心、普华永道、上海财经大学、上海对外经贸大学以及上海投资咨询公司 5 家第三方评估机构，分别评估了上海自贸区实际运行状况。在相关评估报告中明确提出了上海自贸区在实施过程中存在协同性不强，各类改革措施由不同的部门负责执行，单一部门的创新无法达到产生协同效应的预期效果。部门各自为政直接影响自贸区各项政策实施效力的发挥，因而需要财政、行政、工商、贸易等多个部门的齐心协力，更需要增强前瞻意识。具体而言，上海自贸区的制度建设和部门协调担负的是国家战略的使命，上海自贸区作为具体方针政策的主管部门，浦东新区作为实施落地的部门，两者之间的协商一致和联动效应是众多关系中最为重要的。具体建议如下：

1.行政审批体制改革

进一步取消和调整行政审批，尤其对投资、创业创新、生产经营、高技术服务等领域加大审批清理力度，在执行过程中防止以“备案”之名行变相审批或权力上收之实。切实推进行政审批评估评审改革，将保留的行政审批评估评审目录和行政审批评估评审技术服务机构目录面向全社会公开，提高行政的公开性和透明度，自觉接受民众的监督。建立健全行政审批评估评审目录管理制度，严格执行“凡未进入目录，一律不得要求申请人进行评估、评审”的原则。加快行政审批标准化建设，优化窗口服务，继续深化行政审批标准化管理，强化事中事后监管。

2.财税体制法律保障

上海自贸区的正式成立是促进中国经济转型升级和实现可持续发展的关键措施。它的全面深化改革空间取决于更加规范、合理、透明的财税体系。这与法治的指导、促进和保障也是分不开的。对此，上海自由贸易区应进一步扩大开放，坚定不移推动改革，成为中国综合深化改革的示范窗口。在财税领域，上海自由贸易区应积极开展制度创新，率先实行公开透明的预算制度，确立税收制度规范，建立现代税制，优化税收征管方式，适当推进授予当地自治权和其他措施，并在条件成熟时应用其经验。推动更多地区乃至全国开展制度创新，促进政府职能转变，激发市场经济活力。在探索和完善管理过程中，法治税收应成为上海自贸区改革的最佳路径、成果保障和发展目标。

3.金融改革

上海市政府应加强与中央各部委之间的沟通与协调，尽快在上海自贸区的建设方面达成全面共识。在金融层面，上海市政府应加强与中央银行、银保监会、证监会、外汇管理局的配合，重视系统性风险防范，加强对系统性风险的识别、监控和预警，建立全面有效的金融风险防范与化解机制，有效识别和评估金融风险，监控随时可能发生的系统性金融风险并对其采取相应的预警治理措施，有效防范系统性风险。在服务业开放层面，上海市政府应加强与商务部的合作，以大幅缩小负面清单的长度，加大对外企与民企的开放力度。

4.打破国有企业对若干服务业部门的垄断

纵观中国的各服务行业，还是有很多国有控股或寡头垄断。近几年来，政府虽然出台了非公和新非公72条等政策，并多次强调了放开对这些民营行业的限制。但到目前为止，政府对民营企业不够开放，这会导致这些行业缺乏市场活力而无法在国际市场上立足。因此，中央政府要放宽民营企业的服务业，而不是先开放外资企业服务业，这样中国企业才能在国际市场上立足。为更好地增强民营企业服务业的竞争力，政府应该开放民营企业服务业，选择将上海作为实验区开展先行先试。

同时，抵制各地方政府在建设自贸区方面的热潮，强调上海自贸区在获得成功之后的推广与复制，并坚持只给“改革红利”而非“政策红利”。中央政府应避免自贸区再度沦为地方政府进行制度套利的工具，审慎渐进地进行试点推广。在实施过程中，中央政府应强调上海自贸区在制度创新方面的意义，避免自贸区热潮发展成为新一轮圈地运动、新一轮工业园与开发区运动以及新一轮造城运动。

5.建立贸易便利化制度

建立“单一窗口”制度，提高政府和企业的效率，由此满足双方需求。建立快捷通关制度，政府部门建立快捷有效的通关制度，实施各口岸协调机制，简化通关手续，提高通行效率。建立海关行政复议制度并设立行政复议法院，完善行政复议制度，保护法人的权益。

6.做实上海自由贸易试验区事务协调机构

上海自贸区事务协调机构需要加强几个核心部门。首先，联系、对接国家自贸区高层战略设计部门的研究与规划部门，负责做好上海自贸区的总体设计和发展道路的总体设计。其次，协调部门负责对接中央与地方部门派出结构，协调上海自贸区事务机构工作，配合中央的具体政策实施，做好引进和落地协调工作；建立“单一窗口”制度，完善社会监督制度。最后，加强与社区沟通，关注民生各方面的变化。

7.调整各管委会的职能工作

保留各区域管委会,各管委会精简机构和人员,落实各管委会改革工作,积极配合上海自贸区改革创新任务,统筹管理监管和公共服务工作。

三、利用现有产业基础，打造高端服务业平台

上海是中国第一大城市,是我国重要的经济、贸易、金融、航运中心,是世界上规模和面积最大的都会区之一。利用现有产业基础,可以发展高端服务业经济,推动上海经济体制改革。

2016年,上海市编制发布了《上海市服务业发展“十三五”规划》,表明上海加快转型升级发展高端生产性服务业,发展高新技术产业,吸引高素质人才,成为具有综合竞争力、现代化水平的地区。近几年来,上海市按照“十三五”规划的相关内容,大力推动传统技术产业升级发展,创新型产业与生产性服务业相辅相成,促进了生产性服务业的稳定持续发展。一方面,转变传统生产性服务业,通过促进商业制度、产品技术、服务、文化等方面创新,以转型升级生产性服务业为发展导向,进一步发展创新型高端服务业。另一方面,继续采取政策倾斜,对创新型、科技型中小企业给予财政补贴,对传统型制造企业进行差异化征税,更好地引导传统型制造企业升级改造,进一步发展服务企业,以发展品牌设计、营销网络等关键性服务的供应商为主,倡导生产性服务业从传统大中型制造业分离发展。

目前,上海市首批引导的传统型制造企业已经成功升级改造,转变发展服务业。这证明上海发展生产性服务业是值得借鉴和学习的。但在发展过程中,要注意以下几点:一是重投资。中国持续存在很大的贸易顺差,应该加大投资而不是贸易,构建公平的投资环境。二是重服务。中国应该大力发展服务业,制造业是产业链的中上游,而服务业是向产业链延伸的产物,象征一个地区成功的标志。三是试验区不是经济特区。上海自贸区是中国的制度红利,这是一

项可复制的试验,先试行再推广,是建设社会主义道路的有效探索。

在国务院发布的中国(上海)自由贸易试验区总体方案中,明确了上海自贸区的五大任务,即加快政府职能转变、扩大投资领域开放、推进贸易发展方式转变、深化金融领域开放创新,以及加强法制建设的制度保障。

随着国际经济新秩序的逐渐形成,以及中国传统制造业比较优势的逐渐丧失,中国必须积极培育贸易新型业态,形成以技术、品牌、质量、服务为核心的国际贸易竞争新优势,加快提升自身在全球贸易价值链中的地位。而上海自贸区有望在这一进程中积极发挥相应的作用。根据"制造业—服务业协同发展"的决策部署,上海作为金融贸易和服务行业的经济中心,将长期降低长江三角洲地区交易成本。其现代服务业发展水平越高,长三角地区交易成本越低,现代制造业也越发达,特别是江苏、浙江、安徽地区。

在自贸区总体规划明确扩大开放服务业的措施中,目前七项措施已经具备实施的条件,区外的企业同样能享受到区内改革政策红利。因此,许多外资企业都正在考虑把公司的总部迁往自贸区,抓住自贸区的政策优势和利用完善的基础设施环境。这一系列创新制度,都有利于促进贸易便利化,其中包括国际贸易方面,提高运输效率,降低企业的运输资金成本。长三角地区的大多数货物进出口通过上海港区,不仅能降低营运成本、简化海关审批程序,还可以带动周边地区经济的发展。另外,贸易便利化改革还会吸引部分外贸公司入驻自贸区,更加直接地享受自贸区的政策优惠。上海为周边城市提供便捷的货物贸易服务,增加进出口贸易,降低企业营运成本,推动本地区的进出口贸易能更好地发展。

未来上海自贸区高端服务业的发展着力点应遵循如下若干方面。

第一,以园区建设引导集聚发展。上海市加大产业集聚发展的政策力度,充分利用功能区的产业基础和地理位置优势,结合上海市总体规划用地、产业功能用地等相关规定,形成生产性服务业功能区布局。加强各产业的集聚效应,提高土地容积率和资源利用率。积极引导传统技术产业优化升级和制造业服务化发展，推动生产性服务业向专业化和高端化拓展，从而注重产业链对接、价值链提升和服务模式创新。

第二，以政策突破促进转型发展。上海通过税收差异化征收，大力发展生产性服务行业，引导制造类企业发展服务业，进而形成一批高端生产性服务企业，实现先进制造业优化升级，实现生产性服务业产业翻番，实现现代产业发展体系。"十二五"期间，推动工业化转型升级发展服务业，实现整体价值链向两端延伸，增加产品附加价值，实现产业盈利，进一步促进生产性服务业的国际化发展，实现从"生产型"向"服务型"的转变。

四、衔接长三角区域经济一体化战略

长江三角洲已经被誉为全球第六个大都市圈或城市群，在长江三角洲大都市圈中，上海建设成为中国金融中心城市，同时发挥中心城市带动周边城市发展的作用。上海与长江三角洲的发展是紧密联系在一起的，谁都不可能脱离对方发展，上海需要长江三角洲的支持，上海的发展会推动长江三角洲的发展。长江三角洲区域各城市都渴望与上海合作发展，这说明了上海对长江三角洲具有辐射带动作用。因此，上海发挥着经济一体化的重要作用，以更加积极主动的姿态融入长江三角洲经济和服务体系。

上海作为国际化大都市，对长江三角洲具有辐射带动作用，能进一步促进长江三角洲地区经济一体化的发展。从目前情况来看，上海的辐射效应主要有三个方面：

第一，上海在长江三角洲发挥龙头引导作用。上海作为在长江三角洲城市群的核心城市，进一步起到区域中心城市的辐射集聚作用。上海加快发展服务业，提高综合竞争力，增强对周边地区经济发展的拉动力和凝聚力。同时，进一步推动长江三角洲地区协同联动发展，增强上海经济发展的"使命感"，对社会的"责任感"。因此，上海通过产业集聚效应来发展经济，逐步开放创新金融，增强综合经济实力，增强社会使命感和区域认同感，实现上海对周边城市的集聚和辐射作用,从而引导整个长江三角洲地区的发展。

第二,加强上海在长三角的基础服务。上海对长三角的基础服务应该主要体现在以下五个方面:一是在集聚和扩散效应方面。上海在长江三角洲要发挥龙头的重要作用,率先实现投资领域的改革,深化金融领域开放,成为长江三角洲区域的研发设计中心、金融专业中心、产业集聚中心、技术文化中心。二是在产业结构调整方面。上海的发展离不开长江三角洲,加快产业结构调整,通过上海和长江三角洲相互分工和错位发展,实现产业结构调整和转移,进一步推动区域功能区发展,实现战略合作双方共赢。三是在城市布局方面。上海的发展要结合城市结构形态布局,规划功能区发展,优化城市网络结构,实现以上海为中心辐射周边地区发展。四是在基础交通设施方面。上海要实现产业集聚效应,升级发展高端服务业,要进一步衔接好长江三角洲周边城市的基础设施建设,完善城市群交通网络一体化体系,减少城市间的出行时间,节约时间成本,提高经济运行效率。五是在区域开放方面。要构建经济一体化发展制度,探索创新区域发展政策,促进资源共享和区域内互补流动,形成更为开放的经济一体化发展模式。

第三,强化上海在长江三角洲区域的服务功能。上海积极建设国际金融贸易中心,强化在长江三角洲区域的服务功能,主要体现以下三个方面:一是在金融功能服务方面,上海要强化国际金融贸易中心,服务长江三角洲区域经济发展,提供研发设计服务和金融商品服务等现代化金融服务。二是在物流功能服务方面,上海要进一步强化上海金融贸易地位,增强对长江三角洲区域的服务功能,提供国际化商品服务软环境,提供现代化金融贸易设施,联合江苏、浙江两省的河海港口,建设服务长江三角洲区域河海运输交通设施,提升在整个长江三角洲乃至在全国范围的辐射带动能力。三是在经济功能服务方面,上海要进一步辐射长江三角洲区域的经济发展,做好产业的技术升级创新,提高区域合理整体布局和综合竞争力。

对于长江三角洲区域而言,亦需要增强与上海的产业互动。随着上海自由贸易区不断对外开放，越来越多的企业产业转移到上海自贸区，而上海的土地容积率是一定的，因此自贸区内的制造业会转移到长江三角洲区域。上海周边的城市交通网络一体化，交通设施健全，拥有良好的社会投资环境。根据长江三角洲城市建设规划，上海各周边城市功能分布清晰、发展格局明确，因此上海各周边城市根据自身发展优势，提前规划好产业转移，以便各地区更好地发展。

长三角从制造产业对接上海自贸区，要全方位、多角度推介长三角地区的相关产业发展环境、政策红利和工业化水平，争取自贸区设立后溢出的先进制造业项目到长三角地区扎根；同时提高通关效率，转变政府服务功能，为经济发展创造良好的“软环境”。

认真做好长三角地区企业规划转移工作。上海自贸区的成立将对长三角地区的企业产生一定的影响，这些企业需要及时解读政策，调整自身发展方向并制定相应的措施；相关地区的政府部门要认真落实长三角地区企业的宣传和服务工作，政府部门借助手机、互联网、新闻等渠道，让企业通俗易懂地解读上海自贸区方针政策，做好引导企业服务工作。政府部门应关注长三角地区的重点外贸企业，积极引导重点外贸企业，鼓励重点外贸企业抓住上海自贸区政策红利的机遇，参与到自贸区建设中来。政府部门应关注长三角地区的重点进口企业，通过上海自贸区关税平台，提高通关效率，降低企业成本。另外，要关注长三角地区重点大型企业，引导重点大型企业的业务核心、物流总部等长期入驻长三角地区，促进服务业发展。

另外，中央政府给予上海自贸区很多优惠政策，这些政策资源会在一定程度上强化长三角区域之间的竞争意识，使得相关企业不可避免地面临着或多或少的竞争压力。因此，长三角地区必须加快经济体制创新改革，加快建设高端技术产业，吸引更多企业投资，创造新的经济发展。随着上海自贸区的成立，上海会带动长三角地区，为长三角地区创造公平、稳定的经济环境，进一步推进长三角地区经济体制改革，为长三角地区创造新的发展机遇。

由此可见，上海自贸区作为中国新一轮改革开放的先行者，作为中国新一轮改革开放的试验田,形成了可学习和借鉴的经验。通过建设上海自贸区,政府转变职能形成服务型政府,实施一系列经济、财政、税收创新改革政策,这对上海自贸区甚至对全国产生一系列重大影响。上海自贸区改革创新成果纷呈,坚持以制度创新为核心,在投资管理、贸易监管、金融创新、政府职能转变等方面形成一批基础性和关键性的制度创新成果,改革溢出效应将不断显现。上海将为长三角地区提供国际贸易服务,降低通关成本,提高商品贸易效率,能更好地促进长三角地区的进出口贸易。主要展望如下:

(一)增强上海自贸区与长江经济带的协同互动效益

上海的经济发展在“长三角”处于龙头位置,尤其是上海自贸区的建设对“长三角”周边城市形成了经济效益的扩散效应。长江经济带沿线城市要把握好上海自贸区建设带来的经济发展机遇,并在其建设发展中吸取经验教训,从而明确自身定位,建立开放型经济发展模式,积极主动地与上海自贸区的建设接轨。上海自贸区的负面清单管理模式和金融改革创新对长江经济带沿线城市具有重要的借鉴意义。负面清单是自贸区为保护对自贸区经济至关重要的特定产业或幼稚产业,而禁止和限制进入的行业、领域和业务等清单;负面清单管理模式因其前瞻性、高透明度以及可复制和推广等优势,并且具有较为自由、灵活的特性,有利于开展双边贸易与投资项目,推进了对外贸易与投资的发展。上海是我国的经济中心,也是金融中心。上海作为国家层面金融发展创新的风向标,上海自贸区在金融改革的探索发展方面成果丰硕,尤其是创新了金融发展模式。长江经济带各城市要积极与上海自贸区经济发展进行对接,借鉴其负面清单管理模式和金融改革创新,结合自身区域经济的特点,将其中于已有利的成功经验、模式和政策应用到自身经济发展中去。同时,长江经济带沿线城市自身需要探索新旧经济发展模式和金融创新制度的对接方式,这样可以减轻改革创新的阻力,提高区域内经济发展的效率和质量。总的来说,长江经济带各城市要积极借鉴和学习上海自贸区适合自身发展的成功经验,利用发展好自身的资源禀赋优势,挖掘得天独厚的发展潜力,推进区域内经济的改革创新,建立具有本区域特色的经济发展模式。

（二）全面深化体制改革，加强统一开放型经济建设

长江经济带作为中国新一轮改革开放转型实施新区域，是世界有名的内河经济带，也是我国东中西互动合作的协调发展带，同时也是我国全面推进的对内对外开放带。长江经济带各城市要落实全面深化体制改革，加强统一开放的市场经济建设，有利于扩大对外开放市场，培育国际经济合作竞争新优势，推动长江经济带区域经济提质增效升级。为了全面深化体制改革，加强统一开放的市场经济体系建设，长江经济带沿线城市应当继续转变政府职能、处理好国企与私企之间的关系和加快长江经济带一体化进程。

(1)转变政府职能。上海自贸区对监管、财政、金融、审批和行政管理等方面的改革，全面深化体制改革，成功转变了政府职能，使政府由全能型向有限的服务型政府转变。长江经济带各区域城市应尽量利用上海自贸区的成功经验，在适应自身开放型经济发展的前提下，减弱政府对市场的干预程度，优化政策导向服务，努力让市场成为资源配置的主体，让市场在资源配置中充分发挥决定性作用。

(2)处理好国企与私企之间的关系。我国各区域城市一般对国有企业的政策扶持和补贴较为重视，但是在对外开放经济中，国企所发挥的作用有限，而民营企业在实现国民经济平稳运行方面功不可没。因此，区域内城市要加强对民营企业的扶持，鼓励民营企业的创新能力，平衡国有企业和民营企业资源配置，设置科学的竞争机制，促进两者良性竞争和共同发展。

(3)加快长江经济带一体化进程。长江经济带跨区域广泛，包括了上海、浙江、江苏、江西、安徽、湖南、湖北、贵州、重庆、云南、四川11省市，面积约205万平方千米，占全国总面积的21%，横跨区域大。其中，包含了上海、杭州、南京、武汉、重庆、成都等多个经济中心城市。但各区域相对独立，联系不够紧密，区域合作效果不好、效率不高。我们可以借助上海自贸区的成熟经验，在长江经济带城市进行推广，走产业优化道路，促进相关产业的集聚，形成长江经济带产

业链,完善现代产业体系,打破各城市间的贸易保护壁垒,并利用互联网平台整合区域内资源,加强与“一带一路”建设衔接互动,培育长江经济带全方位对外开放新优势。

(三)依托黄金水道,加快推进海关区域通关一体化

通关一体化是“改革开放以来海关最具革命性的变革”,简单来说就是“多地通关,如同一关”。原来海关的分布是按照属地化的,一个地方的海关自身是一个独立的监管体系。实现区域通关一体化以后,企业可以自主地选择申报、纳税、验放地点和通关模式,打破以往需要在多关办理手续的模式,改为可以在一个海关办理,进一步简化手续。长江经济带沿线城市依托长江全流域的黄金水道,有利于各区域互联互通、相互协调,方便推进区域海关通关一体化进程。长江经济带通关“高速路”的打通,将最大限度地使企业受惠,可以自主选择口岸、通关模式和查验地点,从而大大降低企业成本,提高经济运行效率。

五、利用改革发展契机,重塑监管与服务框架

上海自贸区的建设和发展积极应对国际经济环境变化,上海发展迎来新的契机。凭借自贸区的建设,上海自贸区应破除繁冗的行政体系,建立高效透明的规则、前瞻性防御风险的服务框架。

(一)加强金融风险监管

2016 年 7 月,上海印发《发挥上海自贸试验区制度创新优势开展综合监管试点探索功能监管实施细则》(以下简称《实施细则》),强调将所有的金融服务业均纳入监管,进而实现金融监管的全覆盖,同时对涉及的金融服务、监管信息实现共享。但是,现有分业监管体制的弊端和问题不一定能够得到克服,对上海自贸区金融创新改革过程中出现的新问题,可能也难以应对。在以往的经验教训中,日本自贸区曾出现了离岸资金向在岸市场渗透的问题,导致内外金融联系逐步密切。弱化了离岸金融市场的隔离机制,就会增加国

内的金融风险。依托上海自贸区已有的金融监管体系，吸取金融监管失败的经验教训，上海自贸区离岸市场应实行内外分离型模式，并且要控制离岸市场资金向内渗透。

（二）建立层级防火墙机制

自贸区在发展过程中大多是采用较为开放的政策，可以灵活运用，让市场成为资源配置的主体。但在面对金融风险的冲击和离岸资金的渗透时，自贸区必须采取一些政策和机制来防范和化解风险。上海自贸区也实行对外开放政策，在目前的发展进程中，政策还处于不断完善阶段，针对金融监管方面的政策也不全面，对金融监控的机制仍需加强。在对离岸金融的监管上，上海自贸区采取的是一般的金融监控方式，为了加强资金流动环节和市场交易环节的保护和风险防范，可以建立分层级防火墙机制。分层级的防火墙制度可以通过对不同层面的防控，采取层层防护措施，减少风险的冲击，有利于降低风险。上海自贸区若建立分层级防火墙机制，将大大增加金融风险的防范能力，确保金融业的健康发展。

（三）重塑服务框架

在国际通行规则的运行下，上海自贸区以负面清单管理为核心的投资管理制度作为市场准入原则。自上海自贸区建设以来，修订完善了 3 次负面清单管理制度，负面清单的数量不断压缩至当前的 122 条，并且对外资实现了准入前国民待遇的国民经济行业占到了 90%。上海自贸区的外商投资企业推广设立了备案方式，大大缩短了申请办理时间，申报材料也减少了 7 份，现在只需 3 份材料即可。为了实现高标准的国际贸易便利化水平，上海自贸区采用的贸易监管制度是对一线进境货物实行放开准则，即当天入区，二线进境货物要求“安全、高效、管住”，从而使进出境时间只占全关区的 21.5%和 68.3%，物流成本水平降低了约 10%。

上海自贸区设立了自由贸易账户系统，建立了资本项目可兑换和金融市场开放的金融创新操作路径，安排了利率全面市场化、人民币国际化等核心领域金融改革的制度，形成了风险可控和宏观审慎的金融监管体系，这一系列有效防范风险的金融创新制度有利于适应对外开放的形势。但是，上海自贸区是我国对外开放和改革创新的先行者，势必要成为我国其他地区新一轮改革开放的典范，所以对标国际最高标准，上海自贸区还需加强多方面的对标。首先，要对标的是国际和自贸区高标准的经贸规则，具有最高的建设开放度，加强自贸区金融开放创新试点建设，进一步促进金融服务与投资贸易的便利化。其次，要对标 2020 年上海自贸区将努力成为国际金融中心，不断完善更加高效、开放的金融市场体系，与国际金融中心的建设紧密联动，逐步增强金融市场对境内外资源配置的能力。最后，对标的是国家战略和改革开放总体部署，积极推进“长江经济带发展规划”布局，大力实践“一带一路”的国家级顶层合作倡议，继续促进与国际航运中心建设和上海科创中心建设的联动，全力实行人民币国际化战略，不断完善上海自贸区以金融为核心的综合服务功能。

第五章

5

自贸区的2.0时代：广东、天津和福建经验

第一节　自贸区禀赋条件分析

广东自贸区

一、概论

（一）广东自贸区概论

2014 年 12 月 28 日，第十二届全国人民代表大会常务委员会第十二次会议通过关于授权国务院在中国（广东）自由贸易试验区有关法律规定的行政审批的决定，广东自贸区立足面向港澳深度融合。2015 年 3 月 24 日召开的中共中央政治局会议通过了广东自由贸易试验区总体方案。2015 年 4 月 21 日，中国（广东）自由贸易试验区挂牌仪式在广州南沙举行，标志着广东自贸试验区正式启动建设。

广东主打港澳牌，建立粤港澳金融合作创新体制、粤港澳服务贸易自由化及通过制度创新推动粤港澳交易规则的对接。中国（广东）自由贸易区总面积达到 116.2 平方千米，分别为广州南沙自贸区、深圳前海蛇口自贸区和珠海横琴自贸区，具体包括：

（1）广州南沙新区片区总面积 60 平方千米（含南沙保税港区 7.06 平方千米）；

（2）深圳前海蛇口片区总面积 28.2 平方千米；

（3）珠海横琴新区片区总面积 28 平方千米。

（二）区域简介

1.广州南沙新区片区

（1）片区概况

中国（广东）自由贸易试验区广州南沙新区片区，包含面积为 7.06 平方千

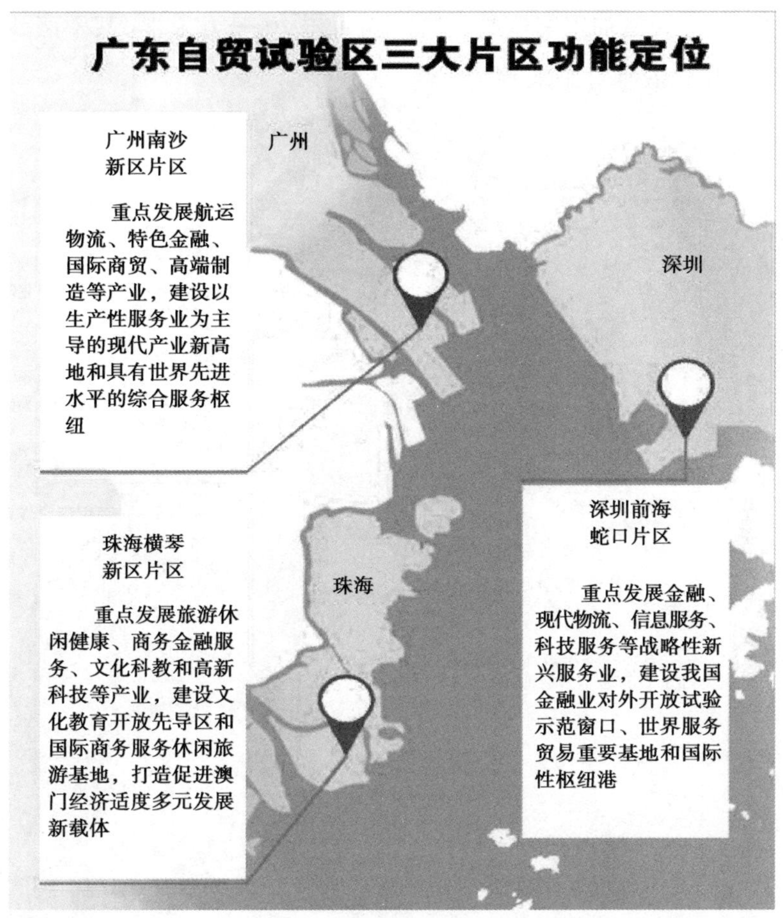

米的广州南沙保税港区在内，总面积达到了 60 平方千米，总计 7 个区块。

①海港区块共 15 平方千米。海港区块一的龙穴岛作业区，包括南沙保税港区港口区和物流区面积 5.7 平方千米，总面积为 13 平方千米。海港区块二的沙仔岛作业区，其面积为 2 平方千米。

②明珠湾起步区区块，不含蕉门河水道和上横沥水道，面积为 9 平方千米。

③南沙枢纽区块占地面积 10 平方千米。

④庆盛枢纽区块占地面积 8 平方千米。

⑤南沙湾区块不包括大角山山体，面积为 5 平方千米。

⑥蕉门河中心区区块占地面积 3 平方千米。

⑦万顷沙保税港加工制造业区块占地面积10平方千米(其中南沙保税港区加工区面积1.36平方千米)。

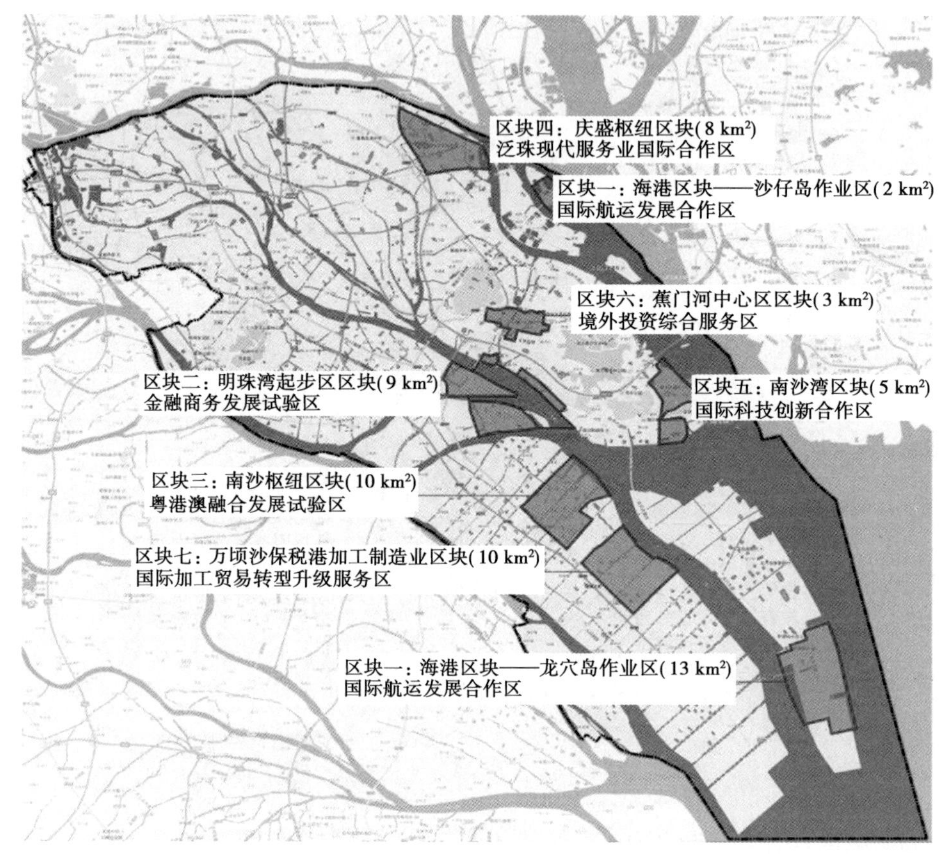

(2)基本定位

中国(广东)自由贸易试验区广州南沙新区重点建设适应国际新监管体系的法制化国际化经营环境,带头实现与港澳服务贸易自由化,创造国际贸易职能的高度一体化。南沙自贸区具有强大金融创新服务的国际航运物流中心,并且已成为21世纪丝绸之路沿线国家和地区科技创新合作示范基地,同时建立了双向通道,是深化粤港澳区域经济合作并实现优势互补的重要平台,在构建开放型经济的新格局中起着重要作用。

充分利用好位于珠三角地理中心和港口资源丰富的优势,与港澳相通来带动内地发展，大力促进科技创新、国际金融、国际贸易、航运物流、海洋经济和高端制造业的发展壮大，全力打造生产性服务业成为现代工业高地和世界级综合服务中心，加快建设粤港澳综合合作示范区。

（3）建设背景

从国家层面看，设立广东自由贸易试验区有着重大的战略意义。一是有利于国家推进新一轮对外开放战略，为我国全面提高开放型经济水平探索新路径；二是有利于进一步深化粤港澳全面合作，保持港澳地区长期繁荣稳定；三是有利于促进珠三角地区转型升级，打造带动区域发展的对外开放新高地。

南沙地处珠三角几何中心，依托广州国家中心城市综合优势，连通港澳，服务内地，区位十分优越，港口岸线资源丰富，发展空间广阔。国务院批复的《广州南沙新区发展规划》要求南沙新区在全面推动珠三角转型升级、促进港澳地区长期繁荣稳定、构建开放型经济新格局和建设粤港澳综合合作示范区中发挥更大作用。南沙片区集国家级新区、自由贸易试验区、保税港区、国家级经济技术开发区和高新技术产业开发区于一体，产业基础雄厚。依托国家自由贸易区战略，南沙将在新一轮改革开放中先行先试，全面推动体制机制创新，率先建成与港澳衔接，符合国际化和法治化要求的规则体系，推动粤港澳融合发展；进一步探索经济发展方式转变的新路径，引领泛珠三角转型升级，联手港澳将南沙自贸区打造成为我国参与国际经济竞争与合作的新平台和21世纪海上丝绸之路的重要枢纽。

2.深圳前海蛇口片区

（1）总体概况

深圳前海蛇口自贸片区是中国（广东）自由贸易试验区的一部分，此片区于2015年4月27日挂牌成立，片区总面积为28.2平方千米，包括面积为15平方千米的前海区块（其中含有3.71平方千米的前海湾保税港区）和面积为13.2平方千米的蛇口工业区区块。

根据产业形态分为三个功能区：

①前海金融商务区，也就是前海区块中不含前海湾保税港区的部分。其承载的重要功能是贸易服务，包括大力发展的信息服务、专业服务、金融服务和科技服务，打造成我国金融对外开放的示范平台和亚太有影响力的生产服务中心。

②深圳西部港区，核心区域是前海湾保税港区。其主要服务于国际贸易、高端航运、供应链管理、港口物流和货物贸易，加快建成国际性的枢纽港口。

③蛇口商务区，也就是蛇口区块中不含西部港区的部分。其主要与前海区块产生产业联动和互补优势，致力于科技创新、文化创意、网络信息等高端服务。

(2)功能定位

借助深圳市场化、法治化和国际化的优势与经验，发挥21世纪海上丝绸之路战略支点作用，整合深港两地资源，集聚全球高端要素，主要发展的战略性新兴服务业有信息服务、专业服务、科技服务、金融服务、港口服务、航运服务和现代物流，推进深港经济融合发展，打造亚太地区重要生产性服务业中心、世界服务贸易重要基地和国际性枢纽港。

3.珠海横琴新区片区

(1)片区概况

广东自贸试验区横琴片区地处广东省珠海市南部，位于广东省珠海市横琴岛，距香港34海里，与澳门隔海相望，两地最近处相距只有187米。于2009年12月16日在珠海市横琴岛挂牌成立横琴新区，占地面积为106.46平方千米，位于珠江口西侧，毗邻澳门、隔望香港。横琴新区地处香港、澳门与内地的交汇点，其面积相当于3个澳门现有的大小，并且有90%以上的土地还未被开发利用，也是“珠三角”核心地区唯一没有建设使用的地块。

2015年4月23日广东自贸区横琴片区正式挂牌。总面积28平方千米，与珠海横琴新区2020年前的规划开发建设用地规模相当。

（2）功能定位

横琴新区在广东与澳门的深度合作之下，将建成文化教育开放试点区和国际商务服务旅游休闲平台，大力发展文化科教、国际金融、休闲旅游和高新技术等产业，这将成为推动澳门经济适度多元发展的新动力和新驱动。

①国际知名旅游度假区，充分利用横琴海岛型生态景观的资源优势，将横琴建设成为国际知名的旅游度假区，建成与港澳配套、完备的旅游相关产业链。

②文化教育开放先导区，鼓励横琴自贸区在教育和文化行业上先行先试，积极发展创新服务业，实行准入前国民待遇的开放模式。

③国际商务服务基地，发挥好香港国际金融中心的地位、信息发达的优势和澳门国际商业平台的效用，将港澳在商业服务方面的优势扩展到横琴。

④国际金融创新区，在国家鼓励横琴新区先行先试的金融政策导向下，促进各类金融要素市场与金融机构集聚于横琴国际金融商务区，同时把握好金融与实体经济依存关系，加强与澳门博彩业经济的联系和合作。

二、片区禀赋

（一）广州南沙新区片区

南沙自贸区拥有天然的地理位置优势，同时还具有丰富的港口海岸线资源。在深化与港澳地区合作交流的基础上，大力发展现代化创新型产业，包括国际贸易、特色金融、航运物流、海洋科技、高端制造业和专业服务业等产业，建设成现代工业领先的新高地和世界先进水平的综合性服务中心。

1.片区优势

南沙位于广州市最南端，地处珠江出海口，是广州通向海洋的唯一通道，同时又是珠三角经济圈的几何地理中心，成为连接珠江口两岸城市群的枢纽型节点和我国南方重点对外开放门户。

为响应打造珠三角交通枢纽的号召，南沙正快马加鞭地推动南沙港区基础设施建设,尤其是加快地铁等轨道交通的建设进程,充分做好深广中通道等高快速路段建设以及商务机场的前期准备工作,致力于构建完善的海陆空综合交通体系。

广州南沙新片区优势如下:

(1)港航物流条件优越

港口服务:南沙港区现已建成12个10万吨级深水集装箱码头泊位、22个5万吨级以上专业泊位,并开通64条欧洲、北美、非洲等内外贸航线。

航运交易:依托南沙港承接和实施南沙新区对接港澳现代航运服务业先行先试的航运政策,试点开展航运金融、航运经纪、海事仲裁和游艇产业化等相关高端服务。

集疏运体系:为减少物流重复操作,实现多式联运和无缝对接,以南沙港作为母港在腹地建立无水港,海关将企业仓储装卸等物流作业纳入监管流程。

(2)通关便利

南沙正在积极推进国际贸易“单一窗口”建设,目前已经初步实现了进出口货物“三个一”(“一个平台、一次递交、一个标准”),达到了既定目标,并全力推动进口岸查验“三互”(信息互通、监管互认、执法互助)方案,为粤港澳三地实现快速通关、促进服务提供了有力支持。

海关总署最新发布了关于支持南沙实施先行先试政策措施的16条意见,并已在南沙口岸实行了快速验放机制及国际转运货物监管模式。

原国家质检总局颁发了支持南沙开发建设的21条意见,并在南沙实施全业务线智检口岸管理模式,实现24小时互联网申报和“六零”(零费用、零纸张、零时限、零距离、零门槛、零障碍)申报。

南沙已实现全流程贯通的跨境电子商务B2B2C保税进口业务。跨境电商直销体验中心和保税展示平台正加紧建设完善。

(3)法治化营商环境

南沙国际仲裁中心是粤港澳仲裁机构和仲裁人士于2012年10月在南沙

共同设立的国际商事仲裁平台，中心已在2013年《仲裁通则》的基础上增纳关于三大庭审模式的内容，为当事人根据自身选择具体庭审模式提供了便利。当下，南沙国际仲裁中心正拟定《南沙自贸试验区仲裁通则》，并以此为基础颁布实施《三大仲裁庭审模式流程指引》（可选择中国特色社会主义法系、大陆（欧洲）法系或英美法系的庭审模式），为自贸试验区商事主体提供三种不同的仲裁庭审模式以及法律适用服务，具有专业性强、国际性程度高的仲裁特色。南沙国际仲裁中心还将增设南沙国际调解中心，设置知识产权和金融仲裁服务点，并不断完善自贸区专业领域纠纷解决机制，为自贸试验区商事主体提供更专业化和国际化的仲裁调解服务。

（4）生活配套

①教育配套：华师附属第二中学、广外附小、广外附幼等正在建设，未来还将引入更多优质教育资源。

②医疗配套：高标准完善中心医院后续项目的建设，通过打造覆盖全区的社区卫生站为社区居民提供优质的医疗卫生服务。

③文体设施：市民广场、图书新馆等公共文化设施正加紧建设，作为亚运比赛正式场馆的南沙体育馆将为承办国际顶尖赛事继续提供优质服务。

2.片区服务

广州南沙新片区服务如下：

（1）港口服务

南沙港区航道总长131.5千米，其中毗邻出海主航道的深水岸线约36千米，已建成12个10万吨级深水集装箱码头泊位、22个5万吨级以上专业泊位，已开通64条欧洲、北美、非洲等内外贸航线。目前，南沙港三四期工程正在加快建设，其中涉及的重点项目有深水航道的拓宽、邮轮母港、沙仔岛近洋码头、江海联运码头等。

（2）航运物流

①加快建设国际航运中心的步伐，形成与国际航运中心和物流中心相适应

的政策体系。

②建立和各类世界级航运机构的战略合作关系。

③加强“珠三角”城市和国内主要货源的沿海沿江城市无水港建设，联立“水、陆、空”三路以加快运输速度。

④加快发展与船舶、航运相关的产业，形成产业集聚；联合航运产业和金融机构，保障航运资本运行。

（3）特色金融

①落实自贸区金融“15+6”、跨境人民币贷款、航运金融、航运保险、企业发债等金融政策。

②推动粤港澳金融服务合作，探索开展人民币资本账户可兑换等金融服务的先行试验。

③加快发展以互联网金融为主体的新兴金融产业。

（4）国际贸易

①通过与港澳拓展国际市场联手合作，建成港澳向内地拓展、内地借助港澳通达国际市场的双互通道及平台。

②推动海上丝绸之路沿线港口城市联盟成立，并将联盟的常设理事机构永久落户南沙，以此把南沙打造成为海上丝绸之路的重要节点。

③设立大宗商品贸易服务平台，形成集大宗商品贸易、结算、金融服务等多种功能于一体的交易平台。

④搭建促进加工贸易企业转型升级的技术研发、工业设计和知识产权等公共服务平台。

⑤加快建立商品保税、仓储、物流相关设施，推行跨境电子商务试点园区。

⑥发挥我国产品出口采购集拼业务的优势，成立国际采购配送中心。

（5）高端制造

①依托广汽丰田整车项目，打造千亿元级的汽车产业集群。

②在以中船集团龙穴造船基地的基础上，拓展造船产业，提升制造高端海

洋工程装备的竞争力。

③依托东方重机和海瑞克盾构机企业，重视对新型大型工程装备的制造，建成工程装备和成套技术的国家级产业基地。

(6)科技创新

①依托中科院“一院五所”、香港科技大学霍英东研究院等高水平公共创新服务平台，大力发展科技创新，推进科技创新落地生根。

②依托国家物联网标识平台等项目，推动人工智能发展，打造高端新型电子信息产业平台，迈向国际顶尖水平。

③发挥广州南沙3D打印创新研究院科技研发成效，促进新材料、智能制造及卫星通信技术等产业发展。

(7)综合性服务枢纽

①加强货运枢纽的集散和运输功能，增强货物装卸的安全性、便利性和兼容性，降低物流成本。

②港口要大力建设铁路运输设施，继续提升铁路运输比重，积极拓展陆运和河运的运输功能。

(二)深圳前海蛇口片区

1.片区优势

(1)独一无二的叠加优势

前海深港合作区实行了“自贸区+合作区+保税区”的“三区”叠加模式，使得前海自贸区不仅享有国家自贸区共享的优惠政策，同时还实行了前海合作区独有的优惠政策，因此凸显了叠加模式的优惠与优势。对于功能叠加的前海自贸区来说，其经济发展潜力日益增强，金融方面服务显得更加开放，更有活力，投资和贸易便利化水平也更高。

(2)片区联动的互补优势

前海湾保税港区和深圳西部港区的蛇口港、赤湾港，在自贸试验区规划框架下整合形成统一整体，这样可以更好地实行“一带一路”国际性倡议，将自贸区港口的资源更好地整合利用，打造成为国际枢纽港。前海蛇口的产业特色鲜明，主要致力于贸易、金融和航运服务，蛇口片区和前海片区实现了产业的协调与融合，从而弥补了各自资源的劣势，实现优势互补。前海蛇口自贸区的建设激发了“珠三角”经济发展的活力，使深圳经济发展迈向新的征程。

(3)深港合作的先天优势

前海蛇口自贸区周边拥有了香港港和深圳西部港两个世界级的港口群，是全球第一大港口群，还拥有香港机场和深圳机场两大国际级机场，其集装箱吞吐量和旅客人次跻身世界级水平的行列。自贸区的建设将会促进深圳和香港全方面的深度合作，以及推进深圳和香港两地在海洋、港口和航空等领域的融合共进，从而有利于粤港澳大湾区快速成长。由于香港在国际上的重要地位，前海蛇口自贸区的大力建设定会促进深圳与香港乃至与国际的合作联系。

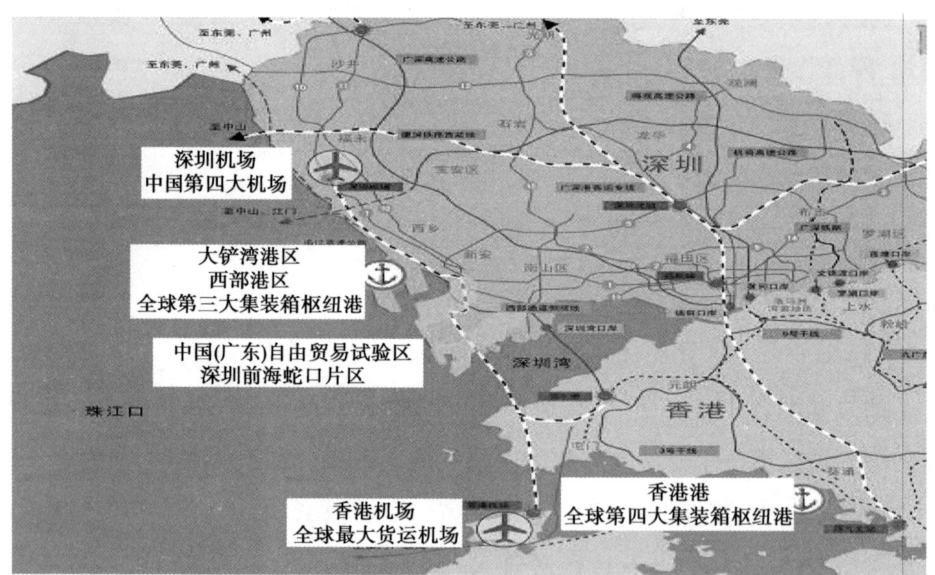

(4)一体化管理与整合优势

前海片区和蛇口片区，在深圳市委市政府和前海蛇口自贸区委的统筹协调下，得到了大力建设，获得了突飞猛进的发展。自贸区的招商局集团已经遍布15个不同国家或地区，其中在28座沿海沿江城市建设了54个港区，集装箱吞吐量得到大幅度的提升。前海片区已经注册了 1.9 万家金融类企业、5 000 多家物流类企业，总的企业注册数超过了 3.5 万，注册资本金额也超出了 1.9 万亿元。通过一体化管理与各类资源的整合，前海蛇口自贸区推行了“引进来”和“走出去”的双向渠道，增强深港两地的经济互补性，从而推动国家“一带一路”倡议真正落到实处。

(5)政策及制度优势

①中央政府批复了前海自由贸易实验区包含教育、法律、金融、医疗、人才和电信等方面的 22 条先行先试政策。

②实行了《深圳前海深港现代服务业合作区境外高端人才和紧缺人才个人所得税财政补贴暂行办法》，重视对人才的吸引力，深圳市人民政府对于在前海自贸区缴纳个人所得税的人员给予补贴，具体为缴纳所得税额超过工资薪金应纳税所得额的 15%部分进行财政补贴。

③按照国务院发布的《财政部商务部关于批复深圳前海深港现代服务业合作区现代服务业综合试点方案的通知》，吸引符合条件的企业进入前海自贸区，尤其是高新技术企业，自贸区会着力通过综合试点资金进行政策扶持。

④深圳作为计划单列市，前海自贸区具有对外投资备案权限和外资审批权限，压缩企业对外投资和外资企业进入的办理流程。

⑤前海自贸区不但是我国唯一的社会主义法治示范区，而且是全国人才管理改革试验区与“粤港澳”人才合作示范区。

2.片区服务

(1)金融业

①推动以跨境人民币业务为重心的金融领域合作。

②加强深圳香港资本市场的合作。

③推进保险创新发展试验区建设。

(2)现代物流

①建立国际供应链管理中心。

②推进区域生产组织中枢建设。

③大力发展港口航运配套服务。

(3)信息服务

①积极发展信息传输服务业。

②推进软件和信息技术服务业发展。

③全力建成国际电子商务中心。

④推动南方物流信息交换中枢形成。

⑤大力发展信息内容服务业。

(4)科技及其他专业服务

①积极推广科技创新服务。

②努力推进创意设计服务。

③继续推动生产性专业服务。

(5)港口服务

深圳前海自贸区共设有 41 个生产性泊位,包含 36 个万吨级以上泊位和 24 个集装箱专用泊位,码头岸线总长达到 12 256 米,为港口装卸、港口产业链等衍生综合物流提供服务。

(6)网络信息、科技服务

超过 300 家电子商务、移动互联网、物联网类企业驻扎在前海自贸区,其总产值超过了 170 亿元。并借助于置换产业和改造旧工业区等途径,努力将前海自贸区打造成广东最具影响力的新兴产业战略发展基地。

(7)文化创意

将创新与科技文化相融合,引入新媒体理念和聚焦新媒体,引进高端文化创意资源,发展工业设计、艺术活动与交易等产业,形成文化创意产业平台。

(三)珠海横琴新区片区

1.片区优势

(1)气候舒适

横琴新区拥有亚热带季风气候,日照充足,雨水丰盈,平均气温为 22.5 ℃。

横琴新区内尚有保存完善的海洋、湿地、森林等三大生态系统，水域环绕，植被茂密。

岛上空气清新，环境优美，拥有成片的芦苇和繁茂的红树林，在雨水过后，还会出现一处处壮阔的瀑布，这些秀丽的景色都为旅游业的发展提供了有力保障。岛内居民人均寿命近 80 岁，位居世界前列。

（2）特区中的特区

改革开放 40 年来，珠海特区摸索出了一条属于自己的道路，而素有“特区中的特区”之称的横琴新区更在改革过程中展现出了特有的魅力，在粤港澳合作方式、深化改革的道路上完成了一次次壮举。横琴新区通过制度的创新冲破了经济改革的思想阻碍与制度藩篱，其中最受外界瞩目的便是司法改革和行政改革。

（3）通关政策

①实行全国首创的“分线管理”通关政策，对一线出入境采取“放宽原则”、二线出入境实行“管住原则”，然后实行“人货分离、分类管理”。

②横琴莲花大桥口岸可以昼夜通关，香港和澳门的居民进出横琴的通关程序被大大缩减。

③澳门单牌照的机动车可以在横琴自贸区内行驶，进出无阻。

（4）税收政策

①凡属横琴《优惠目录》内产业的企业，主营业务收入占企业收入总额 70%以上，只征收税率为 15%的企业所得税。

②保税或免税由境外进入横琴自贸区的与生产相关的货物，并做备案管理。

③对在横琴自贸区内进行货物交易的各企业不再征收消费税和增值税。

④销往横琴地区的与生产相关的内地货物作为出境处理，并给予退税。

⑤政府对在横琴片区工作的港澳同胞征收港澳等税率的个税，部分还将免征个人所得税，同时全额补贴个税差额。

(5)金融政策

①横琴自贸区已经实现特许机构刷卡兑换和本外币兑换功能,并对外开始发放包含很多币种的银联 IC 卡。

②积极运用互联网金融和采用网络电子支付工具,开拓租赁融资市场。

③支持发展质押融资,可以使用收益权、知识产权和应收账款等进行质押。

④大力推进人民币与港元、人民币与澳门元在一定额度内的双向兑换,进而衍生出本外币兑换特许业务功能。

⑤横琴自贸区内的金融机构办理外币离岸业务,并且可以发行多币种的产业投资基金和多币种土地信托基金,以及引进或设立信托机构。

⑥积极实施资本项目可兑换的先试先行,加强金融市场、金融机构、金融产品和金融业务等方面的创新。

⑦珠海横琴自贸区的金融监管部门,可以审批和监管外汇市场与货币交易以及部分涉及金融业务和金融机构准入。

⑧加强与港澳地区金融机构合作,加快建设金融后台服务基地,促使与港澳之间资金更自由往来。

⑨大大降低了澳门银行在横琴自贸区总资产准入门槛,并可以设立法人机构或分行等。

(6)产业和信息化政策

①横琴自贸区大力推动现代服务业的综合改革,积极申请国家服务外包示范城市等优惠政策。

②横琴自贸区支持澳门与内地的电信运营商之间深度合作,欢迎前来投资筹集合资企业发展基础和增值的电信业务。

③鼓励粤澳合作产业园发展,支持开展中医药创新研究,授权允许广东省开展药品监管体制机制改革创新的先行先试。

④积极引进国内外卓越的教育机构,促进他们进行投资合作。横琴片区拥有外商投资培训机构的审批,可以支持合资办学,开展创办一些专业职业技能

培训机构或项目等。

⑤鼓励发展创新电信业运营管理模式。

⑥支持设立粤港澳三地电子签名证书互认试点。

(7)生活配套

①高水平的教育服务：按国际一流标准设置公立幼儿园、小学和中学。引入国际顶尖的私立学校。

②高品质的医疗服务：按国际卫生标准配置公立医院。引入国际顶尖的专科医疗机构和养生保健机构。

③高要求的文体设施：多彩多样的社区公共文体设施，与国际顶尖标准的文化体育场馆遥相呼应。

(8)交通配套

①方便的出行：横琴地处珠江入海口西岸，位于珠三角的核心。

②横琴半径100千米内有5个国际机场(香港国际机场、澳门国际机场、广州国际机场、深圳国际机场、珠海机场)，4个深水港(香港维多利亚港、珠海高栏港、广州南沙港、深圳盐田港)。

③珠海市范围内拥有4条高速公路(京珠高速、太澳高速、沿海高速等国家骨干高速公路在珠海交汇)和2条轨道交通(广珠城际轨道与澳门轻轨在横琴对接)。

2.片区服务

(1)旅游休闲

一直以来，港澳两地对国际游客具备一定的吸引力，再与具有生态特色资源的横琴旅游产业相结合，便可与香港和澳门开发成相配套的国际一流度假休闲旅游胜地。开发高端休闲旅游项目和特色度假精品，推出高端大气上档次的海岛特色旅游产业，搭建“海陆空”一体的旅游产业平台。

①积极建设会议展览旅游、乡村与生态旅游、休闲度假旅游、森林与海洋旅游、文化科技旅游和医疗保健旅游等综合服务。

②大力发展休闲、探险、潜水和登山等户外活动，以及生产相关用品与发展户外运动产品营销服务。

③鼓励设计旅游商品和旅游纪念品，并将旅游产品进行网络营销。

④加快对旅游基础设施建设，包括豪华游艇旅游设施建设，同时开创旅游信息服务。

⑤支持旅行社、旅游代理和旅游教育培训机构的创建。

⑥鼓励举办旅游节庆活动，比如文化节和民俗活动等。

⑦积极设计推广特色饮食产品和建设运营特色旅游商业街。

(2)金融服务

支持适合指导横琴地区经济发展的金融类企业成长，不断加深与港澳的合作，将横琴打造成“南方财富中心”和“国内国际重点金融平台”。

(3)物流、商贸和商务服务

横琴处于珠江口西岸，并相邻香港、澳门，可以大力推动外包服务、商贸服务、信息服务等产业发展，打造成区域性商务服务基地。

(4)文化创意

引进港澳及珠三角地区的文化产业人才，致力于发展影视、娱乐、会展和动漫等文化产业。积极培养一批国际知名、具有竞争力的大中小企业，加快形成规模效应，使横琴成为珠江口西岸地区的重点文化产业基地。

(5)医药卫生

积极发挥广东地区中医药相关产业的优势，充分利用澳门医药科技水平和人才，引进国内外知名中医药企业，将横琴打造成一座国际中医药产业基地。

(6)科教研发

设立国内一流的研究创新机构，激发创新活力和促进科技研发，并能将科技创新成果高效率地转化和产业化。以研发设计和科教培训为主要发展项目，打造科技创新平台，促进传统行业的转型升级，提升自主创新能力。

(7)高新技术

CEPA 协议中电子信息、生物医药、新能源、环保、航空制造等产业享有免税政策,可以作为大力发展的项目,由此积极将横琴打造成具有创新能力强和科技转化效率高的生态型高新技术产业基地。

(8)其他

①大力推进技术创新,推广城市智能照明和绿色照明产品,积极投入城市节水技术和再生水利用技术与工程,开发城市生态系统关键技术等。

②鼓励完善农林牧渔产业生产链,重视对农产品的保鲜、加工和运输功能。

③加快建设森林、湿地和海洋生态示范工程,重点修建海堤、河道和水库治理工程。

④加强对跨境高速公路、道路和汽车加油站的建设与管理。

⑤努力建设形成城市供气、供排水、供冷和城镇地下管网系统。

⑥不断完善产业集聚区配套的公共服务。

三、投资环境禀赋

(一)运行基础

在中国内地市场局部渐进式开放之初,共设置了 4 个经济特区,珠三角区域便占有 2 个。广东素来便与港澳保持着频繁的经贸往来,在制造业创造出“前店后厂”式产业体系,多样的经济合作不仅让珠三角拥有了“世界制造业基地”之称,也让香港成为了国际金融贸易中心。而以上种种都为广东自贸区的设立奠定了坚实的基础。

1.广东是中国早期改革的试验田

广东在我国市场经济改革的进程中一直扮演着探索者的角色。过去近 40 年,依靠毗邻港澳的特殊地理优势,成为我国改革开放进程中外向型程度最高的省份。与此同时,港澳地区也在广东的改革道路中扮演了重要角色,港澳企业的投资不仅提高了广东地区的生产技术水平，而且通过推行先进的经营管理理念促使广东经济快速发展，使广东成为了我国改革开放的尖兵。在我国经济体制从计划经济向社会主义市场经济的转型过程中，广东完成了先行先试的历史使命，积累了内改外开的丰富经验，确保了广东经济得以持续高速发展，也让广东具有了国际眼界和特区理念。以深圳为例，近 40 年的改革之路使深圳从一个小渔村一跃成为了经济中心城市，并在发展过程中积累了大量的经验，具备了我国全面深化改革理念的先行先试经验。

2.广东是内地与港澳合作的先行地

党中央于 2014 年 12 月宣布新增 3 个自贸区，李克强总理强调“广东自贸区要利用毗邻港澳的区位优势和专业人才优势，加强与港澳深度合作，优先发展金融、科研等高端服务业”，这不仅展现了广东自贸区的独特优势，也进一步指明了广东应与港澳地区进行更深层次的经济合作，为我国在新一轮的国际竞争中排忧解难的前进道路。广东的广州南沙新区、深圳前海蛇口片区和珠海横琴新区片区，具有毗邻港澳的地理优势。同时，与其他国内自贸区相比较，在区位优势方面，广东自贸区突出了同港澳地区的合作。在功能定位方面，广东自贸区可以通过自身雄厚的基础打造粤港澳经济一体化示范区。

（二）战略意义以及发展优势

从国家战略层面分析，广东自贸区的建设具有重大意义。一是能推动我国新一轮对外开放战略的进程，探索提高开放性经济的新道路；二是进一步优化粤港澳地区全方位合作，维持港澳地区的长期繁荣；三是促进珠三角地区的转型升级，打造对外开放新高地。

从广东方面看，广东本身拥有得天独厚的优势：一是开放基础好。广东省邻近港澳地区，在近 40 年的改革开放过程中奠定了良好的基础，形成了全方位多层次的开放局面。二是商贸环境规范化。广东省在行政审批、融资、商业管理等方面进行了改革，努力打造公平合法的商贸环境。三是完善的监管。广东省正构建信息共享平台，致力于实现各单位信息共享，资源互通的高效监管模式。

（三）广东拥有珠三角庞大的制造业体系

珠三角是我国内地的第二大三角洲，也是广东省的经济核心地区，涵盖了广州、深圳、珠海、东莞、佛山、惠州、江门、中山、肇庆九个城市。有数据显示，从1990年至2013年，珠三角地区GDP总量年增速达18.3%。并且从产业构成上不难发现，制造业的崛起推动了珠三角地区经济的高速增长和结构转型。

一方面，珠三角地区的制造业的发展与港澳地区制造业关系密切。自20世纪80年代起，珠三角地区便依靠毗邻港澳的地理优势以及改革开放先试先行的机遇，汇集了一批颇具市场竞争力和创新能力的制造业群体，并且通过积极发展使得珠三角地区获得“世界制造业基地”的高度赞誉。珠三角制造业基地共分三大部分，各有特色，位于珠江东岸的深圳、东莞、惠州被称为全国最大的电子通信制造业基地，有“广东电子信息产业走廊”之美称；位居珠江西岸的珠海、中山、顺德、江门以家用电器和五金制品闻名；珠江中部的广州、佛山、肇庆则以钢铁、汽车和电气机械为主。改革开放40年来，珠三角地区特有的制造业环境独具特色，丰富的经验督促着广东制造业的转型和发展，为广东自贸区打下了坚实的基础。

另一方面，广东所拥有的制造业体系可以与香港服务业形成互惠互利。进入21世纪以来，香港与广东的贸易格局发生了改变，更多的往投资、贸易、科技等方面倾斜，促使粤港进入新一轮的合作阶段。同时，内陆地区在服务行业与香港存在较大差异，香港服务业的整体竞争力明显高于内地。从行业竞争力方面来说，香港旅游业、信息服务业竞争力不足，而金融、保险、运输业、文娱、文化服务业与通信业的竞争力均高于内地。因此，在近些年的粤港合作中，服务业合作成为了重中之重。

（四）航运业发展现状

1.港口基础

广东作为沿海大省地处我国南端，横贯广东的珠江在海航运输方面的能力不俗，居我国第二，仅次于长江。广东沿海有数量众多的优良港口，已有多个我国对外贸易和通行的主要港口。同时，广东与香港澳门相邻，形成粤港澳大湾区，具有独特的地理优势，有利于促进广东航海航运的蓬勃发展。

2.航运贸易基础

从最近几年的数据看，广东省的货物吞吐量位列全国榜首，但细而分之就不难发现，广东各个港口并没有在国际上占有一定席位。相比吞吐量位居世界第一的上海港，广东省仅有广州港的吞吐量进入世界前十，珠三角地区港口的潜力还有待发挥。

天津自贸区

一、概论

（一）天津自贸区概论

中国（天津）自由贸易试验区是我国政府设立在天津市滨海新区的区域性自由贸易区，于 2014 年 12 月 12 日决定设立，2015 年 4 月 21 日正式挂牌。天津自贸区主要包括了占地面积 30 平方千米的天津港片区、面积为 43.1 平方千米的天津机场片区和最大面积 46.8 平方千米的滨海新区中心商务片区。其中，面积 10 平方千米的东疆保税港区在天津港片区，天津机场片区中有 1 平方千米的天津港保税区空港部分和 1.96 平方千米的滨海新区综合保税区，滨海新区中心商务片区天津港保税区海港部分和保税物流园区面积占到了 4 平方千米。

天津自贸区是中国大陆北方第一个自由贸易试验区，也是继中国（上海）自由贸易试验区之后，中央政府设立的第二批我国自由贸易试验区之一，其建设关乎京津冀地区的共同发展。天津自贸区致力于制度创新，想建设成国家自由贸易试验区的典范，积极促进“京津冀”地区经济的开放与增长，同时全力打造成我国制度创新的先试先行平台和具有世界影响力的自贸区。天津自贸试验区建设需要不断地摸索，其目标的重点是进行产业结构和经济结构的转型，大力发展新型创新性服务业，包括金融服务、经济贸易服务和高端科技技术服务等，逐步完成现代化产业升级与集聚，构建完善的金融监管和法制规范系统。天津自贸区可以借鉴上海自贸区的发展经验，但更需创建具有天津特色的经济发展模式，利用好天津港的自然优势，大力发展航海航运，将制度创新的优势发挥到最大程度，努力成为领跑国际的自由贸易区。

天津自贸试验区将重点实施行政管理、投资、贸易、金融和引领推动京津冀协同发展五个方面的试点内容：

1.加快政府职能转变

自贸区的开放性决定了政府管理模式的转变，以适应自贸区发展进行行政改革，提升政府行政管理的效率，简政放权。政府需实行审、管职能分离，降低审批的繁杂度和加强监管力度，完善自贸区政管服务体系。

2.扩大投资领域开放

优化投资环境，在服务业和先进制造业等领域，减少对境外投资者资质要求、股权比例、数量配额等准入限制。对外来投资采取负面清单管理模式，提高投资合作的服务水平，完善投资者权益保障机制。

3.推动贸易转型升级

天津自贸区致力于打造成国家进口贸易促进创新示范区，积极完善跨境电子商务和国际大宗商品贸易等贸易服务，实行国际贸易“单一窗口”管理服务模式；利用好天津港航运优势，开拓具有世界影响力的航运运作模式，提升国际贸易水平。

4.深化金融领域开放创新

在利率市场化、人民币跨境使用、外汇管理等方面先行先试，同时设立具有自身特色的自由贸易账户，促进跨境投融资便利化和资本项目可兑换；大力发展创新金融服务，开拓融资租赁市场，完善租赁政策系统，与国际租赁业发展接轨；扩大金融业对各类金融资本和金融机构的开发程度，并建立健全金融风险防控体系。

5.服务京津冀协同发展

天津自贸区将继续推进京津冀通关一体化改革，同时加强区域经济贸易联系和人才交流，利用好产业互补优势，共享科技创新成果，优化产业结构，促进京津冀金融一体化进程。在“一带一路”倡议的引领下，打造好“中蒙俄”经济走廊，加强海上战略合作。

（二）区域简介

1.天津东疆保税港区

天津东疆保税港区于2006年成立，是继上海洋山保税港区后，中国批准设立的第二个保税港区，也是迄今为止经国务院批准成立的面积最大、条件最好、政策最优、效率最高、通关最便捷、环境最宽松的保税港区。东疆港区位于天津港东北部，港区南北长约10千米，东西宽3千米，总面积约30平方千米。天津东疆保税港区划分为三大功能区，分别是出口加工区、保税区和保税物流园区，其不但享有与保税区、高新园区和开发区同等的待遇，而且还获得诸多国家准许的涉及外汇管理、税收和口岸监管等政策福利。

天津港东疆片区作为核心功能区，既是我国北方的国际航运中心，也是国际物流中心。将重点发展航运物流、国际贸易、融资租赁等现代服务业。区内能够推行国际船舶登记制度、国际航运税收、航运金融、租赁业务等4大类22项创新试点政策。自贸试验区挂牌至2017年4月，东疆片区新增企业5 289家，总注册资本4 420.25亿元，1亿元以上的企业967家。从企业结构看，航运、物流、租赁、贸易结算及保理等五大支柱型产业占总注册企业的76.40%。

东疆港区划分为三大区块，即码头作业区、物流加工区和综合配套服务区。

（1）码头作业区：已建成6个10万吨级保税集装箱泊位，2个10万吨级、2个4万吨级的散货泊位，4个客轮泊位，装箱中心站（海铁换装中心）正在建设中。

（2）物流加工区：建成79.9万平方米标准库房、9万平方米低温冷库、7万平方米恒温恒湿库。

(3)综合配套服务区：建成国际邮轮母港、游艇码头、国际商品展销中心、国家 4A 级的东疆湾沙滩景区及一批写字楼和住宅。

2.天津机场片区(天津港保税区、天津空港经济区)

中国(天津)自由贸易试验区天津机场片区坐落于空港经济区，天津机场片区占地总面积达到了 43.1 平方千米。

天津机场片区重点打造高端制造业和现代服务业高地，聚集了民用航空、装备制造、新一代信息技术、大众消费品、生物医药、现代服务业等优势产业集群，形成了国际贸易、现代物流和临港加工三大主导产业。目前，该片区注册企业达 12 000 余家，世界五百强企业投资项目 160 余个。

天津空港经济区毗邻天津市区，区位优越，交通便捷，实现空、海两港联运，现代物流体系完善。区内设有保税区、综合保税区、保税物流园区等多个特殊海关监管区，以及以建设北方航空货运中心为特色的航空物流区，政策功能完备。同时为企业提供“一站式”高效审批和“一条龙”全程服务，投资环境极佳。片区以保税为特色，临港为依托，享有海关、税收、外汇等优惠政策，其主要功能定位为临港加工、现代物流、国际贸易和商品展销。

3.天津市滨海新区中心商务区

天津市滨海新区中心商务区处于京津冀发展轴和环渤海沿海经济发展带的交汇节点，位于京津冀产业布局轴带中最核心的位置，也是滨海新区地理中心和经济发展的中心。天津市滨海新区中心商务区横跨海河下游两岸，东至海滨大道，南至大沽排污河，西至兴业路，北至大连东道，规划面积 46.8 平方千米，其聚集着国际贸易、现代金融和高端科技等服务业，将成为滨海新区金融改革示范点一张亮丽的城市名片。

天津滨海新区中心商务区筹建于 2007 年。2010 年 12 月，天津市委、市政府决定成立中心商务区管委会，同时组建了党组。滨海新区中心商务区管理委员会行政工作隶属天津市滨海新区人民政府领导，党的工作隶属中共天津市滨海新区委员会领导,负责对天津市滨海新区中心商务区(包括所属区域)进行建设管理等相关工作。2016 年 5 月,被国务院确立为大众创业万众创新示范基地。

"十三五"期间,中心商务区将由区域开发建设向功能集成提升阶段转型、由局部繁荣向全面成熟迈进,重点打造总部经济、金融业、科技和新一代信息技术、跨境贸易电子商务、文化创意传媒五大产业集群。到 2020 年,形成定位明确、架构清晰、特色鲜明的现代服务经济体系,建成宜居、宜业、宜创、宜行、宜游的法治化、国际化、现代化新城区。

中心商务区积极承接北京非首都功能转移疏解,积极引进了北京一些大型知名企业和各类优质企业,并鼓励其在天津进行投资发展。2017 年上半年,新落户中心商务区的北京优质企业就超过 200 家,区内各类企业总部已达到 57 家,其中 28 家来自北京,包括央企总部 10 家,其中二级总部 5 家,以及一批知名民企的功能性总部和细分行业的龙头企业总部。

二、片区禀赋

(一)天津东疆保税港区

1.片区优势

(1)依托港口

天津港是我国北方重要的综合性港口和对外贸易口岸,是世界等级最高的人工深水港,也被誉为"世界第六大港"。

(2)交通便利

从区位上说,东疆保税港区具有非常明显的地理优势,它毗邻天津开发区、保税区,三面环海,距北京 160 千米,距天津市区 56 千米。周边还有临港工业区、海河内河港区、南疆能源和散货港区、北疆集装箱港区、北塘港区、天津中心渔港。同时还具有便捷的交通运输条件,像京津塘、津滨、津晋、唐津等高速公路及正在规划的贯穿港岛的津滨轻轨。

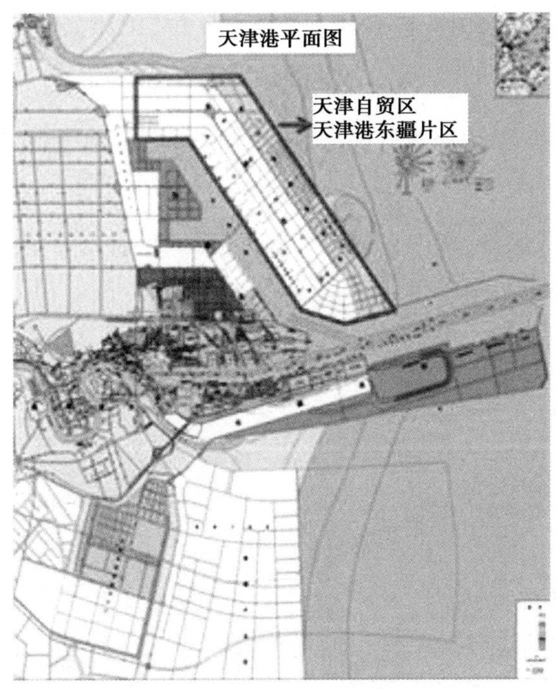

（3）腹地宽广

地处环渤海经济圈中心位置，是连接亚欧大陆的重要节点，东连亚太经济圈、西接欧洲大市场。辐射西北、华北、东北12个省市区，拥有广阔的腹地资源。三条亚欧铁路桥分别通向哈萨克斯坦、蒙古和俄罗斯。

2.片区服务

（1）投资便利化

①天津自贸试验区管委会、东疆管委会、国税、地税、工商、海关、检验检疫、海事、边检、外汇管理等部门进驻。

②东疆综合服务大厅设171个窗口，企业设立、资质资格许可、货物进出口、船舶进出境、人员进出境、资金进出境等业务均可在大厅内便捷办理。

③企业设立一天完成：承接滨海新区行政审批改革成果，企业设立可在一天内办结“一证一章”。

④综合受理集中审批：自贸试验区审批系统完成测试，241件审批及服务事项可一个窗口综合接件。

⑤锁定审批时限:2014 年 12 月,市政府发布《天津滨海新区东疆保税港区限时办理租赁企业设立登记备案服务试点办法》(津政办发〔2014〕99 号),企业从设立到可以开展业务,内资租赁公司可在 8 天内办结手续,外资公司可在 15 天内办结。

⑥提供管家式服务:成立东疆投资服务公司,免费为企业提供公司注册、财税服务,同时可以提供报关报检、外汇代办等服务。

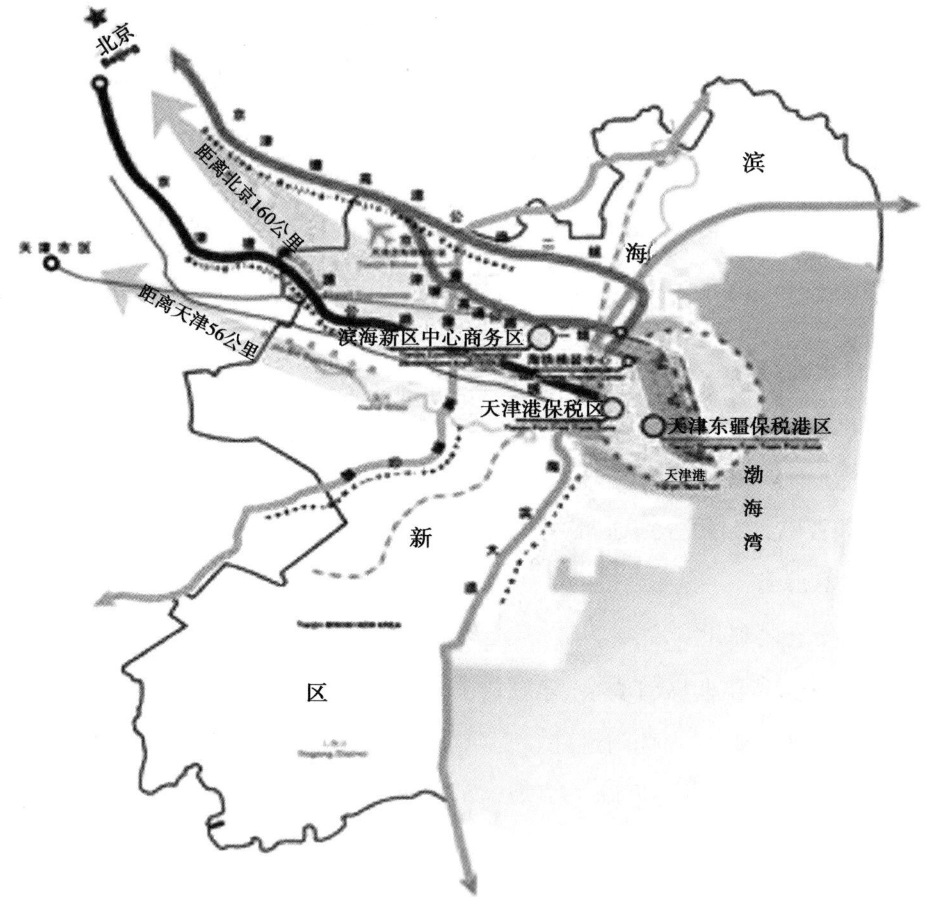

(2)贸易便利化

①中国北方仅有东疆被商务部授予东疆保税港区"国家进口贸易促进创新示范区"称号。

②原国家质检总局批复东疆作为进境水果指定口岸，东疆成为水果、冻肉、水产品、集装箱装粮食、汽车等五大类商品指定进境口岸。

③天津海关出台支持自贸区18条新政：保税货物自行运输、统一备案清单、内销选择性征税、集中受理保税仓库和出口监管仓库业务申请事项、“批次进出、集中申报”、简化无纸通关随附单证、集中汇总征税、多样化涉税担保、联网原产地证书电子审核、融资租赁、期货保税交割、保税展示交易、境内外维修、实施认证企业（AEO）优惠措施清单、企业信用信息公示、取消自贸区报关企业注册登记许可、企业主动披露、引入社会中介机构辅助开展保税监管和企业稽查制度。

④天津检验检疫出台支持自贸区12条新政：全球维修产业监管、检验检疫分线监管、出入境特殊物品卫生检疫、进境货物预检验、第三方检验结果采信、中转货物原产地证签证、单一窗口、京津冀检验检疫一体化、检验检疫通关无纸化、动植物及其产品检疫审批负面清单、天津口岸直通、国际航行船舶电讯检疫制度。

⑤海关和检验检疫等部门联合实施“一次申报、一次查验、一次放行”。

⑥实施无纸化报关、报检、电子监管，诚信企业管理。

⑦预包装食品进境入区实施一次申报、一次检验、分批出区。

⑧东疆海关、东疆检验检疫局和管委会、天津港集团成立联合工作组，为进口水果、水产品提供“绿色通道”。

（二）天津机场片区（天津港保税区、天津空港经济区）

中国（天津）自由贸易试验区天津机场片区位于天津空港经济区内，天津空港经济区又毗邻天津市区。天津机场片区独特的地理位置、优越的区域环境、完善的配套服务、科学的产业布局，使该区域成为京津冀协同发展中总部企业和高端产业的重要承接地。片区已设有多个海关监管区，建立颇具特色的航空物流区。在众多空中项目的推动下，形成了涵盖总装、航空配件、维修、融资租赁等多维一体的航空产业全产业链，产值已突破1 000亿元。在得到了多个世界500强企业以及行业龙头企业的青睐之后，装备制造产业、新一代信息技术产业、大众消费品产业发展迅猛，区内产业集聚效应日渐凸显。

坚定产城融合发展理念，全力打造“一城三园”模式，“一城”指现代化新城区，“三园”分别为工业园、科技园和物流园。现代化新城的建设已颇具规模，众多优质教育资源纷纷汇聚于此。文化中心、体育中心、高尔夫球场等文体设施完备，提供一流文化生活体验。国际化水准的医院、疗养中心、养老社区共同构筑了高水平的医疗养生环境。种类繁多的商业住宅及设备齐全的社区中心为精英人才们提供了优良的生活工作环境。

天津政府于2014年8月特许设立航空物流区，致力发展航空运输、航空维修、电子商务等项目，进而打造一座北方航运中心。

天津港保税区是天津自贸区中心商务片区的重要组成部分。该保税区以临港为依托，又享有众多优惠政策，兼具国际贸易、现代物流、临港加工和商品展销四大功能。已有500余家跨国物流企业入驻，与世界100多个国家和地区有稳定的贸易往来，成为连接国内国外两个市场的桥梁。

（三）天津市滨海新区中心商务区

1.片区发展历程简介

中心商务区整体的功能定位是京津冀企业总部聚集区、国家金融创新示范区、天津自由贸易试验区标志区、创新创业示范基地和滨海新区核心区。

中心商务区区位优势突出，交通便利，海陆空铁立体交通网络四通八达。中心商务区毗邻天津港，通达全球400多个港湾，到达天津机场车程在30分钟以内，连接国内外30多个城市；于家堡是天津市滨海新区中心商务区的中心，2015年9月20日于家堡高铁站正式通车，意味着“北京—天津—滨海新区”快速通道建成，北京南站到于家堡站只需66分钟，从天津仅用22分钟便可到达于家堡；滨海新区中心商务区将建设成覆盖滨海新区全境“四横两纵半环”的轨道网，部分线路还在建设之中，不久所有的轨道将交汇在区中心于家堡，从而优化滨海新区交通运输系统；中心商务区内道桥路网发达，天津大道、中央大道、津滨高速、京津塘高速、京津高速、沿海高速等 11 条高速路便捷沟通中心城区、北京、河北等周边省市，11 座桥梁隧道，实现海河两岸无障碍交流。

中心商务区成为中国（天津）自由贸易试验区三大片区之一，主要任务是发展以金融创新为主的现代服务业。中心商务区积极把握京津冀协同发展机遇和天津自贸区政策的优势，加大金融创新力度，不断引进创新型金融企业或金融机构，吸引跨境投资，大力发展供应链金融等创新金融服务，开始产生了金融产业集聚效应。近年来，积极探索建立与国际规则紧密接轨的制度体系，着力打造有利于全球资本要素、国际高端服务业资源和各领域精英人才聚集的营商环境，在重点产业发展和相关改革领域取得成效，形成一批可复制可推广的模式和案例。

2015 年 9 月 21 日，中心商务区于家堡和响螺湾片区内开始建设创新创业基地（简称“双创基地”）。2016 年 5 月，天津市于家堡双创示范基地成为首批获国务院批准的国家级双创示范基地。近两年来，累计注册 6 587 家双创企业，已有腾讯众创空间、天津阿里云+优客工场、中信国安创客、中钢科德孵化器、紫荆花科技孵化园、中细软知识产权科技创新园、鱼坞泛娱乐文创社区等 12 家众创空间投入运营，涌现出 200 余家明星双创企业。

2017 年 1 月，在国家工信部公布的首批国家产融合作试点城市（区）中，中心商务区入围获批。中心商务区积极承接北京非首都功能转移疏解，积极引进了北京一些大型知名企业和各类优质企业，并鼓励其在天津进行投资发展。2017 年上半年，新落户中心商务区的北京优质企业就超过 200 家，区内各类企业总部已达到 57 家，其中 28 家来自北京，包括央企总部 10 家，其中二级总部 5 家，以及一批知名民企的功能性总部和细分行业龙头企业的全国总部。

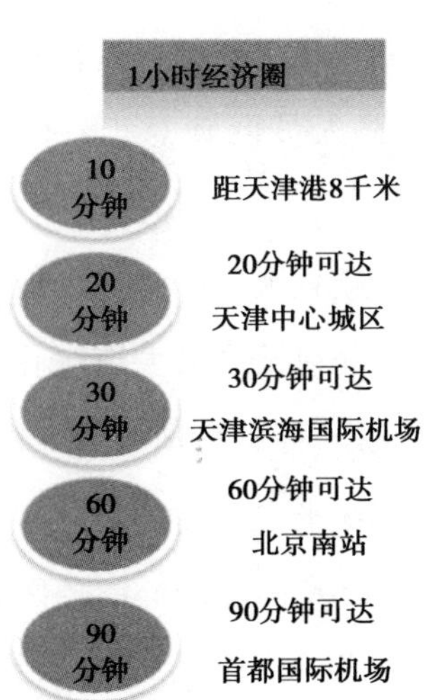

2.片区优势

(1)城市特色优势

中心商务区区域规划先进的楼宇载体。目前已开工建设63栋商务楼宇,可用面积608万平方米。截至2016年年底,已累计竣工26栋楼,建筑面积272万平方米,可用楼宇总体租售率达到52%。在中心商务区,像旷世国际、浙商大厦、滨海国泰大厦等一些较早投入使用的楼宇,目前租售率已近100%,而相对后期投入使用的自贸区大厦、新金融大厦、双创大厦等租售率已超过90%。

(2)低碳优势

2010年6月,于家堡金融区被评为"低碳示范城镇"。政府近年来一直致力于片区能源、建筑、交通、景观、施工管理、地下空间等各方面的统筹低碳设计,力争实现到2020年碳排放总量较2010年基准减排30%,碳排放强度≤150吨/百万美元GDP;远期到2030年碳排放总量较2010年基准减排50%,人均碳排放≤3.5吨/人的减排目标。

绿色建筑。按照中国绿色建筑标准和美国LEED标准进行建筑规划,中心商务区绿色建筑覆盖率达到100%,且二星级以上约70%以上,建设真正意义的绿色城区。

低碳施工。开展低碳施工技术研究,编制低碳施工导则,指导施工组织设计,提高人员低碳意识。同时,建设"建设者之家",有效地降低能源和物资消耗。

低碳景观。结合地形地势和路网规划,中心商务区呈现大量的沿河景观、开放空间以及中央大道绿化带。同时,该区域也积极探索立体空间绿化,积极建设屋顶菜园、屋顶花园等,绿化面积接近30%,降低了城市热岛效应和区域总体能耗水平。

地下空间。中心商务区利用现有的土地资源,合理规划地块红线内近400万平方米的四层地下空间,设置地下车行系统、人行系统、商业系统、共同沟系统、轨道交通系统,串联区内主要道路、建筑、景观,最大限度保障低碳出行,避免建成后的反复施工。

(3)社会民生

随着越来越多的优质企业入驻，中心商务区吸引了大量的创业者和居民。优质的生活、教育、医疗配套设施建设加速推进，便捷的公共服务环境正在形成，中心商务区的民计民生及社会事业取得了显著进展。

教育医疗配套，天津师大附小已建成投入使用；全球著名的音乐学府茱莉亚音乐学院，其海外唯一一所分校落户于家堡，计划于 2019 年 9 月正式开学；天津师大滨海附属学校于 2018 年上半年正式投用；耀华中学滨海学校、于家堡国际小学、于家堡幼儿园、天碱幼儿园等教育配套也已陆续启动建设。2016 年年底前已经启动响螺湾国际医院和大沽街道社区卫生服务中心建设，作为中心商务区首批新建的医疗机构，将为公众提供优质的医疗保健服务。

人才公寓建设，在出台《中心商务区人才公寓管理试行办法》基础上，为进一步发挥人才公寓政策优势，中心商务区研究制定了《中心商务区人才房租补贴管理办法》(试行)和《中心商务区人才公寓信息速递》宣传手册，帮助新入驻企业快速了解人才公寓有关政策和房屋租赁信息。集中型人才公寓——金牛座、巨蟹座已相继投入使用，两座公寓总面积 4 万平方米，可供房源 571 套，容纳各类人才 1 046 人。随着企业落户，预计到年底集中型人才公寓实际入住人数将超过 800 人。

绿化景观建设，彩带岛公园、于家堡滨河公园、紫云公园、管委会北侧公园均已建成。未来还计划安排 13 项环境景观，包括文化中心公园、高铁站东侧绿轴景观等，建设绿地面积约 210 万平方米。

文体事业发展，天津市首座气膜体育馆——中心商务区气膜体育馆建成投入使用，体育爱好者可以在无眩光照明、防雾霾空气净化系统、全年恒温的“气球”里进行体育锻炼；响螺湾极地海洋馆西侧空地建成了占地面积约 2.7 万平方米的响螺湾体育广场，利用材质和造型的变化营造了足球场等竞技区和器械健身健康舞广场等休闲娱乐区，满足了公众不同层次的体育需求；作为滨海新区最大的高水平文化设施——滨海新区文化中心，“五馆一廊”的主体工程已全部完工，已于2017年投入使用。

三、投资环境禀赋

作为我国北方唯一的自由贸易区，天津自贸区不仅承担先行先试的责任，还承担着贯彻落实京津冀协同发展国家战略的责任。在华北地区城市功能中，科技创新和国际交流必须由北京和天津共同承担。北京有技术创新的优势，天津有制造业和对外开放的优势。通过政策共享，不断提升京津冀地区的整体效益，充分发挥天津自由贸易区的作用。

（一）高端制造业和特色金融

天津和北上广深一线城市相比，天津产业结构还是有一定差异，第二产业是天津经济发展的主动力，工业在经济总量中占比最高，以服务业为主的第三产业的发展远落后于一线城市。天津具有自身的工业优势，其工业基础发展优势明显，尤其是在新材料、能源、石油化工、电子科技、生物医药、装备制造、航天航空等产业方面具有巨大的优势。同时，天津在高新技术产业方面突飞猛进，已成为具有国家影响力的产业优势。天津强大的工业优势，加上自贸区的建设所发挥的虹吸效应，吸引了不少名企和大型企业前来投资。

天津虽然在服务业发展方面落后于北上广深一线城市，但其金融服务业的发展成熟，已经形成了以银行、证券、保险和信托为核心的金融服务体系，呈现出多层次、多元化的发展态势。然而，天津传统的金融机构发展规模较小，而以融资租赁为主的新型金融服务和以股权交易所为主的新型金融交易模式发展最为迅猛。因此，天津自贸区应借自身工业发展的优势，结合全面发展的金融体系和新型金融服务，提升金融资本的创新和利用效率，加快形成有天津特色的金融模式。基于上述，天津自贸区还需积极推进金融服务全面发展，进一步拓展金融市场、发展新理念、形成金融价值链、引进优秀人才和完善管理机制。

天津自贸区应以政府政策为导向，大力进行金融创新，在采取信用型产融融合方式的基础上，尝试以股权型产融融合方式为突破口，注重发挥咨询服务型产融融合方式的作用，形成多层次相结合的金融通道和体系，不断提高金融服务的竞争力，努力推进天津经济的快速增长。因此，天津自贸区需要重视以下特点。

第一，发展金融，就是要金融服务于经济产业链上各个环节，能够为经济发展提供足够的资金支持，打造成“资本供给—生产经营—金融服务”完整体系。现代化高端制造产业链的建设，离不开资金的投入，在企业生产线建立前需要大量资金进行固定资产投资完成基础设施建设，在产业生产过程中需要大量资金来克服高难度技术、应对各种突发风险，尤其是在高科技的研发方面同样需要资本的高强度投入才能促进高新技术实际运用的转化，同时企业还需要充足的资金维持好稳定的供应商与销售商体系，产品销售阶段也仍需要对销售服务的资金投入。因此，天津市自贸区完全可以通过多种多样的金融工具和产品来突破企业所面临的瓶颈制约，全力推进金融服务提质增效，从而完成基于价值链不同阶段的高科技制造业布局。

第二，大力推进金融机构、产品、组织和企业创新。我们可以通过差异化的信贷政策来鼓励和支持支柱产业和战略性新兴产业的发展，同时充分利用自身金融资源来发展特定产业甚至形成产业的规模效应。自贸区可以发展新型金融服务机构，来融合国内外金融资源，推进金融产品和工具的创新。自贸区要加强对金融监管的创新，完善监管机制，形成良好金融创新环境，加上优惠的金融政策，以此加快推动金融产品、机构和企业创新。

第三，积极发展绿色金融和科技金融。天津作为传统的工业城市，在过去的发展中依靠大量化工产业带动经济发展，缺乏生态环保意识，自贸区需要发展绿色金融，将金融资本作为导向，促进节约资源技术开发和生态环境保护产业的发展。天津自贸区需要把握京津冀地区科技现代服务业和高端技术制造业的产业集聚优势，同时天津自贸区周边地区拥有大量的人才资源和科技创新优势，大力发展科技金融，拓宽企业的融资渠道，吸引高科技企业和高水平人才入驻,推动科技创新。

第四,充分发挥自由贸易区和国际开放平台的作用。天津自贸区覆盖范围广泛,有利于各类产业行业、组织形式、金融机构、商品贸易、物流运输、科技技术和人力资源的融合。并且,天津自贸区作为我国北方地区的离岸金融中心,拥有更开放的金融开放资本市场,利用好这一国际开放平台,有利于加快人民币国际化进程,从而吸引大量的国际资本和先进技术涌入,推动天津经济发展。

(二)融资租赁业发展具有突出优势

融资租赁是商品贸易、金融以及特殊目的载体(SPV)的综合体。对于企业尤其是中小企业而言,通过融资租赁的方式不仅可以满足自身的融资需求,还能够获得先进技术装备。这无疑将成为提高企业技术创新能力的有力补充,也有助于提升企业的市场竞争力。天津是我国发展金融租赁最早一批的城市之一,金融租赁已经成为了天津的优势和特色。2011 年,天津东疆保税港区成为国家融资租赁产业园,并建立了金融租赁业务创新试点。天津的飞机和船舶租赁业务发展迅猛,处于全国领先地位,并且天津融资租赁产业也在商业创新中遥遥领先。天津东疆保税港区是国家飞机租赁中心,拥有运输飞机租赁交易、飞机租赁资产证券化等创新贸易方式。

政府逐步加大对天津金融租赁产业发展的支持力度,天津保税区已有多家金融租赁公司在中国银行业监督管理委员会的批准下设立项目公司,其租赁业务具有一定国际竞争力。天津东疆保税区的融资租赁在天津市财政租赁出口退税中作为出口货物退税政策主要受益方,同时享有产权保护、优惠财税、商业创新和市场培育等优惠性政策,为天津金融租赁系统的持续性发展提供了坚实的保障。

天津自贸区积极进行金融创新和发展融资租赁,促进了高科技产业的发展。天津将借鉴上海自贸区的融资租赁经验,降低外商投资融资租赁进入自贸区的门槛,允许自贸区内开立跨境人民币特殊账户,扩大跨境人民币贷款规模,以及放宽对外融资租赁业务的限制等。然而,天津和上海两大自贸区各自的融资租赁业务存在着一定差异，天津自贸区融资租赁大多针对大型设备和跨境，而上海自贸区更多的是提供增值服务，所以天津自贸区将重点发展交易支付、外汇交易和离岸金融等跨境租赁。天津东疆保税区积极发展离岸业务，通过设立离岸金融试点项目和拓宽离岸账户融资渠道，破除租赁资产交易的障碍。同时，天津自贸区建立融资租赁企业资金持续供应机制，改善不良资产处置方式，建立融资租赁资产交易平台，完善租赁资产退出和转移机制，提升融资租赁服务实体经济的能力和水平。

福建自贸区

一、概论

（一）福建自贸区概论

2014年12月12日，国务院决定设立中国（福建）自由贸易试验区。2015年4月21日，福建自由贸易试验区在福州马尾福州片区正式挂牌。福建自贸区已成为继上海自由贸易区之后中国大陆第二批三大自由贸易试验区之一。

中国（福建）自由贸易区占地面积118.04平方千米，包括平潭、厦门、福州三个区。其中，平潭面积43平方千米，厦门面积43.78平方千米，福州地区31.26平方千米。

（二）区域简介

1.福州片区简介

福州片区覆盖两个区域，分别是福州经济技术开发区，占地2 200公顷；福州保税港区，占地926公顷。

该两个片区进一步划分为七个区块，简称“两区七片”。福州片区分为五个区块，分别是马江区块（含福州保税区60公顷）：以“新海上丝绸之路”的重要经贸平台为发展目标，提供商品展示、文化创意等交易内容；快安区块：以高新技术、跨境电商的服务贸易和区域金融等产业为发展目标；琅岐区块：以旅游、医疗和教育三大行业为发展目标;长安区块,含福州出口加工区(114 公顷):以保税仓储、加工贸易、冷链物流三大领域为发展目标;南台岛区块:以专业化、创新化平台为发展目标,服务于海峡两岸的金融、会展和商品展示等领域。

福州保税港区分为两个区块,分别是新厝区块和江阴区块。新厝区块:以先进制造业与融资租赁为发展目标,侧重于飞机研发制造、汽车保税改装及维修等;江阴区块:以国际的进出口贸易为目标发展,包括航运整车、物流及零配件、保税仓储及保税展示交易。

福州地区战略定位:以服务海峡两岸为基础,以面向世界、服务全国为要求,以先进制造业基地、海峡两岸合作示范区和"新时代海上丝绸之路"重要平台为建设目标,加强沿线国家和地区交流合作,在与中国台湾的服务业、商品贸易和金融创新方面起示范作用。

2.厦门片区简介

厦门片区划分为两个区块,分别是两岸贸易中心核心区,占地 1 937 公顷;东南国际航运中心海沧港区,占地 2 441 公顷。根据试行推进情况,拓展优惠试点政策范围,目标建设成海峡两岸的产业合作示范区,起到辐射带动作用,包括新兴产业和现代服务业;另外依照划分的两个区块的取名,对应战略定位为贸易和航运中心,体现了建立健全两岸互联互通机制的初衷。

3.平潭片区简介

平潭综合实验区设立于 2009 年 7 月;2011 年 3 月,平潭开放开发上升为国家战略,同年 11 月平潭被赋予比经济特区更加优惠、更加特殊的"7 方面 28 条"配套政策;次年 12 月,平潭被列入新一轮自由贸易区建设试点。平潭开放开发进入新阶段——"实验区+自贸区"双重政策叠加的模式,不仅具备闽台合作窗口的性质,也是可推广的作为国家对外开放窗口的创新探索。平潭片区的开放和开发作为海西建设的战略突破口,有助于加速构建"新平潭、新特区、新家园"三位一体模式。

战略重点:建设为海峡两岸共同的家园和面向世界的旅游岛,为资金、人员往来和贸易投资等提供更自由便利的服务。

平潭片区有三个功能区，分别为港口经贸区、高新技术产业区和旅游商贸区，功能分别如下：

港口经贸区功能主要体现在：通过积极开发港口和建设商务中心，发挥对接台湾航海运输主要通道和与海上国际航线临近的优势，协同中央商务区、如意城社区和临港产业区，加快建设各类聚集区的产业功能性平台，包含港口物流、电子产业、商贸服务等，努力发展国际贸易、电子信息设备制造和现代物流等产业，打造区域性综合保税产业示范区、自贸示范区以及电子产业融合发展聚集区，以促进海峡两岸互联互通和共同发展。

高新技术产业区着重于海峡两岸在高新技术产业合作方面实现互联互通。主要体现在：集平潭的中心商务区、科技文教区和高铁站三方面力量，加快建设各类聚集区的功能性平台；突出发挥原产地政策扶持优势，重点发展高新产业；推动两岸高新技术产业深度融合发展，着力开拓全球市场，并在其中有效整合配置资源，共享全球化回报和利益。

旅游商贸区主要通过平潭区旅检大楼、离台湾最近的澳前客滚码头、台湾小宗商品贸易市场，发挥优质岬角、沙滩等旅游资源优势和“对台窗口”的天然地理优势；协同平潭中心城区和国际旅游开发，加快建设产业功能性平台，对接管理台湾往来旅游和服务，包括滨海旅游、农渔产品加工和两岸旅游商贸等；提高国际旅游的服务素质，发展各项平价旅游业务线，包括滨海度假、休闲养生、购物保税、海洋文体等，拓展高端旅游业务线。打造国际性的滨海风情度假村岛、休闲目的地、海洋文体娱乐基地，最终定位为国际旅游岛。

二、片区禀赋

（一）福州片区

1.片区优势

（1）对台优势

福建自贸区挂牌成立 3 周年后，福州片区新增台资企业 382 户，注册资本

33 亿元人民币。福州新区以及福州片区均和台湾北部遥遥相望,因此福州片区在加强和促进与台湾的合作交流方面具有重要地位。

(2)港口优势

福州港是全国 24 个沿海主要港口之一,拥有闽江口内、江阴、松下和罗源湾等多个港区,福州港集装箱年吞吐量在 2017 年首次突破 300 万标箱大关,创下新的历史纪录。

(3)产业优势

在福州新区范围内,已基本形成以机械装备、冶金、食品、纺织等为主体的产业体系。2017 年福州新区累计完成投资 2 342.09 亿元,占年度投资计划的 129.97%。

(4)生态优势

福州是中国空气质量最好的城市之一,2014 年,城区空气质量优良率为 92%,位居内地省会城市前三。福州是内地最“绿”的城市之一,全市森林覆盖率 57.8%,绿化率 88.6%,位居内地省会城市第二位。

(5)整车进口口岸优势

2015 年 7 月,国务院批准福州港江阴港区成为全国第 6 个沿海整车进口口岸,也是福建省和海峡西岸经济区唯一的整车进口口岸。这不仅为海西及周边地区的进口汽车整车开通了新的便捷通道,也促进了闽台汽车产业的深度合作。

(6)电子商务优势

作为全国首批电子商务示范城市之一的福州,在 2012 年电子商务交易总额就已突破千亿元,入驻 3 000 多家电子商务企业。根据《福州市电子商务发展中长期规划》,将力争在 2020 年底突破 6 000 亿元电商交易总额大关。2015 年下半年,福州获批增补成为我国 10 个跨境电商试点城市之一,开始开展跨境电子商务保税进口业务。

2.片区服务

经贸平台、文化创意、商品展示交易服务、会展专业服务；高新技术产业、闽台间金融创新和贸易服务；进出口加工贸易、保税仓库、冷链物流；休闲旅游、教育培训、医疗卫生服务；国际汽车保税维护和改造、飞机流程一体化等服务；融资租赁服务。

（二）厦门片区

1.片区优势

（1）航运条件优越

厦门片区紧邻大海和厦门西海域，涵盖邮轮中心、东渡港、厦门空港等厦门市主要口岸，以及3个海关特殊监管区域（分别为海沧保税港区、象屿保税区、象屿保税物流园区），拥有世界一流的集装箱深水港口配套条件和设施，有利于打造一体化口岸公共平台，推进口岸软环境优化提升。

另外在2017年，厦门片区集装箱吞吐量达1 038万标箱，厦门港排名升至世界第14位，体现了世界一流的港航营商环境。

（2）发展前景广阔

尽管厦门片区发展较为成熟，但发展空间仍可预期。近期目标之一是构建自贸区服务大数据平台与建设全景指挥平台，全方面为企业和管理提供便捷服务。

厦门片区还可以和周边地区或者非特殊监管区交融联动，一方面有利于促进产业的创新开放、集聚发展，另一方面有利于促进成果较快复制与推广。

（3）产业基础

投资方面，截至2017年底，厦门片区新增企业超过3.3万家，注册资本高达近5 300亿元；另外地区生产总值有589.95亿元，同比增长11.9%。在贸易方面，进出口贸易总额1 598亿元，同比增长20.7%。2017年规划涵盖：加快编制规划，启动各组团控规编制；狠抓项目建设，探索审批制度改革；加快建设国际航运中心；构建自贸区服务大数据平台。总的来说，厦门片区商贸运营活、口岸物流强、产业基础好、项目潜力大。

2.片区服务

(1)东南国际航运中心海沧港区

提供大宗商品交易服务、外包、加工增值、口岸进出口、航运物流、保税物流等现代临港产业;整合厦门港口码头、铁路货运线、内陆腹地和转运设施等资源,着力推进海铁联运业务;构建功能完善、服务优质的现代航运服务体系和环保低碳、便捷高效的物流网络,以服务海峡两岸为特色,成为亚太地区具有全球航运资源配置能力的重要集装箱枢纽港之一。

(2)两岸贸易中心核心区

发展新兴产业和提供高端服务,包括国际贸易服务、高新技术研发、信息消费、临空产业、专业服务、金融服务、邮轮经济等,构建成为海峡两岸经济贸易合作中最紧密的区域,成为立足大陆,面向亚太地区的区域性国际贸易中心。

(三)平潭片区

1.片区优势

平潭是典型的"实验区自贸区"两区双核驱动,既能综合发挥实验区"对台政策洼地"的关键作用,又能显现出自贸试验区"体制机制创新高地"的独特优势。

(1)区位优势

在自然因素方面,一是港口岸线优越,该地区属于沿海地区的范畴,海岸曲折,适合于建设港口,水运条件优越;二是旅游资源独特,片区处于海岸地区,海岸受海水的侵蚀,沿海岸的各种地貌风景独特,又由于处于低纬度地区适合游泳休闲度假。

在社会人文因素方面,一是交通体系完备,该地区与福建省的省会城市福州相连,陆路交通发达,加上是沿海地区,海运业发达,整体来说陆海空交通体系发达;二是对台交往密切,片区与台湾隔海相望,也与台湾相对较发达的北部地区距离较近,也有相对较为优越的对台资开放条件;三是开发条件独特,对台湾对大陆在这个地方的投资有优惠条件和待遇，各领域发展相对有更多的自由权；另外还有特色资源丰富、开发空间充分、特色产业突出等优势。

（2）政策优势

平潭既是综合实验区，也是自贸试验区。平潭作为自贸试验区，在服务新兴业态等方面推出了80多项改革举措，而作为综合实验区，享受了各方面的优惠政策。平潭具有独特的两区叠加的政策优势，其中金融创新政策和财税优惠政策的优势非常明显。例如在2016年，区管委会特地分拨了部分资金用来大力发展跨境电商，专门出台了一套完整的产业扶持政策支持跨境电子商务的发展，支持企业自建跨境电商分销平台或交易平台，包括重点发展产业园区建设奖励、跨境电商平台建设奖励、对跨境电子商务综合性服务企业提供奖补、对物流通道提高奖补力度等。

另外，原本为开放开发平潭岛的"福建区域战略"，经过中央考察定夺，将其上升为"国家战略"，目的是将平潭岛打造成"闽台合作的窗口"，打造成两岸和平发展、协同进步的新平台、新载体，打造成"国家对外开放的窗口"。平潭也被中央赋予了比经济特区更加特殊和优惠的7方面加28条政策。全岛封关运作以来，对台小额贸易市场购物免税、分线管理模式、"免、保、退、选"关税优惠政策、信息化围网、跨境电子商务以及海运快件等关键性的优惠政策措施和改革创新举措全面落地，政策红利充分释放，大力普惠岛内居民和进出口企业。

（3）资源优势

平潭一直以来都有"千礁百岛"之称，又被誉为"福建的夏威夷"。海滨沙滩美不胜收，独特的海蚀地貌闻名遐迩。海岸线、海滨沙滩长，天然港湾、港口多，有十多处可建万吨级以上的港口的地方；风能潮汐能、海洋生物、矿产砂石等资源丰富；有八个国家级风景名胜区，开发空间广阔，发展潜力巨大，因此将致力于打造成国际旅游岛。

2.片区服务

(1)教育服务

为了开放教育服务领域,促成两岸的合作办学,台湾育达科技大学联合平潭海峡儿童学园组建“岚台学前教育实验基地”;开启了平潭片区职业院校集团化办学改革项目,闽台学校与企业紧密合作,建立起基地共享、课程共建、学分互认、教师互派的“抱团式”集团化办学体制。

(2)医疗服务

为了开放并扩大医疗服务领域,积极引进台湾医疗卫生的专业高端技术人才和机构,平潭片区放宽台湾医疗专业技术人员从业的限制,准许台湾执业医师开办私人诊所,探索台湾医师资格按大陆职称进行认定;进一步推动设立外商独资或合资经营医疗机构;准许有资质的台资企业投资设立健康服务机构,对举办台资医疗机构给予一定经费支持,并探索放宽对台资医院自用药械的使用限制。同时积极探索良好接轨两岸健康保健制度的方法,重点引进康复医师、治疗师等专业技术人员,并给予一定的优惠政策如学费免费、生活补助。首家由台资企业投资的平潭乐天伦养老院已正式开业,主要是参照台湾养老服务的标准建造并将引入台湾医养结合经营模式。

(3)专业咨询服务

区内创新采用“一区两标、包容共存”,放宽对台湾的专业服务行业从业资质限制,逐步采认台湾执业标准和资格资质,诸如会计、规划和建筑等领域。引进国内外知名专业服务机构,比如全面开放台湾建筑业,准许台湾律师事务所申请设立代表机构,满足资格要求的台湾高校教师和药师可直接执业。另有海峡两岸仲裁院的,民革中央积极推动仲裁合作形式的进一步创新,增强闽台的司法合作。

(4)高端制造

重点体现在两岸合作高新园和医疗生技园区。多次对接中关村发展集团,就合作办园和台方进行沟通,台湾的乔本生技、华广生技等医疗企业已入驻自贸区。

(5)旅游休闲

一是在海滨旅游业方面：致力于规划成国际旅游岛、打造旅游产品品牌。平潭的国际竞技体育圈影响力不断扩大，例如国际风筝冲浪、跨越海峡、国际自行车赛、马拉松。二是在特殊旅游产品的发展基础上，拓展文化体育功能，努力争取网球、高尔夫、赛马等国际体育项目的落地。三是投资旅游项目。加快旅游产业要素转型升级，重点推出免税购物、主题公园等旅游产品，规划一批高端旅游项目。

(6)旅游商贸

一是2014年6月开市的台湾免税商品市场，它是大陆第二个对台小额商品交易市场，对六大类商品实行免税，包括粮油食品、医药品、纺织服装、轻工业品、土产畜产、工艺品六大类。截至2017年3月底，市场签约落位309个商铺，包括14个台湾县市主题馆、15个特色餐饮项目、49家进出口贸易商及物流服务商、231个台湾品牌旗舰店和特色商铺，从业人员千余人。二是致力于打造成往来主通道，为两岸人员、车辆、货物提供便利。两岸同胞往来，为之提供了快捷航线"海峡号"和"丽娜轮"；车辆通关，有常态化运营的"台福8号"；货物方面，有两岸快件中心提供服务，"空运速度+海运成本"是最便捷的联运物流渠道通道，不仅是作为台货的通道，更重要的是可以将平潭快件中心作为国际的周转通道，中国台湾地区则化身为国际中转的跳转平台。

(7)农渔产品加工

一是推动建设渔农产品冷链仓储中心和两岸水果拍卖交易中心。以东澳中心渔港建设为抓手，尤其是重点发展农渔产品加工和冷链物流，配套旅游食品开发、台湾食品加工、保鲜物流配送，积极推进水产贸易、旅游休闲食品、东盟农产品交易中心等项目。二是推动实施更加便捷的关检监管措施。依托电子口岸推动"单一窗口"建设；试行以舱单申报替代备案清单申报作为入区申报方式；对动植物及其产品检疫审批实行负面清单制度，优化创新检验检疫模式，先后推出集中查验、“边检边放”、“即查即放”、食品标签“快审快核”，对食品、农产品、水产品等实行“边抽样检验、边上架销售”、对台采信等全国首创监管模式，强化关检“三个一”合作，货物最短仅需 1 个工作日便可实现从报检到上架销售。

三、投资环境禀赋

（一）功能定位明晰

福建自贸区立足于提升两岸经济关联度，推动更高水平的对外开放新格局加快形成，拓展“新海上丝绸之路”沿线国家与地区互联互通的深度广度。

根据区域布局，福州片区重点是建设先进制造业基地、发展为“新海上丝绸之路”沿线国家和地区交流合作的重要平台，并且成为闽台服务业、商品贸易和金融创新的合作示范区。厦门片区重点是发展成东南国际航运中心、新兴产业与现代服务业合作示范区、闽台贸易中心及区域性金融服务中心，建设联系闽台的机制。平潭地区是共同家园和国际旅游岛，并实施更加便利的贸易和资本人才交流措施。

（二）自然环境优越

福建省位于中国东南沿海，东临台湾，毗邻港澳，陆地面积 12.14 万平方千米，海域面积 13.6 万平方千米，是中国面向亚太地区的主要窗口之一。福建气候温和，四季常青，年均气温 17~21 ℃，雨量充沛，空气质量良好。森林覆盖率 65.95%，居全国第一。生态环境质量位居全国前茅，享有“清新福建”的美誉。

（三）投资环境良好

福建自贸区营造了国际化、法制化和便利化的一流营商环境，增强福建城市竞争力。经第三方评估，片区内企业对自贸试验区创新政策好评率达 96.9%。

另外具备了优良的投资环境，民营企业在战略性新兴产业以及商贸、文化服务等领域都得到了丰硕的投资机会。福建自贸区以深化两岸经济合作为基础，充分发挥闽台民营企业各自的优势，合作打造品牌、参与制订标准，并进一步合作拓展产业价值链发展空间。区内已对外资开放 40 多个领域，外资与民营企业之间有更多领域合作的机会。

（四）交通物流中枢

福建已形成由大型港口、高速公路、高速铁路、机场构成的现代化综合运输，可以无缝接入中国不同省份（包括香港特区、澳门特区和台湾地区）以及日本、韩国、东南亚国家等。福建是中国五大港口集团之一，拥有 160 多个集装箱国际航线和 130 多个港口。

（五）产业配套全

福建自贸区南接珠江三角洲，北接长江三角洲，与这两个经济发达地区产业环境接轨配套。已基本形成了以机械装备、生物医药、电子信息、节能环保、新能源、新材料、冶金、文化创意、食品、纺织、林产品等相对齐全的产业体系。

（六）沟通便捷

福建电信服务占据全国领先地位，所有城乡地区都可以直接拨打国际电话，可以与世界上 180 多个国家和地区进行交流，而与一衣带水的中国台湾地区则拥有更加突出的沟通便利。

（七）人才支持

福建自贸区正式出台人才工作 14 条措施，提供了融资服务、住房保障、医保、社保、经费支持、往来便利等措施，以此吸引各行各业的创业人员来福建自贸区创新发展、落地生根。另外重点推动建设科技企业孵化器、众创空间，精心组织"双创周"、台湾青年大陆创业就业培训、两岸青年创业大赛等活动，为两岸青年提供低成本、全要素的创业空间。

（八）发展前景广阔

对福建而言，通过建立自由贸易区，促进制度创新，建立更国际化、市场化、法治化的商业环境，加强软实力发展，改变政府的经济管理模式，对促进长期发展具有重要意义。

(九)改革开放程度高

福建自贸区不断坚持扩大对外开放的程度，牢牢把握深化改革和制度创新两个中心，着力推进政府职能转变，建设国际化、市场化、法治化的商业环境，在推动中发挥示范作用。另外福建自贸区辐射台海，承接台湾高新产业与制造业的转移和外溢。自贸区辐射区可以密集辐射到全省、辐射到台海。

第二节 三大自贸区的总体思路与主要措施比对

一、中央整体规划差异比较

广东自由贸易区发展目标，是在经过三到五年的改革试验后，营造集国际法治市场化为一体的营商环境，实现与港澳的深度合作，形成国际经济创新开放合作竞争的新优势，力争按照国际通用的法制、监管等高标准，建设成法治化程度高、辐射带动强、贸易投资便利自由、监管高效保障的自贸区。

天津自由贸易区的发展目标，是经过三到五年的改革和探索后，将其建设成国际一流的自由贸易区，一方面是在面临经济转型过程中，与京津冀协同发展，发挥示范带头作用；另一方面是起到促进投资贸易便利自由，集聚高端高新产业，完善金融前中后台服务，建立完备的法律规范体系，保障监管的公正高效，带动周边省市共同发展的作用。

福建自由贸易区的目标是经过三到五年的改革探索，坚持结合扩大开放范围和深化改革程度，结合创新发展合作制度和培育多功能，加快转变政府职能，与国际贸易投资规则接轨。加快推动各类生产要素的流动，增加两岸经济的关联适应度。加快拓展“新海上丝绸之路”沿线地区与国家互联互通的广度与深度，形成高水平、高层次的对外开放新格局。努力建设成具有以自由便捷的投资贸易，功能突出的金融创新，完善的服务体系，高效有序的监管和法制化为主要特征的自由贸易区。

表 5.1　沿海型自贸区对外开放目标及定位

名　称	发展目标	功能定位	战略定位
福建自贸区	国际旅游岛 区域性国际贸易中心 区域性国际航运物流中心 两岸新兴服务业合作示范区 两岸高端制造业基地 两岸金融服务中心	改革创新的试验田 深化两岸产业合作示范区 面向 21 世纪海上丝绸之路沿线地区、国家的经贸合作新高地	沟通闽台，促进两岸经贸合作
广东自贸区	符合国际高标准的具备规范的法制环境、自由便利的投资贸易便利、突出的辐射带动作用、高效完善的监管的自由贸易园区	南沙：粤港澳全面合作示范区 前海：粤港现代服务业创新合作示范区 横琴：粤港澳紧密合作示范区	粤港澳深度合作示范区 新世纪丝绸之路重要枢纽
天津自贸区	符合国际高标准同时具有集聚的高端产业和完善的金融服务等特点的国际一流自由贸易园区，在我国经济转型发展和京津冀协同发展中发挥带头示范作用	京津冀协同发展 制度创新试验田 全国改革开放先行区 高水平对外开放平台 国际一流自贸园区	面向东北亚，促进京津冀制造业升级

（一）广东自贸区

定位：粤港澳经济一体化示范区，加强粤港澳合作，带动珠三角地区发展。

核心趋势：粤港澳合作优势，国内首个经济特区之一，改革开放的先行地。

表 5.2 （广东）自由贸易试验区基本概况

<table>
<tr><td colspan="2">政策类型</td><td colspan="3">（广东）自由贸易试验区</td></tr>
<tr><td colspan="2">定位</td><td colspan="3">面向港澳，侧重服务贸易自由化</td></tr>
<tr><td colspan="2" rowspan="3">实施范围</td><td colspan="3">实施范围 116.2 平方千米</td></tr>
<tr><td>深圳前海蛇口片区</td><td>广州南沙新区片区</td><td>珠海横琴新区片区</td></tr>
<tr><td>28.2 平方千米（含深圳前海湾保税港区 3.71 公顷）</td><td>60 平方千米（含广州南沙保税港区 706 公顷）</td><td>28 平方千米</td></tr>
<tr><td colspan="2">按区域布局的功能划分</td><td>重点发展金融、现代物流、信息服务、科技服务等战略性新兴服务业，建设我国金融业对外开放试验示范窗口、世界服务贸易重要基地和国际性枢纽港</td><td>重点发展航运物流、特色金融、国际商贸、高端制造等产业，建设以生产性服务业为主导的现代产业新高地和具有世界先进水平的综合服务枢纽</td><td>重点发展旅游休闲健康、商务金融服务、文化科教和高新技术等产业，建设文化教育开放先导区和国际商务服务休闲旅游基地，打造促进澳门经济适度多元发展新载体</td></tr>
<tr><td rowspan="2">按海关监管方式的功能划分</td><td>海关特殊监管区域</td><td colspan="2">广州南沙保税港区和深圳前海湾保税港区：试点以货物贸易便利化为主要内容的制度创新，主要开展国际贸易和保税服务等业务</td><td rowspan="2">试点有关货物贸易便利化和现代服务业发展的制度创新</td></tr>
<tr><td>非海关特殊监管区域</td><td colspan="2">广州南沙新区片区和深圳前海蛇口片区：重点探索体制机制创新，积极发展现代服务业和高端制造业</td></tr>
</table>

（二）天津自贸区

定位：京津冀区域，面对东北亚市场，航运、金融租赁有较强优势。

核心趋势：京津冀制造业体系。

表 5.3　(天津)自由贸易试验区基本概况

<table>
<tr><td colspan="2">政策类型</td><td colspan="3">(天津)自由贸易试验区</td></tr>
<tr><td colspan="2">定位</td><td colspan="3">高水平对日韩东北亚开放圈,京津冀协同发展</td></tr>
<tr><td colspan="2" rowspan="3">实施范围</td><td colspan="3">实施范围 119.9 平方千米</td></tr>
<tr><td>天津港片区</td><td>滨海新区中心商务片区</td><td>天津机场片区</td></tr>
<tr><td>30 平方千米(含东疆保税港区 1 000 公顷)</td><td>46.8 平方千米(含天津港保税区海港部分和保税物流园区 400 公顷)</td><td>43.1 平方千米(含天津港保税区空港部分 100 公顷和滨海新区综合保税区 196 公顷)</td></tr>
<tr><td colspan="2">按区域布局的功能划分</td><td>重点发展航运物流、融资租赁、国际贸易等现代服务业</td><td>重点发展以金融创新为主的现代服务业</td><td>重点发展新一代信息技术、航空航天装备制造等高端制造业和航空物流、研发设计等生产性服务业</td></tr>
<tr><td rowspan="2">按海关监管方式的功能划分</td><td>海关特殊监管区域</td><td colspan="3">重点探索主要内容为贸易自由便利的制度创新,开展融资租赁、保税加工、货物贸易和保税物流等业务</td></tr>
<tr><td>非海关特殊监管区域</td><td colspan="3">重点探索主要内容为投资制度改革,完善事中、事后监管制度,推动创新金融制度,积极发展高端制造业和现代服务业</td></tr>
</table>

(三)福建自贸区

定位:海西经济区,面向台湾,侧重两岸经贸合作,主要发展台海贸易。

核心趋势:两岸经贸合作。

表 5.4 （福建）自由贸易试验区基本介绍

<table>
<tr><td colspan="2">政策类型</td><td colspan="3">（福建）自由贸易试验区</td></tr>
<tr><td colspan="2">定位</td><td colspan="3">面向台湾，侧重闽台经贸合作</td></tr>
<tr><td colspan="2" rowspan="3">实施范围</td><td colspan="3">实施范围 118.04 平方千米</td></tr>
<tr><td>平潭片区</td><td>厦门片区</td><td>福州片区</td></tr>
<tr><td>43 平方千米</td><td>43.78 平方千米（象屿保税物流园区 70 公顷、象屿保税区 60 公顷、厦门海沧保税港区 951 公顷）</td><td>31.26 平方千米（含福州保税区 60 公顷、福州出口加工区 114 公顷、福州保税港区 926 公顷）</td></tr>
<tr><td colspan="2">按区域布局的功能划分</td><td>重点建设闽台共同家园和国际旅游岛</td><td>重点建设两岸现代服务业和新兴产业合作示范区、区域性金融服务中心、两岸贸易中心和东南国际航运中心</td><td>重点建设先进制造业基地、两岸服务贸易与金融创新合作示范区、21 世纪海上丝绸之路沿线地区和国家合作沟通的重要平台</td></tr>
<tr><td rowspan="2">按海关监管方式的功能划分</td><td>海关特殊监管区域</td><td colspan="3">重点探索主要内容为贸易自由便利的制度创新，开展保税物流、保税加工和国际贸易等业务</td></tr>
<tr><td>非海关特殊监管区域</td><td colspan="3">重点探索主要内容为投资制度改革，推动创新金融制度，积极发展高端制造业和现代服务业</td></tr>
</table>

二、政策改革创新比较

我国建设发展自由贸易试验区的目的是全面深化改革开放，方向上坚持形成可复制可推广的制度创新经验。从国家的战略层面来看，自贸区的实质是创新改革，目的是实现中国经济高质量发展，而非单纯促进经济增长。自贸区作为对现行贸易、投资、金融和行政制度深度改革的试验场，在这样改革创新势头之下，“自贸区有大未来”。自贸区既然有着其特殊的一面，那么在一定程度上要辅以必要的优惠政策和灵活措施来增强自贸区特有活力。参照我国改革开放以来各种实践结果，自贸区的优惠、支持力度应该不低于现有各经济特区、新区和各类开发区、试验区，另外在金融、投资和税收等方面应该更加灵活和因地制宜。本文比较了三大自贸区在投资管理、税收以及金融政策方面改革创新的异同点，以更好地厘清不同自贸区之间的差异和联系，如表5.5所示。

表5.5　自由贸易试验区政策异同

政策类型	（广东）自由贸易试验区	（天津）自由贸易试验区	（福建）自由贸易试验区
投资管理政策	对外商投资准入特别管理措施（负面清单），之外领域的外商投资项目实行备案制，由广东省负责办理（国务院规定对国内投资项目保留核准的除外）	1.同（广东）自由贸易试验区 2.重点选择现代服务业和先进制造业两大领域扩大对外开放 3.允许符合条件的境外投资者自由转移其投资收益	1.对一般境外设立企业和投资项目实行备案制，由自贸区备案管理属省级管理权限的 2.允许符合条件的境外投资者自由转移其合法投资收益 3.在自贸试验区内推动台湾战略性新兴产业、先进制造业、现代服务业等产业集聚发展 4.进一步扩大通信、运输、旅游、医疗等行业对台开放 5.在区内就业、投资的台湾企业专家、技术人员和高级管理人员，享受在人出境、申报项目等方面的便利

续表

政策类型		(广东)自由贸易试验区	(天津)自由贸易试验区	(福建)自由贸易试验区
金融政策	企业跨境借款	1.在宏观审慎框架下,自贸试验区注册的机构被允许在境外发行本外币债券和从境外融入本外币资金 2.区内企业在境外发行本外币债券的规模和审批限制放宽,所筹资金根据需要可调回区内使用 3.区内港澳资企业境外的母公司按规定可在境内发行人民币债券	1.在宏观审慎框架下,支持区内企业境外借用人民币资金,需用于符合国家宏观调控方向的领域,不得用于投资理财、衍生产品和有价证券,不得用于委托贷款 2.鼓励区内金融机构与企业在境外按规定发行人民币债券,募集资金可在区内使用。区内企业境外的母公司可按规定在境内发行人民币债券	1.同(天津)自由贸易试验区 1 2.支持台湾的银行向区内项目或企业发放贷款,允许区内银行、企业在境外借入资金,借入的外币资金结汇后企业可使用 3.同(广东)自由贸易试验区 2 4.支持企业开展国际商业贷款等各类境外融资活动
	外债比例自律管理	1.区内机构实行借用外债比例自律管理制度,在净资产的一定倍数内,区内机构、企业可借用外债,外债资金实行意愿结汇(暂定 1 倍,视宏观经济和国际收支状况调节) 2.逐步统一境内机构的外债政策	同(广东)自由贸易试验区	同(广东)自由贸易试验区
	限额内自主跨境投融资	1.区内实行限额内资本项目可兑换 2.负面清单外、注册于区内的境内机构,每个自然年度每个机构的跨境收入、支出均不能超过规定限额(暂定等值 1 000 万美元),自主进行跨境投融资;实行限额内自由结售汇	同(广东)自由贸易试验区	同(广东)自由贸易试验区

续表

<table>
<tr><th colspan="2">政策类型</th><th>（广东）自由贸易试验区</th><th>（天津）自由贸易试验区</th><th>（福建）自由贸易试验区</th></tr>
<tr><td rowspan="4">税收政策</td><td>企业所得税</td><td>1.区内可试点中国（上海）自由贸易试验区已经试点的税收政策，其中促进贸易的选择性征收关税等政策在自贸试验区内的海关特殊监管区域进行试点
2.区内海关特殊监管区域的税收政策适用和实施范围维持不变
3.深圳前海深港现代服务业合作区、珠海横琴区内符合国家规定的鼓励类产业企业按15%税率征收企业所得税</td><td>1.同（广东）自由贸易试验区1与2
2.注册在东疆保税港区内的纳税人，提供的国内货物运输服务、仓储服务和装卸搬运服务实行增值税即征即退政策</td><td>1.同（广东）自由贸易试验区1与2
2.平潭综合实验区内符合规定的，鼓励产业准入，优惠类产业企业征收15%企业所得税</td></tr>
<tr><td>增值税</td><td rowspan="2">同企业所得税</td><td rowspan="2">同企业所得税</td><td>1.同企业所得税1与2
2.区内的货物由区内企业销售的，免征增值税（开发商业性房地产的货物除外）</td></tr>
<tr><td>个人所得税</td><td>1.同企业所得税1与2
2.按不超过闽台个人所得税税负差额，补贴给在区内工作的台籍居民，并免征个人所得税</td></tr>
<tr><td>其他优惠政策</td><td>1.启运港退税政策
2.境外旅客购物离境退税政策
3.允许海关特殊监管区域内设立保税展示交易平台</td><td>1.同（广东）自由贸易试验区2
2.积极研究完善适应境外股权投资和离岸业务发展的税收政策</td><td>除明确不予免税或保税的货物外
1.对境外进入试验区与生产性货物进行备案管理，给予免税或者保税
2.区外生产性货物销往实验区视同出口，按规定实行退税</td></tr>
</table>

三、可复制经验承接与创新比较

（一）可复制经验承接

1.投资管理领域

实行网上税制自动化，包括自主办税、税务登记号码赋码、纳税信用评级、审批备案涉税事项、外商投资广告企业项目备案制、实时赋予组织机构代码、创新的企业标准备案管理制度、生产许可证委托加工备案取消、“单一窗口”设立企业等。

2.贸易便利化领域

实行采信于第三方检验结果、监管国际维修行业的检验检疫、无纸化检验检疫通关、管理中转货物来源产地证、管理生物材料制品出入境风险等。

3.金融领域

实行外资企业的外汇资本金意愿结汇、个人其他经常项下人民币结算业务、关于大宗商品衍生品柜台交易的结售汇业务由银行办理、下放直接投资项目下外汇登记及变更登记由银行办理等。

4.服务业开放领域

融资租赁公司的子公司不设最低注册资本限制，且允许同时经营与主营业务关联的商业保理业务、允许设立外商投资资信调查公司和股份制外资投资性公司、游戏游艺设备生产与销售向内外资企业开放等。

5.事中事后监管措施

实行企业年度报告经营异常和公示名录制度、信息共享制度、社会信用体系、综合执法制度、各专业部门监管制度、公共力量参与市场监督制度。

6.海关监管制度创新

海关监管制度内容包括境内外维修、期货保税交割、融资租赁等。

7.检验检疫制度创新

实行预检验进口货物、负面清单管理动植物和其产品检疫审批、“分线”监督管理等措施。

（二）可复制经验创新

天津自贸区挂牌初期，推出了第一批自主制度创新清单，共 122 项任务，涉及投资与贸易便利化 51 项、政府职能转变 22 项、要素集聚与流动 12 项、金融改革创新 37 项等四个方面；次年 10 月，推出了第二批制度创新清单，包括投资与贸易便利化 31 项、政府服务和监管创新 14 项、金融开放创新 8 项等三个方面 53 项任务，两批清单合计共包含 175 项任务举措。总结如表 5.6 所示。

表 5.6　中国（天津）自由贸易试验区可复制经验创新

<table>
<tr><td rowspan="3">创新可复制经验</td><td>政府职能转变</td><td>行政审批局一颗印章管审批、区行政服务中心综合办理审批、综合受理单一窗口、审批流程便利化、企业设立登记制度改革实施、“一照一码”登记制度改革实施、“一照一码一章一票一备案”一天办结、联合审批涉税事项、市场主体信用风险分类管理制度建立，企业年度报告公示实施、严重违法企业名单和经营异常名录制度、信用体系市场社会化监管等</td></tr>
<tr><td>投资与贸易便利化</td><td>外资准入前国民待遇实行、外资准入负面清单管理、外资项目备案制、国贸单一窗口建立，公共服务窗口互联网化、免费报关、通关便利化、“保税货物自行运输”制度实行、“批次进出、集中申报”制度实施、检验检疫便利化，检验检疫分线监督管理、全国跨境电商试点城市和综合试验区、进口商品直营开展、民园保税展示交易中心设立、保税展示交易开展、汽车平行进口试点开展、购物离境退税政策实施、经常项目外汇收支手续简化、外债意愿结汇</td></tr>
<tr><td>金融改革创新</td><td>发展跨境电子商务、金改 30 条发布、符合条件的民营资本开放金融服务业、投融资便利化、利率市场化和人民币跨境使用改革试点启动、跨国公司外汇资金集中运营管理改革开展、租赁、金融租赁登记流转平台筹建、融资租赁企业设立登记备案限时办结、融资租赁企业进出口大型设备海关异地委托监管实施、融资租赁企业开展主营业务相关的保理业务和福费廷业务、允许收取外币租金制度改革，联合租赁业务、租赁企业服务体系完善、融资租赁企业项下外币支付售后回租设备价款、资本项目限额内可兑换、京津冀三地“大同城”金融服务圈、“三地协同，优惠便利，七维一体”的综合金融服务、大额存单发行试点、跨境双向人民币资金池、境外机构人民币与外汇衍生产品交易办理</td></tr>
</table>

续表

创新可复制经验	服务京津冀协同发展	天津自贸试验区宣讲活动、京津冀海关区域一体化通关、京津冀跨区域检验检疫"三通"和"进直通出直放"、京冀地区 10 个无水港设立、"1631"工程重点实施(即建立"一个机制",国家商务部牵头三省市、协商具体工作、自贸区服务京津冀协同发展;实施"六个推动",推动京津冀内行政管理体制改革、推动天津自贸试验区复制推广投资体制改革、推动金融开放创新经验、推动北京服务业对比、推动互补、推动贸易便利化及贸易方式创新;促进"三个一体化",包括区域资源要素配置、口岸物流和通关服务、金融监管和服务;落实"一批项目",以一批项目推动京津冀协同发展的服务、跨行政区金融交易成本降低)
	法制建设	地方性法规出台、内容涵盖服务京津冀协同发展、管理体制、贸易投资便利、投资开放、营商环境、金融创新等;自贸试验区法庭设立、自贸试验区国际仲裁中心成立等

福建自贸区积极创新推广可复制经验,目前已公布了 11 批创新举措,内容部分列举如表 5.7 所示。

表 5.7　中国(福建)自由贸易试验区可复制经验创新

中国(福建)自由贸易试验区			
创新可复制经验	全省范围内	ECFA、CEPA 证书提交简化、优惠贸易项下海运集装箱货物判定直接运输标准放宽、市场竞争秩序监测、企业信用分类管理、税控发票申领互联网化、一关通、出口货物进场章无纸化、闽台青年三创基地建设、跨境电子商务监管创新、进口便捷审批、进口快速核放、出口食品过程合格评定、口岸即审即放、行政审批全流程电子化、台胞权益保障法官工作室设立等	
	全省相关范围内	自贸区内	海运快件进出境业务试点、进出境船舶检疫全程无纸化、加工贸易企业电子账册"三自一核"、进出境水产品"统一申报、集中查验、分批核放"、一般进口原产台湾的成套设备及单机"备案管理、免于现场检验"、整车进口一体化快速通关、建立"三合一"知识产权综合管理模式、存证云服务(衔接私力救济与公力保护)、知识产权公共服务互联网化、全覆盖奖励扶持政策、快维中心建立、一站式知识产权保护、两岸知识产权服务产业聚集区构建
		海关特殊监管区	融资租赁海关监管制度、海关监管设备物联网管理平台

广东自贸区目前公布了 4 次创新可复制经验清单,内容涵盖投资便利化、贸易便利化和金融创新领域。具体如表 5.8 所示。

表5.8　中国（广东）自由贸易试验区可复制经验创新

<table>
<tr><th colspan="4">中国（广东）自由贸易试验区</th></tr>
<tr><td rowspan="5">首批创新可复制经验</td><td rowspan="3">全省范围内</td><td>投资便利化领域（9项）</td><td>①“一站式”服务模式（单一窗口受理、多窗口同步审批）；②企业登记注册实行“多证合一”；③电子版营业执照和登记管理全程电子化；④行政违法行为提示清单；⑤网上税收服务；⑥网上税务服务；⑦国税联合地税办税；⑧税银融通；⑨线上申请领取普通发票且免费配送</td></tr>
<tr><td>贸易便利化领域（13项）</td><td>国际转运自助通关、海关管理改革原产地、贸易加工手册管理全程信息化、免税征税证明无纸化、跨境电商商品溯源平台、快速放行进口食品、分类管理进口酒类、清单管理检验检疫原产地签证、关区通办企业注册登记业务、“1+2+3”监管入境维修、再造入境动物检疫许可的流程、“电子证书”检验检疫、内陆“无水港”与检验检疫无缝对接</td></tr>
<tr><td>金融创新领域（1项）</td><td>跨境支付工具创新</td></tr>
<tr><td rowspan="2">全省相关范围内</td><td>海关特殊监管区（2项）</td><td>陆路跨境快速通关、国际中转食品监管</td></tr>
<tr><td>广州、深圳、珠海（2项）</td><td>自贸试验区港区一体化运作、小规模纳税人简并征期</td></tr>
<tr><td rowspan="5">第二批创新可复制经验</td><td rowspan="3">全省范围内</td><td>投资便利化领域（10项）</td><td>①电子发票“开票易”；②代开专用发票邮寄速递配送；③CA证书免费推行；④注销简易程序；⑤企业专属网页；⑥企业住所注册登记改革；⑦外籍人员子女学校招生范围和设立区域扩大；⑧独资允许举办非学历中等技能培训机构；⑨独资充许举办非学力高等技能培训机构；⑩《建设工程规划许可证》审批流程优化</td></tr>
<tr><td>贸易便利化领域（23项）</td><td>“互联网+”一体化、自助报关缴税、审价提前归类、加工贸易、互动查验、出口退税无纸化、企业自主披露、贸易加工产业分类监管、跨境电子商务“一二三四”监管、优化原产地签证方式、会展检验检疫监管新模式、进口食品检验前置监管、进口机动车检验监管新制度、进境维修产品检验监管标准化、危险化学品“大数据”智能监管、检验检疫流程无纸化、国际航行船舶卫生检疫5S智能监管、船舶卫生“无疫通行”检疫、旅客携带物四位一体“人犬机仪”查验新模式、进口商品全程跟踪溯源、“智检口岸”平台、广东智慧海事监管服务平台、市场采购监管新模式</td></tr>
<tr><td>金融创新领域（2项）</td><td>①跨境电商支付系统对接海关系统；②外汇业务办理流程简化</td></tr>
<tr><td rowspan="2">全省相关范围内</td><td>一类海陆运口岸（2项）</td><td>先装船后改配已放行出口货物、“一次申报、分批出境”出口货物</td></tr>
<tr><td>广州、深圳、珠海（2项）</td><td>港澳与内地合伙型联营律师事务所设立范围扩大、知识产权易保护</td></tr>
</table>

续表

中国(广东)自由贸易试验区			
第三批创新可复制经验	全省范围内	优化政务环境领域(10项)	缴税移动化、一般纳税人资格登记办理互联网化、纳税涉税风险提示清单、船舶安全检查流程优化、国航内河船舶出入港新模式管理、船舶安检选船智能化、海运危险货物查验管理信息化、商事登记银政直通车服务、廉情成效评估、工程成效和廉情预警评估
		贸易便利化领域(7项)	贸易加工边角废料内销互联网化、毛坯钻石保税进出口监管创新、随船检疫、货物进出口检验检疫时长优化、市场采购出口食品预包装检验监管、竹藤草柳制品和出口木家具分级监管制度优化、境外船舶停泊在修造船厂期间的边检管理简化
		金融创新领域(1项)	粤港电子支票业务
	全省相关范围内	旅检口岸(1项)	旅检小额税款便捷支付
		广州、深圳、拱北、黄埔关(1项)	加工贸易企业自核单耗
第四批创新可复制经验	全省范围内	投资便利化领域(3项)	港澳与内地律师事务所合伙联营试点区域范围扩大、手机端缴纳购买一手房税、跨境人民币缴税
		贸易便利化领域(6项)	通检流程智能化、粤港澳游艇"自由行"无疫通行、船舶"事中事后"安全监管机制建立健全、跨境电商保税备货进口小批量CCC产品免CCC认证特殊检测处理、国际航行船舶进出口岸网上查验核放、港口建设费远程申报电子支付
	全省相关范围内	海关特殊监管区域、保税物流中心(1项)	"保税+实体新零售"式的保税展示交易
		珠三角国家自主创新示范区所在市和揭阳中德金属生态城(6项)	特定外籍人员可申请在华永久居留,包括符合标准的外籍高层次人才及其配偶、未成年子女和达到积分评估标准的企业选聘的外籍技术人才和创业创新团队外籍成员、符合条件的外籍华人;符合条件的外国人以本人身份或自然人作为控股股东的公司企业在相关范围内直接投资或被经公安机关备案的企业邀请来实习的境外高校外国学生可便捷办理签证;外籍华人在广东省相关范围创业的可凭雇主担保函件和工作许可申请办理相关居留许可

四、自贸区间的协同发展

经验表明，自贸区对周边区域有明显的辐射和带动作用。对周边区域而言，不但有利于形成贸易更加便利、投资更加自由、金融更加开放、审批更加简化的区域环境，而且有利于促进区域内各城市之间形成优势互补、合作共赢的协调机制和优化区域内的资源配置机制，进而推进区域经济协同发展的进程。但是不可否认，粤津闽三大自贸区现有规划面积不大，区域的产业要素集聚能力和辐射范围难免存在一定局限性。因而，粤津闽三大自贸区有必要通过协同开放发展进一步优化自贸区建设布局，促进资本、服务、技术、人才等要素在区域间自由流动，借此扩大辐射带动范围。

粤津闽三大自贸区均具有沿海沿边沿江的战略布局特征，担负着提升对外开放水平的共同使命。然而，由于粤津闽三大自贸区在发展阶段、产业优势、地理区位等方面互不一致，各自的发展目标和功能定位也就理应有所区别。其中，广东自贸区的功能定位在于强化粤港澳深度合作；福建自贸区的功能定位在于加强闽台两岸合作与交流；天津自贸区的功能定位则是提升口岸服务辐射带动功能。因此，各自贸区应当明确自身战略布局与功能定位，并利用优势产业的集聚功能，协同培育区域开放共赢的合作新高地，同时自贸区之间要加强合作与交流，注重联动试验和系统集成，避免在改革创新过程中陷入“各自为战”和“闭门造车”等狭隘主义的泥沼，建立起“信息共享、模式共建、创新共推”的合作机制，实现东西双向互济、内陆沿海联动，形成高水平、深层次、立体化的开放格局，从而成为推动区域经济协调发展以及构建开放型现代化经济体系的重要支撑力量。

第六章

6

自贸区的3.0时代：七大自贸区

第一节　中国（辽宁）自由贸易试验区

一、辽宁自贸区概述

中国（辽宁）自由贸易试验区，是党中央和国务院在2017年同意设立的第三批自由贸易试验区之一。该自由贸易试验区是由实施面积为119.89平方千米的三大片区组成，分别是面积为59.96平方千米的大连片区，面积为29.97平方千米的沈阳片区，面积为29.96平方千米的营口片区。按照《中国（辽宁）自由贸易试验区总体方案》所作出的决策部署，中国（辽宁）自由贸易试验区的战略定位在于通过推动以市场为导向的体制机制改革促进产业结构转型升级，发挥自贸试验区建设对于提升东北老工业基地整体竞争力和扩大对外开放水平的牵引作用。为了实现上述相关决策部署，中国（辽宁）自由贸易试验区离不开建立健全国际高标准的投资贸易通行规则体系，离不开人才、资本的聚拢，离不开金融服务的完善与覆盖，离不开产业体系的集聚发展。

与我国的内陆省市相比，中国（辽宁）自由贸易试验区不仅坐拥邻靠渤海和辐射东北亚的地理区位优势，而且也具备较高城市化水平、相对完善的基础设施条件、较高的居民消费能力等特点。沈阳、大连、营口这三大片区更是具有发达的陆海空交通体系，星罗棋布的产业基础和较为雄厚的科研实力。众所周知，沈阳本身有着重工业发达这一特色名片，大连和营口则是我国重要的港口城市。由此一来，沈阳可以充分借助大连和营口独特的港口优势，形成产业与物流协同发展的局面，避免重蹈以往单打独斗、各自为战的覆辙。辽宁通过高水平高标准的自贸园区建设所发挥的“领头羊、排头兵”作用实现三个片区更深层次的互联互动，同时也是践行“一带一路”倡议的重要组成部分。

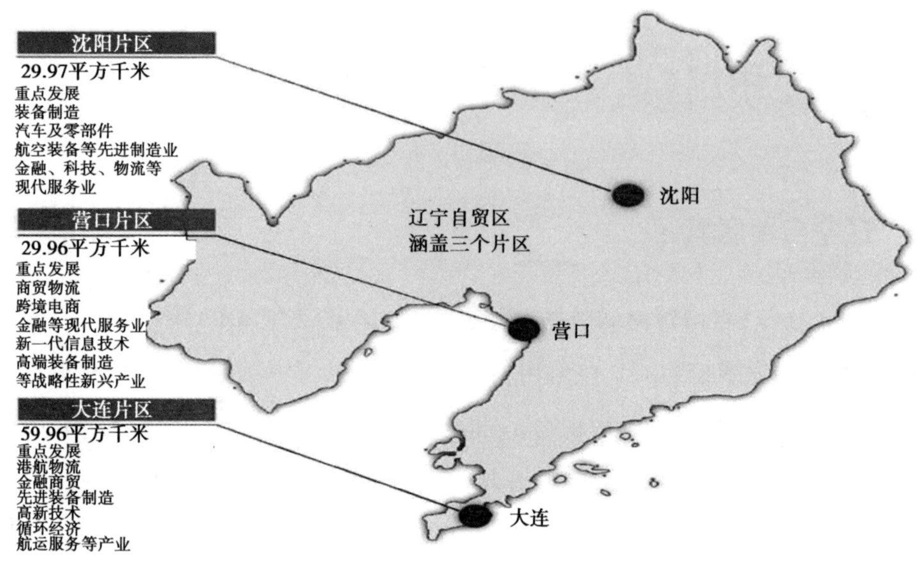

二、片区介绍

（一）大连片区

大连自由贸易试验区，总面积为59.96平方千米。金普新区的自贸区主要涵盖了大窑湾、小窑湾、双D港，还有新机场片区的金渤海岸区域。就整个片区而论，大连片区将着眼于港航物流、金融商贸、先进装备制造、高新技术等产业的提质增效。具体而言，大窑湾、小窑湾将重点放在探索促进金融自主创新、提升投资便利化以及贸易便利化的相关经验；双D港将发挥半导体产业、生物医药产业、新能源汽车等领域的产业优势，推动东北老工业基地的结构优化和产业转型；机场商务区将通过新机场建设相结合彰显空港优势，在跨境电商产业发展等方面发挥示范带动作用。

（二）沈阳片区

沈阳片区的规划实施面积为29.97平方千米，由包括桃仙机场在内的22.63平方千米的浑南区和7.34平方千米的苏家屯区共同构成。该区域目前依托国家全面创新改革试验区、国家自主创新示范区、国家高新技术产业开发区、国家产城融合示范区的政策优势，兼具着完备的交通枢纽功能，较为成熟的智能制造、航空装备、信息技术等高端制造产业集群，相对便捷的商贸物流服务体系等多重有利客观条件，将进一步致力于打造具有国际竞争力的先进装备制造业基地。

（三）营口片区

营口片区的主体区域集中于营口主城区西部，实施范围 29.96 平方千米。依托国家级高新技术产业开发区开发建设，将重点构建国际海铁联运大通道的重要枢纽，建设区域性国际物流中心以及汇聚高端装备制造等战略性新兴产业基地。

三、地区禀赋条件

（一）区位优势

辽宁位于我国东北地区通往关内的交通要道，成为东北与华北经贸往来的重要连通，同时也是东北地区和内蒙古连接欧亚大陆桥的重要门户和前沿地带；东部以鸭绿江为界河，与朝鲜民主主义人民共和国隔江相望；南临渤海和黄海，与韩国、日本一衣带水。早在 2005 年辽宁与俄罗斯、朝鲜、韩国、日本和蒙古 5 国的进出口贸易占辽宁对外贸易总额的 40%左右，占全国与上述 5 国贸易总额的 14%。独特的区位优势，使得辽宁不仅能够承接京津冀经济圈的经济发展辐射作用，还能更好地扮演东北亚经济圈产业转移的物流通道这一重要角色。

（二）港口优势

作为东北地区唯一的沿海省份，辽宁沿海主要分布着大连、丹东、锦州、营口、盘锦、葫芦岛 6 个城市。辽宁自贸区划定的片区就拥有大连港和营口港两大港口。其中，大连港位于东北亚地区的核心位置，拥有无可比拟的口岸优势，是东北地区最大的货物转运枢纽港，承担着东北地区超过 70%的海运货物和

90%左右的外贸集装箱运输,同时也是欧亚大陆桥运输中转港的优先选择。大连建设成为东北亚国际航运中心基本条件已然具备。而营口港地处辽河出海口,与东北腹地相距甚近,同样具有相当不俗的港口条件,其近年来货物吞吐量稳居全国前列。更为重要的是,随着营口港通过实现与通往欧洲的铁路运输通道相连接而形成的海铁联运大通道的不断扩建开通,营口港将进一步巩固在多式联运领域中的地位,更好地发挥连通亚欧大陆的桥头堡作用。

(三)工业基础雄厚

作为中国的老工业基地,辽宁自贸区相关片区有着雄厚的工业基础,优势产业涵盖造船、汽车及零部件、冶金成套设备和航空装备等装备制造业。辽宁拥有巨大的存量资产。辽宁国有及国有控股企业 4 187 户,占全国的10.2%,国有及国有控股企业资产 13 241 亿元,占全国的 14.9%。除了传统的优势产业和国有存量资产之外,辽宁还具有一定的发展新能源、新材料的科技研发基础。同时辽宁也面临京津冀地区高新技术产业跨区域转移的机遇,这将有助于推进辽宁重大装备国产化的进程,加快辽宁装备制造业基地建设的步伐。

(四)人力资本优势

辽宁在东北地区具有较为突出的科教优势和人才优势。目前辽宁拥有 154 所普通高校,78 所本科院校,210 万专业技术人才,分别占全国 11.3%,12.4%,10%,形成产学研良性互动的格局。其中绝大多数高校与专业技术人才分布在辽宁自贸区实施区域周边。辽宁在磁选矿自动控制仪、空调装备生产线、有色金属精整设备等产业具有充分的高端人才储备。以航空制造业为例,辽宁汇聚了众多航空科研院所和航空制造企业,现有超过 5 万技工从事航空管理活动。另外,航空发动机、燃气轮机、民用飞机零部件的产业链规模优势逐步显现。辽宁当前已经具备承接欧美航空产业转移,融入世界航空产业链的相应实力。

(五)市场潜力的优势

辽宁作为东北地区重要的出海口岸,不但拥有丰富的油气资源,也具备扎实的产业基础，广阔的腹地支撑等有利条件，市场潜力巨大。尤其踏入 21 世纪以来，我国进入重化工业化的发展阶段，以重化工业为优势产业的辽宁经济发展在旺盛需求的拉动下迎来了新一轮的发展机遇，为辽宁的深度工业化提供了广阔的市场空间。

（六）振兴东北政策的优势

党中央和国务院近年来密集出台了一系列推动东北老工业基地振兴工作的政策，其中包括企业所得税优惠减免、豁免东北企业未清欠税、扩大增值税抵扣适用范围、试行免征农业税、调整东北老工业基地资源税税额、调整东北老工业基地相关资产会计处理等若干项重大政策。此外，为了缓解老工业基地振兴过程中可能面临的资金短缺问题而提供的国债资金、国家开发银行贷款，使得辽宁省在能源、交通、水利、城市公共设施等方面日臻完善。

（七）沿海开放机遇的优势

1979 年 7 月，中国正式开始实施沿海对外开放战略。1985 年，辽东半岛获批成为沿海经济开放区。近年来随着国家继续加大沿海大开放战略的实施力度，给辽宁老工业基地振兴带来了难得的发展机遇。沿海开放对于陷入发展瓶颈的老工业基地的提振作用主要体现在四大方面。第一，当前世界制造业基地正处于向中国大规模转移的长期趋势之中，而中国的沿海地区更是日益成为国际产业转移的重要承接基地。辽宁凭借独特的地理位置、广阔的战略腹地、便利的交通条件、雄厚的工业基础和廉价的人力成本，迅速在世界范围内制造业转移的潮流中拔得头筹。第二，长三角和珠三角沿海经济带历经改革开放 40 年的苦练内功，已经积淀了相当丰富的富余资本。据不完全统计，上述两个地区有 6 000 亿到 8 000 亿元的民营资本正在寻求对外投资的标的，以辽宁为首的东北老工业基地将面临触底反弹的发展机遇。第三，发达沿海经济带的产业结构转型升级，给以国有经济占主导的辽宁创造了承接技术辐射和产业转移的有利客观条件。辽宁作为东北地区唯一的沿海省份，地处东北地区和华北地区的物流关键连接点，成为承接东北亚贸易和经济转移的重要枢纽，同时也进一步加强了与欧亚地区的经贸往来。

第二节　中国(浙江)自由贸易试验区

一、浙江自贸区概述

中国(浙江)自由贸易试验区是党中央和国务院在2017年同意设立的第三批自由贸易试验区之一。自由贸易试验区的实施范围由总计面积为119.95平方千米的陆域和相关海洋锚地组成，进一步可划分为三大片区，分别是面积为78.98平方千米的舟山离岛片区，面积为25.35平方千米的舟山岛南部片区，面积为15.62平方千米的舟山岛北部片区。按照《中国(浙江)自由贸易试验区总体方案》所作出的决策部署，浙江自贸区的战略定位包含三个层面：东部地区重要海上开放门户示范区、国际大宗商品贸易自由化先导区、具有国际影响力的资源配置基地。为了实现上述的相关决策部署，浙江自贸区需要在政府部门监管、法治环境建设、高端产业集聚、金融服务水平、区域辐射带动能力等方面狠下功夫，强化以油品为核心的大宗商品全球配置功能，对接国际标准打造成自由贸易港区先行区。

二、片区功能布局

舟山离岛片区作为浙江自贸区的主体实施区域，由鱼山岛、鼠浪湖岛、黄泽山岛、双子山岛、衢山岛、小衢山岛、马迹山岛和秀山东锚地这八大区块共同构成。其中，鱼山岛将建设为国际高水平的绿色石化基地；鼠浪湖岛、黄泽山岛、双子山岛、衢山岛、小衢山岛、马迹山岛则聚焦于油品、铁矿石等大宗商品所涉及的储存、中转、加工、贸易等产业链条的集聚发展；秀山东锚地则利用其海关特殊监管区的政策优势重点发展保税燃料油供应业务。

舟山岛北部片区重点发展油品等大宗商品贸易、保税燃料油供应、石油石化产业配套装备保税物流、仓储、制造等产业。

舟山岛南部片区重点发展大宗商品交易、航空制造、零部件物流、研发设计及相关配套产业，建设舟山航空产业园，着力发展水产品贸易、海洋旅游、海水利用、现代商贸、金融服务、航运、信息咨询、高新技术等产业。

三、地区禀赋条件

（一）区位优势明显

浙江自贸区地处我国东部沿海的黄金海岸线中间地带，是贯通长江黄金水道与海洋运输的关键节点。该区域不仅是长江流域实现“江海联运”战略的重大支撑，更是我国陆域地区通过进入西太平洋区域深度融入全球化发展潮流的重要海上开放门户。与此同时，放眼整个经贸繁荣的东北亚地区，舟山也在由太平洋西岸沿线港口形成的等距离扇形海上航运体系中担负着不容忽视的作用。进一步纵观环太平洋地区，浙江自贸区恰好处于由俄罗斯、韩国、日本和中国大陆、中国台湾所构成的规则五边形的核心位置，不可否认扼住了通过东北亚进入世界的咽喉要道。

（二）优越的岸线资源

浙江自贸区所在区域和邻近海域岛屿众多，拥有超过1 000个岛屿，蕴含高达50多处的深水岸段可供开发建港，因而无论就浙江省还是全国而言，浙江自贸区在岸线资源方面具备天然的独特优势。难能可贵的是，舟山港域辽阔，航道顺畅，尤其以锚泊避风条件优越而著称，可锚泊10万吨级船舶锚地有20个，锚泊30万吨级船舶锚地有5个。同时舟山港承载量也相当可观，拥有13条可通航15万吨级的船舶航道，另外还有3条可通航30万吨级船舶航道。舟山港在集疏运方面所具备的无与伦比的优势为国际化大宗商品贸易自由化的先行探索奠定了坚实的基础。

（三）交通基础设施日渐完善

得益于“登陆战略”的实施，浙江自贸区所在区域已经初步形成了较为完善的“海、陆、空”一体化的立体交通网络。随着后续220千伏电力联网、大陆引水工程、六横岛10万吨级全国最大海水淡化等重大项目的落地生根，有效缓解了舟山周边区域所面临的基础设施匮乏的境况。陆地交通随着海底公路隧道、铁路网络的对外扩散逐步得以通畅；海洋运输目前已可以实现韩国、日本、新加坡、俄罗斯远东乃至西非等地区的直达，国内运输直达沿海各大港口城市已无大碍；舟山普陀山机场国内航线日渐丰富，已与国内沿海11个重要城市实现互联互通。为了进一步提升浙江自贸区的辐射带动功能，更好地服务于自贸区战略的实施，舟山的交通枢纽功能还有待扩增提效。

（四）生态、文化与科技协同共振

浙江自贸区主体区域（舟山）在发展海洋经济的同时更加注重实行可持续低碳环保的绿色发展理念，加强海洋生态环境的保护力度，并且积极发展低碳循环经济，进一步提高资源利用效率，空气质量在全国范围内名列前茅，是宜业宜居的海上花园城市。另外，舟山同样也是一座文化底蕴深厚的城市。早在5 000多年前的新石器时代，勤劳智慧的舟山先民就创造了闻名遐迩的“海上河姆渡文化”，历经数千年大海的滋养浸育，积淀着浓郁的海洋文化气息。近年来，舟山围绕提高海洋科技研发能力这一核心全面启动中国（舟山）海洋科学城的建设，借助中科院、中国工程院、浙江大学、北京大学、国家海洋二所等国内著名高校与科研机构的智力支持，共同建设舟山研究中心和科技示范岛，并创建了海洋科技创新引智园区、海洋高新技术产业园、海洋技术研究中心等一系列海洋科技研究开发平台。

（五）市场需求优势突出

浙江自贸区主要所在区域（舟山）依托长江三角洲地区先进制造业基地，凭借独特的商贸物流优势成为支撑长江三角洲地区发展的重要战略支点之一。目前，长江三角洲地区已经初步形成以石油、钢铁、矿产、有色金属为主的先进制造业体系，对相应的原材料存在着极大的需求，因而发挥舟山在海上航运的辐射带动能力，进一步提升自由贸易化水平，提高在石油等大宗商品贸易中的话语权，对促进长江三角洲经济带的繁荣发展具有十分重要的意义。

第三节　中国（河南）自由贸易试验区

一、河南自贸区概述

2016 年 8 月 31 日，国务院决定在河南省郑州市、开封市和洛阳市境内设立中国河南自由贸易试验区，简称河南自贸区。2017 年 3 月 31 日，国务院发布《国务院关于印发中国（河南）自由贸易试验区总体方案的通知》（国发〔2017〕17 号）以及《中国（河南）自由贸易试验区总体建设实施方案》。2017 年 4 月 1 日河南自由贸易试验区正式挂牌成立。

河南自贸区的实施范围占地 119.77 平方千米，一共包含三个片区，涵盖面积分别为：郑州片区 73.17 平方千米，开封片区 19.94 平方千米，洛阳片区 26.66 平方千米。

河南具备建设自贸区的有利条件，河南作为中部地区的人口大省、经济大省和有影响的文化大省，承东启西、连贯南北，具有非常突出的区位优势、资源优势、基础设施优势、文化优势以及较强的经济实力与发展潜力，具备建设自贸区的良好条件。

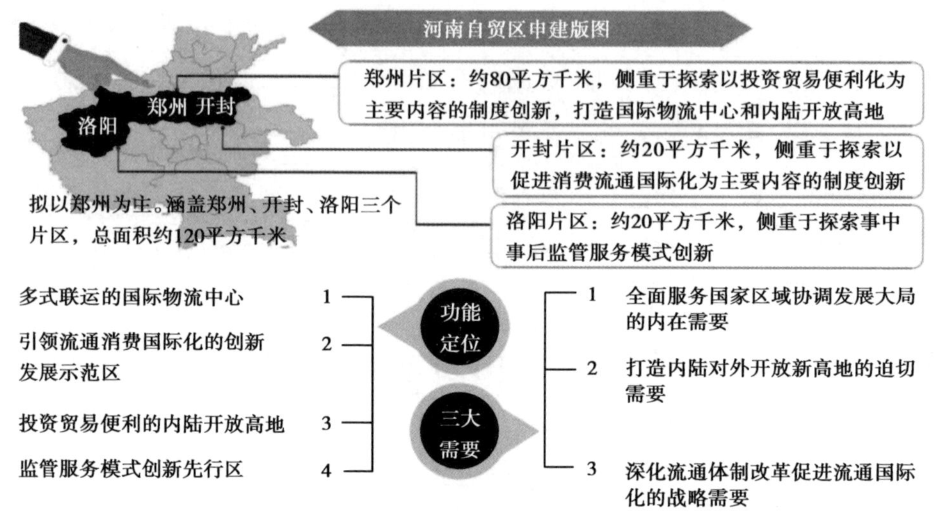

二、片区介绍

（一）郑州片区

郑州片区占地 73.17 平方千米，致力于发展高端设备、汽车制造、生物医药和其他先进制造及现代物流、国际贸易、跨境电商、现代金融服务、外包产业、创意设计、商业展览、动画游戏等现代服务业，促进交通和物流一体化，投资和贸易便利化，在促进交通物流融合发展和提升投资贸易便利化方面注重体制机制创新，致力于建设多式联运国际性物流中心，成为承接“一带一路”建设的重要交通枢纽。

（二）开封片区

开封片区占地 19.94 平方千米，致力于发展服务外包以及医疗旅游、创意设计、文化传媒、文化金融、艺术品交易、现代物流等服务。加大对装备制造、农副产品加工、国际合作及贸易的支持力度，重点推进服务贸易创新发展和文创产业对外开放的先行先试，搭建国际文化贸易和人文旅游合作平台，促进国际文化旅游融合发展。

（三）洛阳片区

洛阳片区占地26.66平方千米，致力于装备制造业的发展，机器人、新材料等高端制造业和研发设计、电子商务、服务外包、国际文化旅游、文化和创意、文化贸易、文化展示等现代服务业。以创建国际智能制造合作示范区为目标，着眼于装备制造业转型升级能力和国际产能合作能力的培育，同时，注重整合历史文化资源，担负着推进华夏历史文明传承与创新的历史使命。

三、地区禀赋条件

（一）基础设施良好

目前，河南郑州新郑综合保税区、郑州出口加工区、保税物流中心、河南郑州德众保税物流中心（位于焦作市的孟州市）等具备设置自由贸易区的有利条件，为河南省自由贸易区建设奠定了重要基础。郑州机场经济综合试验区尤其突出，因为郑州新郑综合保税区、郑州出口加工区、郑州保税物流中心是郑州机场经济综合试验区的重要组成部分。郑州机场经济综合试验区上升为国家战略后，河南省在建设内陆开放高地、集聚智能高端生产要素、建立国际分工新平台、创造地区竞争优势等方面，已在战略上取得突破，吸引了大量的有国际影响力的项目，如航空物流、高端制造业、现代服务业等高端行业，以及电子商务、现代物流和运输网络、互联网和信息消费等新兴业态。郑州机场经济综合试验区成为陆空高效衔接、多式联运的综合交通枢纽。与此同时，近年来，河南省外向型企业服务体系日趋完善。郑州海关已就通关作业无纸化改革进行相关试点，企业完成从电子申报到通关放行整个流程仅需短短数秒，在足不出户的情形下便可实现“指尖上的通关”，并已开通了24小时预约通关服务，旨在解决业务类别、设备和料件结转等问题。此外，河南出入境检验检疫局已着手开展“通报通签，即查即收”监管模式的试行，致力于实现“港、区、站”一体化联动通检，建立健全河南省内各口岸及不同区域之间便捷高效通关机制。因此，河南省应充分利用郑州航空港经济综合实验区的核心载体优势，依托郑州新郑综合保税区、出口加工区、保税物流中心，构建河南全面深化改革的新高地，闯出“以开放促改革、促发展、促转型”的新天地，为中国内陆省份构建现代化经济发展体系提供示范样板。

（二）发展条件优越

河南在物流配送方面具有独特的优势。郑州新郑机场、郑欧班列、连霍高速公路等，构成了河南航空、铁路、公路等立体、网状分布动脉，形成了全省公路、铁路、航空、航道、综合运输服务网络。在铁路方面，河南已经建立了一个“米”字形高速铁路网络，在以郑州为中心，“四纵六横”大容量货运铁路网络以及“十字加半环”城际铁路网络的基础上，基本形成中原城市群核心区“半小时交通圈”，同时以郑州市为核心圈形成了省省之间辐射“1 小时交通圈”和省会周边城市之间辐射“2 小时交通圈”。郑欧班列开通后，中原国际陆港正在加速建设。致力于打造成为国家铁路一类口岸，建设成为连通境内外、辐射东中西部的物流通道枢纽，为中国中部联系欧洲、东北亚、东南亚等区域搭建起重要桥梁，成为“丝绸之路经济带”的重要桥头堡。在高速公路方面，截至 2017 年年底，河南高速公路总里程已超过 6 500 千米，建成以郑州为中心，辐射省内 18 个市的高速公路网络。95%的县（市）平均 30 分钟到达高速公路网络，3 个小时可以到达省内任何一个省辖市，6 个小时可以达到周围 6 省省会城市，8 个小时可达北京、天津、南京、上海等重要城市。目前，河南自贸区发挥着铁路港、公路港、航空港、海运港的合力效应，在国家层面上的多式联运服务，集散分拨和物流配送发挥更大的作用，并通过中欧班列货运中心和智能物流信息中心的建设，发展成为覆盖中西部、辐射全国、连通世界的内陆型国际物流中心和国家现代物流产业发展高地。

（三）区位优势突出

近年来，河南省实施了加快河南省经济结构调整和产业优化升级的开放战略。超过121家财富500强企业，超过140家国内500强企业在河南投资。格力工业园、北斗智能交通物流网络、军事电子工业基地、海尔创新工业园区等一批具有高技术含量并且带动能力强的重大项目在河南落地，特色产业集群初具规模。100多家金融机构入驻郑州，中央CBD金融中心核心区域逐步形成。另外，河南也可以充分发挥郑州商品交易所的虹吸效应，提升金融中心聚集辐射能力，努力将自身打造成为区域金融中心。

（四）经济实力雄厚

以河南为中心的中原经济区，范围涵盖河南全省以及邻近区域，囊括河南的18个城市以及山东、安徽、河北、山西的12个城市和2个市辖区（县），总面积达289 000平方千米，总人口1.5亿人，面积和人口在经济区中居第一位。在经济总量方面，中原经济区仅次于“长三角”“珠三角”及“京津冀”，跻身全国第四位。经济基础雄厚，内需潜力巨大，发展前景广阔。在该区域内，拥有中原城市群、河南省180个产业集聚区和晋陕豫黄河金三角区域合作示范区。其中，中原城市群已列入国家重点开发和发展的中部和西部三大城市群之一，它将增加内部和外部开放的强度，发挥承接东西、贯通南北的区位优势，有序承接国际和沿海地区的产业转移，充分依托其区位资源优势发展特色产业，牢牢把握历史性重大机遇从而促进形成产业聚集，增加经济总量。并在加快推进新型工业化的进程中，建设现代产业体系，引导和完善基础设施网络，建立健全服务功能完整、生产布局合理的城镇体系，强化城市分工与合作，促进经济金融健康发展，建设和谐美丽的新城市群生态环境，并将依赖陆桥通道组和节点城市，丝绸之路建设经济特区的形成，促进中亚和整个欧亚地区合作。富士康、菜鸟网络、奇瑞汽车、格力、海尔等一大批龙头企业在全省产业集聚区相继落地，初步形成以智能手机、家电、汽车、品牌服装为特色的生产基地。晋陕豫黄河金三角承接产业转移示范区具有丰富的矿产、农业、文化旅游资源以及扎实的产业发展基础，强力实施以大通关、大交通、大商贸、大旅游和高新产业为核心的“四大一高”战略，不断朝着建设成为中原经济区重要支撑、区域合作示范城市和晋陕豫黄河金三角区域性中心城市的目标努力，力争成为拉动河南自贸区乃至中原地区经济发展的新引擎。

（五）文化魅力独特

河南是中华民族的重要发祥地，是国家确定的华夏历史文明传承创新区。人文旅游资源是河南的一大优势。长期处于古代中国政治、经济、文化中心地域的河南在中国历史上先后有 20 多个朝代超过 200 多个帝王在此建立都城或者迁都于此，地下文物居全国第一，地上文物居全国第二，有三处世界历史文化遗产，在全国 100 个大姓中，有 97 个与河南有关，77 个直接起源于河南，历史文化资源极其丰厚。传说中的三皇五帝，几乎全在中原大地上活动。如今，在淮阳县有“人祖”伏羲太昊陵，新郑市有轩辕黄帝陵，西华县有女娲娲皇故都，内黄县有颛顼、帝喾二帝陵，登封市有禹都阳城，等等。放眼整个中原地区，它可以被视为一座无与伦比的古代文化艺术博物馆。其中包括被誉为“国之瑰宝”的洛阳龙门石窟，闻名于海外。这里的佛教造像多达 10 余万尊，超过 3 600 余件题刻碑刻，有近 40 余座佛塔，是我国重要的历史艺术宝库。在《二十四史》有纪传的 5 700 多位名人中，仅汉唐宋明时期河南籍名人就达 912 人，占总数的 15.8%，位列中国第一，这里涌现了大量包括谋圣姜太公、道圣老子、商圣范蠡、字圣许慎、医圣张仲景、科圣张衡、诗圣杜甫、画圣吴道子等涵盖政治经济文化领域的各类名人。河南曾经创造了中国古代文化文明的巅峰，它的灿烂辉煌将会持续吸引人们前来河南寻根问祖，感受中原文化的无穷魅力。

第四节　中国（湖北）自由贸易试验区

一、湖北自贸区概述

中国（湖北）自由贸易试验区总申报面积 119.96 平方千米，其中武汉片区占据绝大部分，达到 70 平方千米，宜昌片区占地 27.97 平方千米，襄阳片区占地

21.99 平方千米。

2016 年 8 月下旬，中国（湖北）自由贸易试验区获得党中央和国务院批准成为第三批 7 个自由贸易试验区之一，并于 2017 年 4 月 1 日正式挂牌成立，这标志着湖北迈上对外开放新征途。

湖北历史悠久，文化底蕴深厚，早在几千年前就有人类生活，是中华民族始祖炎帝的故里，中华文明的重要发祥地之一，在春秋战国时期，创造了长达 800 多年极其光辉灿烂的楚文化。湖北省会武汉，因位于中国中部内陆腹地中心、长江中游、洞庭湖以北而得名，全省土地面积 18.59 万平方千米，下设 12 个直辖市、1 个自治州、38 个市辖区、103 个县级行政区。截至 2017 年年末，湖北常住人口总量达 5 902 万，地区生产总值 3.65 万亿元。

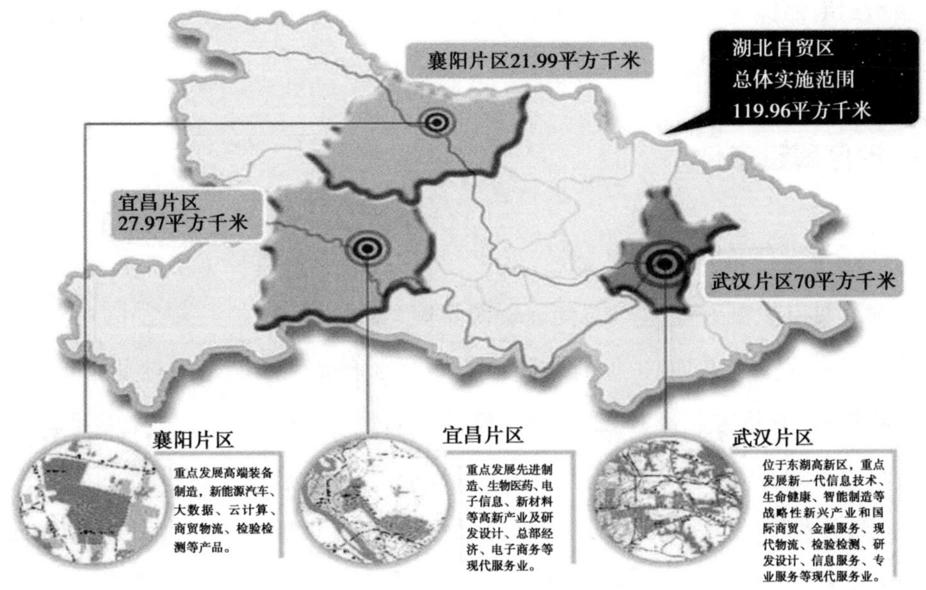

二、片区介绍

（一）武汉片区

武汉自贸区面积达 70 平方千米，位于东湖高新区，将着重发展具有重大技术突破和重大需求基础的战略性新兴产业，包括新一代信息技术、生物医药、高新材料、智能家居与智能制造、信息安全、研发与技术服务、物流服务、国际贸易、信息服务、教育服务等现代服务业。

（二）襄阳片区

襄阳自贸区占地 21.99 平方千米，着重打造高质量产业集群，优先发展具有高附加值的先进设备制造、新能源汽车、云计算云存储与大数据服务、物流贸易行业等重点产业。

（三）宜昌片区

宜昌自贸区占地 27.97 平方千米，重点发展生物医药、电子信息、装备制造、新能源与节能环保、新材料开发等新兴高科技产业和产品研发设计、跨境电商、融资租赁、电子商务等现代服务业。

三、地区禀赋条件

（一）农业优势

湖北具有发展农业生产的良好资源禀赋，素称“鱼米之乡”，是中国最重要的粮棉油商品生产基地，也拥有中国最大的淡水产品生产基地。湖北省地处中国内陆腹地、亚热带北缘，属于典型季风性湿润气候，地形多样，光照充足，系亚热带和温带地区，四季分明，雨热同期，雨量充沛，湖泊众多。因此，湖北省被冠以“千湖之省”的美誉，其主要湖泊大部分分布在江汉平原上。此外，湖北动植物物种多样，自然资源及气候环境十分有利于促进农业生产与发展。近年来，该省被认定为主要的农业生产区域（总数达 13 个）。湖北省将继续巩固和发展这一优势，通过加强基础设施建设和产业管理，扩大标准化工业化生产规模，生产高质量优势产品，建立健全高质量的农业生产和加工基地，提升农业发展的规模效益。

（二）近代工业发祥地

作为现代文明主要驱动力的工业，今后一段时期仍将是湖北经济发展的命脉。在过去，湖北工业发展曾有过辉煌的历史。湖北作为近代中国"洋务运动"的主要兴起地，得益于张之洞采取的一系列改革举措，推动了湖北乃至中国近现代工业的发展步伐。在中华人民共和国成立后，湖北省在中国现代工业体系中占据着重要的地位，为建设"南方工业基地"的光辉使命发挥了核心领导作用。在第一个五年计划期间，国家基于交通便利原则和原材料生产便捷原则，充分利用江汉平原扎实的农业基础优势以及长江两岸丰富的矿物资源，依托长江航运和铁路的便利交通条件，进一步壮大湖北省工业产业布局。在国家"三线建设"时期，湖北再次入选成为重点投资地区，国家工业建筑的主要战场转移到湖北，逐步形成以武汉为中心，功能完备且种类齐全的工业产业基地。经过此后几十年的飞速发展，湖北形成了完备的工业体系和坚实的工业积累，由此奠定了现代化工业基础。

（三）科教优势

教育优势是湖北最大的优势，也是湖北竞争力的体现，具有潜在巨大的人才红利。湖北人才资源自古以来就十分丰富，乃人才辈出之地，作为荆楚文化发祥地，"惟楚有才"已然成为荆楚文化的代名词，深刻描摹了古时候湖北人才济济的盛况。在近现代的中国社会，湖北教育服务业发展非常完善。湖北教育事业一直遥遥领先中国绝大部分城市，在历史上创造过许多个"第一"：中国第一所中学、第一所女子师范学校、第一所职业技术学校、第一所现代化大学，甚至第一所儿童保育院。而发展到今天，地区发展不平衡导致湖北经济总量落后于沿海城市，但是高校数量位居全国前列的湖北以其丰富的科技资源和人才资源依然走在中国科研教育最前沿，经久不衰的科教优势成为支撑湖北科技创新、经济发展的中坚力量。

（四）交通区位

湖北的"九省通衢"之称是乾隆皇帝授予的，这一称号恰当地描述了湖北的交通区位优势和重要交通枢纽地位，享有“千湖之省”盛誉的湖北亦是举世瞩目的三峡工程建设地和中国南水北调战略中线工程水源地。在国家中部崛起发展战略决策中，湖北被定位为核心战略支点。湖北位于长江流域中心位置，交通枢纽地位明显，在地理位置上具有突出的承接东西、连通南北、维系四方的交通优势。具有得天独厚的资源优势和空间配置优势的武汉，作为中国内陆最大的水陆空综合交通运输枢纽，距离北京、上海、广州、成都、西安等中国大城市都在1 000千米以内，贯通京广、京九、汉丹、沪汉蓉、京港5条铁路干线，以及106，107，207等6条国道在此交会，而位于武汉的武汉港是我国长江流域最重要的枢纽港和对外开放港口。此外，武汉还是全国四大铁路运输枢纽、四大枢纽机场之一。因此，武汉作为连接国际、国内两个市场和促进中国东、中、西部交流沟通的桥梁和纽带功能逐渐凸显。

（五）文化优势

位于长江流域中心区域的湖北曾经创造过长达八百年灿烂辉煌的文明历史，孕育出在华夏民族文化发展史和中华文明发展史上地位举足轻重的荆楚文化，具有潜在巨大的经济文化价值和文化资源优势，而作为荆楚文化发祥地的湖北，亦是古代楚国的政治经济文化交融中心。作为一种具有鲜明地域特点的文化，融合了包括以炎帝神农文化、楚国历史文化、秦汉三国文化为代表的历史文化，以辛亥革命武昌起义为代表的近代革命文化，以清江巴土为代表的民族民俗文化，以名山古寺为特色的名胜古迹文化，以黄梅采茶戏、荆州花鼓戏为特点的地方戏曲文化，以民间版画、木雕为特色的民间艺术文化，以屈原、老庄哲学为代表的哲学底蕴文化，以具有浓厚峡江色彩三峡枢纽工程为核心的长江三峡文化在内的八大文化。以这八大文化系列为载体，各种文化资源相互交融、交相辉映，影响深远，沉淀和集聚了丰富珍贵的历史文物资源、山水人文资源和宝贵的荆楚文化精神资源，呈现出生生不息、日渐更新、永不过时的优秀特质。

第五节　中国(重庆)自由贸易试验区

一、重庆自贸区概述

中国(重庆)自由贸易试验区占地面积为119.98平方千米,总共覆盖三个区域,两江片区面积为66.29平方千米(含重庆两路寸滩保税港区8.37平方千米),西永片区面积为22.81平方千米(含重庆西永综合保税区8.8平方千米,重庆铁路保税物流中心[B型]0.15平方千米),果园港片区面积为30.88平方千米。两江片区着重发展和打造高端产业和高端要素集聚区,专注于先进设备制造、云计算与大数据服务、生物医药、高新材料与智能制造等新兴产业,以及物流运输、电子商务、融资租赁、跨境电商等现代服务业,从而加快产品研发与设计,推动科学技术创新,促进金融格局开放,提高人力、资本、科技等资源的辐射能力。西永片区则专注于加工贸易试验区的改造升级、电子信息的开发、智能设备制造和生产性服务的保税物流运输配送,如加工贸易发展模式的优化。果园港片区的重点是建设多式联运物流中心,注重国际运输、集运和分配服务,探索先进制造业的创新发展。

2017年3月31日,国务院正式公布《中国(重庆)自由贸易试验区总体方案》。该方案明确重庆自贸区以制度创新为核心,按照"两点"定位、"两地""两高"(指重庆是西部大开发的重要战略支点,处在"一带一路"和长江经济带的联结点上。重庆要建设成为内陆开放高地,成为山清水秀美丽之地。努力推动重庆高质量发展、创造高品质生活)目标,打造投资、贸易、金融结算便利化三位一体的综合试验区、开放型经济新体制的风险压力测试区、改革系统集成的先行区、开放平台协同发展区,建设以多式联运为核心的内陆国际物流枢纽,以货物贸易为基础的内陆国际贸易中心,以金融结算便利化为抓手的现代金融中心,以互联互通为目标的现代服务业运营中心,以科技创新为支撑的国家重要现代制造业基地,努力将自贸试验区建设成为“一带一路”和长江经济带互联互通重要枢纽、西部大开发战略重要支点,发挥示范带动作用,推进“一带一路”和长江经济带联动发展。

中国(重庆)自贸区三大板块

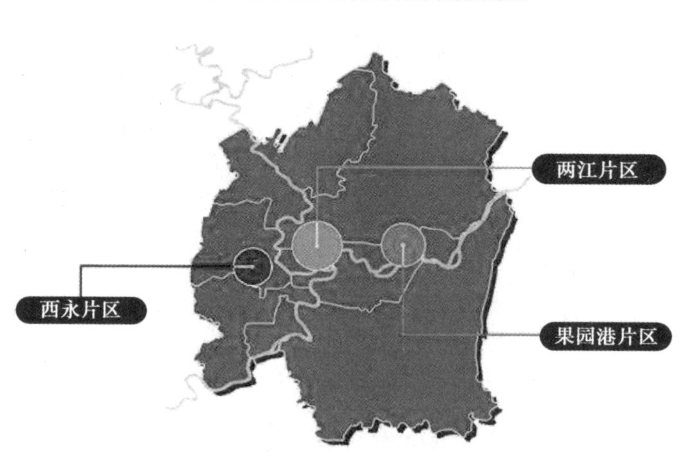

二、片区介绍

(一)两江片区

两江片区是重庆自由贸易试验区的核心区域,其规划范围以两江新区为主,另外涵盖渝北区、江北区、北碚区、渝中区、南岸区、九龙坡区(包含高新区)的部分区域。两江片区处于渝新欧国际铁路通道和长江黄金水道的交会处,具备包括果园港、保税港、铁路港、空港、信息港在内的五港汇聚的优势,为争创内陆开放高地,建设高地内陆港口,打造国际物流中心奠定坚实的交通通达基础。两江片区在推进自贸区建设的过程中,要紧紧围绕制度创新这个核心主题,以打造高端产业与高端要素集聚区为发展目标,加快形成协同联动的体制机制,主动对接适应高标准的国际投资贸易相关规则,强化市场在资源配置中的关键性作用,形成开放度更高、竞争力更强的经济环境。

（二）西永片区

西永片区占地22.81平方千米，整体位于沙坪坝区，由西永微电子产业园（14.97平方千米）和西部物流园区（7.84平方千米）共同组成。西永微电子产业园政策优势突出，其不仅是西部开发战略支撑点，也是国内东西产业转移的重要分水岭，在当前践行“一带一路”倡议所发挥的作用更是不容忽略。其发展的方向将注重于发展以电子信息产业为主体的高新技术产业，将为优化并提升重庆自贸区乃至重庆全市的产业结构发挥至关重要的引领示范效应。西部物流园区将继续充分利用陆路国际运输枢纽和商务聚集区优势，深化国际贸易合作服务机制改革创新，促进资金、人才、科技、信息等要素自由流动，推动以总部贸易、综合性批发零售、电子商务为代表的生产性服务业实现跨越式发展，力图成为在国内外具有较高影响力的陆路运输枢纽和商贸服务区。

（三）果园港片区

果园港位于重庆市两江新区核心区域，是我国最大的内河水、铁、公联运枢纽港，采用海港式的直立式码头，占地共4平方千米，分为港前作业区和后港物流园区。果园港是重庆重点规划建设的现代化内河港区，港口岸线长达2 800米，规划建设16个5 000吨级泊位，设计年通过能力可达3 000万吨，铁水联运规划设计年通过能力650万吨，计划总投资超过100亿元人民币。截至2016年底，重庆果园港已初步形成60万TEU（标准集装箱）、件散货600万吨、商品车滚装100万辆和铁水联运500万吨的年吞吐能力，“前港后园”和“铁水联运”功能基本形成，水水中转、铁水联运2016年分别增长22%，90%。多式联运已初现雏形。2017年12月28日，中欧班列首次从果园港铁路专用线驶出，满载来自重庆和华东、华南的货物驶向德国杜伊斯堡，西部地区首条直联长江经济带和中欧班列（重庆）水铁国际联运战略通道宣告开启。

三、地区禀赋条件

(一)区位优势

重庆所拥有的区位优势主要体现在三个方面:第一,重庆位于全国的几何中心,重庆可以在丝绸之路的建设方面承担交通枢纽的职能,由此发挥联动中西,带动南北的作用。第二,渝新欧国际铁路物流大通道已正式投入运行,重庆已与渝新欧国际物流铁路沿途 6 个国家签订并已经开始运行以“定起点、定终点、定路径、定价格、定时间”为特性的“五定班列”。正是基于“五定班列”的开通,重庆作为内陆铁路口岸试点城市,在推进“一带一路”以及长江经济带发展等方面具有无可比拟的优势。第三,重庆具备较强的航运能力。重庆占据着长江黄金水道的关键位置,而长江经济带发展需要港口航运发挥相应的作用。因而,重庆在推进长江经济带发展的过程中拥有不可替代的地位。重庆已经具备了 300 多万吨标准集装箱航运能力,并且港口货运量每年以两位数的速度实现高速增长。

(二)交通辐射优势

得益于在交通基础设施领域建设所取得的明显成效,重庆成为中国西部唯一集水陆空运输方式为一体的综合交通枢纽。已初步形成“二环八射”高速公路网和“一枢纽六干线二支线”铁路网,基本实现“4 小时重庆”“8 小时周边”的城市圈目标。以两路寸滩保税港区、西永综合保税区为内陆重要口岸,长江黄金水道、渝新欧国际铁路联运大通道等为支撑的“一江两翼联三洋”国际贸易大通道骨架基本形成。

(三)保税园区优势

重庆主要拥有两大保税园区,其中,两路寸滩保税港区是目前中国境内唯一的内陆型和首个“水港+空港”一区双核保税港区,而另一个西永综合保税区位于重庆市沙坪坝区西永微电子产业园区内,则是中国规划面积最大的综合保税区，已有惠普、富士康、英业达、广达等一批IT巨头相继进驻保税园区，产业集聚效应日渐显现。

（四）制造业优势

重庆是全国重要的现代制造业基地，形成了规模达数十亿的电子信息、汽车、装备制造、综合化工、材料、能源、消费品等产业集群。据重庆市统计局最新数据显示，重庆不仅已成为中国最大的仪器仪表生产基地、最大的内河船舶研发基地、中国大型变压器生产基地，同时也成为中国最大的汽车生产基地。

在制造业上，特别是以重庆为代表的西部地区装备制造业基地和通用设备制造业，普遍具有产品结构化、交易数量大、技术含量高的特质，在可预见的未来，贯穿亚欧大陆的“渝新欧”铁路大通道和“一带一路”沿线国家及地区将对这类产品有潜在的庞大需求，重庆应该牢牢把握这个重大历史机遇，推动重庆产业结构调整，促进重庆传统制造业转型升级，实现制造业智能化，在重庆未来的自由贸易区和国家区域战略政策环境下，快速打开和巩固国外市场，将制造业培育为未来身处内陆的重庆自贸区的产业支撑。

（五）科教优势

重庆科技教育资源雄厚，人才较为丰富。重庆市内有1 000多家科研机构、65所高等学校和89万多名科技人员。多年来，重庆持续深化教育改革，着力将重庆打造成为长江上游教育中心。人才红利的不断显现将成为重庆高效快速建设自由贸易区，构建外向型经济，加强对外开放步伐的核心竞争力。

重庆大学科技园是由国家科技部和教育部获准首批认定设立的22个国家大学科技园之一，位于重庆市科教文化中心的沙坪坝区。它以重庆大学为依托，整合了周边高校和科研院所的资源，吸引了国内外著名高校的人才、知识和技术优势。科技园建设得到国家、重庆市和沙坪坝区各级政府的强有力支持，拥有相对独立的工业和商业、税务、税收、财税金融体制，从而有力推进科技创新不断取得实质性进展。

（六）金融优势

在与国家战略对接层面上有一个重要的优势，即国家对重庆的金融功能定位非常明确。国务院在正式公开发布的相关文件中强调，将重庆打造成为长江上游金融中心的重要性即在于进一步提高金融服务实体经济的能力。重庆金融实现了跨越式发展，重庆金融现在也是长江上游的开放高地，外资金融机构在2014年已达到122家，其中外资银行和代表处17家、外国小型贷款公司39家、外资公司49家，均为中西部第一位。

重庆的金色前景——长江上游金融中心

在长江上游经济发展前沿中位于西部地区中心的直辖市重庆，是西部地区贯通东西、承接南北、辐射周边以及对外开放的国际窗口。凭借中央政府强有力的政策支持，重庆在城市发展和产业升级，建设长江流域上游和西部地区经济科技实力超群的现代化国际大都市以及打造功能完备完善、辐射能力强劲的长江上游地区金融中心中不断取得历史性突破。

长江上游金融中心核心区——重庆江北嘴

在2003年，重庆申请建设中央商务区CBD，并于同年获批成立，由此，建设重庆中央商务区成为重庆迈向国际化现代商务大都市的主要标志。经过十几年的发展，重庆已然成为西方金融机构的宠儿，聚集了大量金融机构和相关服务产业。重庆江北嘴成为长江上游金融中心核心区，重庆中央商务区面积也由最初的不到1平方千米发展到6平方千米，并且不断向外发展，到2018年面积达到10平方千米，为重庆金融发展提供了巨大动力，重庆也成为中国经济发展战略的重要枢纽。

长江上游金融中心的引擎动力——金融街

金融作为现代经济发展的核心，金融街在支持引导中国经济社会迅速发展、加快现代化建设和提高区域经济建设方面发挥着不可估量的作用。重庆市政府期待金融街控股股份有限公司能够凭借自身在北京金融街的城市运营力等方面的优势，在重庆形成一个以金融街·重庆金融中心为核心且具有一定影响力的高端金融产业功能区，成为拉动重庆经济发展的新引擎，为区域经济增长提供源动力。金融街作为江北嘴发展金融产业、建设重庆金融中心不可或缺的重要组成部分，必将对重庆“金融中心”战略实施起到重要的推动作用。

第六节　中国（四川）自由贸易试验区

一、四川自贸区概述

中国（四川）自由贸易试验区作为一个整体分为成都、泸州两个部分，进一步可细分为中国（四川）自由贸易试验区成都天府新区片区，中国（四川）自由贸易试验区川南临港片区，中国（四川）自由贸易试验区成都青白江铁路港片区。上述3个片区占地面积共119.99平方千米。四川自贸区的主要任务是落实中央关于加大西部地区门户城市开放力度和建设内陆开放战略支撑带的要求，建设内陆开放型经济高地，实现内陆地区和沿海沿江地带的协同开放。

二、片区介绍

（一）成都天府新区片区

中国（四川）成都天府新区的自由贸易区，规划面积90.32平方千米（包括成都高新技术综合自由贸易区四区（双流区）4平方千米，成都机场保税物流中心[B型]0.09平方千米）。

重点发展现代服务业、高端制造业、高科技、机场经济和港口服务业等产业，围绕现代高端产业集聚区、创新驱动发展引领区、开放型金融产业创新高地、商贸物流中心和国际性航空枢纽等方面的建设，打造成为西部地区门户城市开放高地。

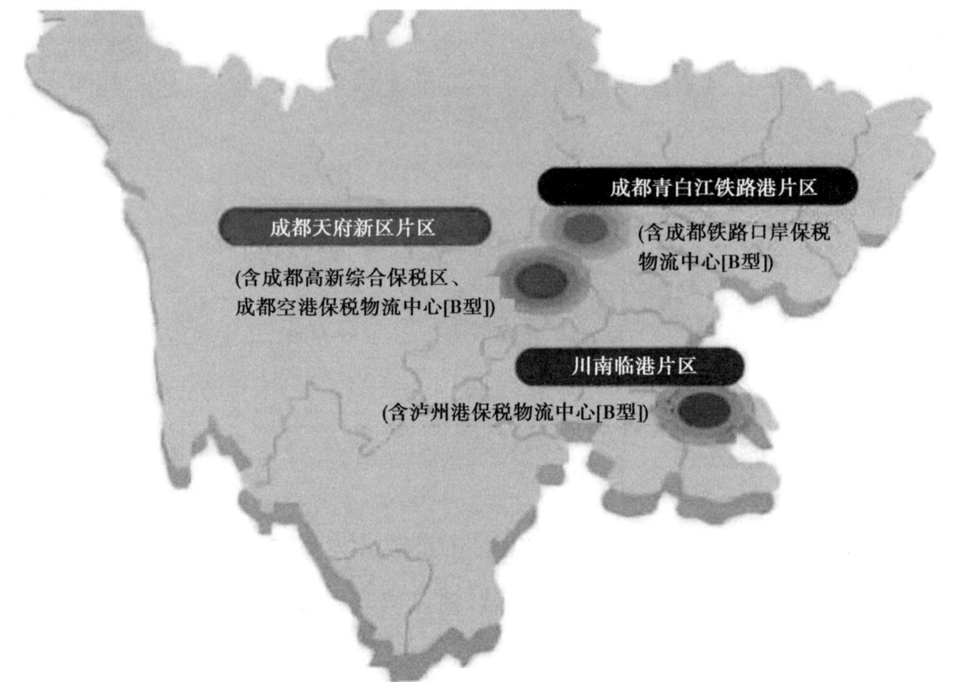

（二）成都青白江铁路港片区

中国（四川）自由贸易示范区成都青白江铁路港区，规划面积 9.68 平方千米（包括成都铁路保税物流中心[B 型]0.18 平方千米）。

重点发展国际商品配送运输、保税物流、仓储、配送、国际货运代理、进口车辆、特色金融和其他港口服务、信息服务、技术服务、会展服务等现代服务业，成为联通内陆西部经济带与丝绸之路国际贸易通道的重要支点。

（三）川南临港片区

中国（四川）自由贸易试验区川南临港片区，其中包含泸州港保税物流中心[B 型]，规划面积达到 19.99 平方千米。

着力发展以航运物流、港口贸易、教育、医疗为代表的现代服务业和以装备制造、现代医药、食品饮料为主体的先进制造和特色优势产业，充分发挥区域性综合交通枢纽的作用，打造成为成渝城市群南向开放、辐射滇黔的重要门户。

三、地区禀赋条件

（一）经济基础优势

根据四川省“十三五”规划所制定的明确目标，四川全省力争在“十三五”期间继续保持高于全国经济平均增长速度，在2020年成功实现经济总量和城乡居民收入两个翻番。根据有关数据显示，四川省的GDP年增长率为11.2%，在“十一五”规划期间为13.7%，在“十二五”期间，四川省的年GDP增长率为10.8%。而在四川和全国关系的比例上，四川的“十五”时期高于全国平均增长率1.7%，比全国“十一五”、“十二五”时期高2.5%，四川年均增长率超过2.7%。

2016年，四川国内生产总值为3.27万亿元，同比增长7.7%。2016年，成都全国生产总值1 217.2亿元，同比增长7.7%，增速比全国平均水平高出1个百分点，与全省持平。在三次产业结构中，第一产业增加值4 749亿元，同比增长4.0%；第二产业增加值5 232亿元，同比增长6.7%；第三产业增加值6 463.3亿元，同比增长9.0%。

（二）区位优势

四川位于欧亚大陆中心，是丝绸之路、长江经济带和孟中印缅经济走廊的重要战略交会点，支撑“一带一路”倡议的互联互通，是西部交通枢纽和经济腹地。作为连接欧洲和东南亚的国际物流枢纽，中欧快铁（蓉欧快铁）承载“蓉欧+”互联互通战略与四川获批设立自贸区叠加实现“1+1>2”的双重效应，让全球资源配置有了低成本、高便捷的选择。“蓉欧+”互联互通战略与四川获批设立自贸区对省会成都来说可以是前所未有的重大历史机遇，基于成都的重要战略地位和强劲市场辐射能力，借助政府政策大力支持，成都全方位开放、深入实施“蓉欧+”战略，积极拓展海外市场，在多个国家和地区设立超过十个海外办事处和分拨点，全力布局，以全方位、多功能、综合性服务的新型物流运输方式为支点，构建具有核心竞争力的成都全新区位优势，由内陆盆地城市逐步转型为国际化口岸城市,形成以成都为中心枢纽,联通泛亚地区和欧洲大陆的国际物流新格局。

(三)保税区优势

成都高新综合保税区于2010年10月18日建立,并于2011年2月25日通过国家验收检查。保税区已在保税物流、国际贸易等方面呈现出快速增长势头。加工贸易发展迅速,进出口规模保持高速增长,随着戴尔、莫仕、宇芯、索尔思、智中、德州仪器、高龙、先进功率、达迩科技、赛进等知名企业的入驻,四川进一步加强与世界的联系与交流。

近年来,保税区已入驻英特尔分销中心、莫仕连接器模具供应中心、戴尔全球供应链管理中心和产品分销中心、萨米尔航空材料配送中心。富士康已经建立平板电脑维修基地并开始承担全球维修业务。可以说,保税区是四川与世界交流、沟通的平台,四川从内陆走向了世界开放的前沿。2012年1月,该保税区扩区设立双流园区。

(四)金融优势

四川是西部地区中金融体系发展最为成熟的省份。目前已经拥有253家银行和金融机构,100家证券、期货和基金机构,以及83家保险机构。在四川有13家外资银行,15家中外合资保险公司。其中有西南联合房地产交易所、四川金融资产交易所等。各金融机构的总部设立了20多个后台服务中心,如四川的客户服务中心和运营中心,以及50多个独立的第三方金融服务外包企业。

相比2015年,2016年四川金融机构人民币存款余额65 638.4亿元,增长10.9%。其中,家庭存款余额3 195亿元,增长11.8%。未偿还贷款42 828.1亿元,增长12.7%。其中,家庭贷款余额1 310.08亿元,增长12.2%。截至2016年年底,共有87家保险公司,按业务性质分,有产险公司38家、寿险公司43家、养老险公司4家和健康险公司2家。相比2015年,全年保费收入17.121亿元,增长35.1%。其中,房地产保险的保费收入4 876亿元,增长了9.0%。保险保费收入12 244 亿元，增长 49.3%。全年支付赔款 554.4 亿元，增长22.1%。其中，财产保险赔偿支出 235 亿元，增长 0.2%。个人保险费用319.4亿元，增长 45.5%。截至 2016 年年底，有 4 家证券公司、3 家期货公司、3 家证券投资咨询公司、14 家基金公司分公司和 400 家证券及期货业务部门。

（五）航空优势

成都双流国际机场是中国的第四大航空枢纽港，同时也是中国的重要交通枢纽以及世界上最繁忙的 50 个机场之一，为民航西南管理局、西南空管局驻地。成都双流国际机场除了是拉萨机场、长曲达格机场和林志米林机场高原机场的中转机场，还是成都国际航空公司、中国航空公司、四川航空公司、中国东方航空公司、吉鹏航空机场以及航空基地的基地机场。

（六）公路优势

四川高速公路总里程 6 820 千米，居西部第一，全国第三。四川省公路呈现出以成都为中心，干、支线公路辐射状分布且东西、南北线路相互交织的格局。主要的公路干线涵括川藏公路、川青公路、川陇公路、川陕公路、成渝公路、川云东路、川云中路、川云西路及川滇路等。成都汽车中心客运站成为四川最大的公路客运枢纽站。成渝高速公路（即今 G76 厦蓉高速和 G85 银昆高速）作为四川第一条高速公路，全长 340.2 千米，是成都市与重庆市之间的公路交通大动脉。此外，成都—绵阳、成都—乐山—峨眉山以及内江—自贡—宜宾、达州—重庆等高速公路也在四川的公路内外联通中发挥着巨大的作用。

（七）创新优势

把握科技创新发展态势对城市的产业结构转型与发展都是不可或缺的，是城市经济发展的核心推动力。要想赶追科技创新发展潮流，该城市往往需要拥有深厚的技术储备、卓越丰富的教育资源以及优秀的科技人才。成都作为西部最具创造力的城市无时无刻不在蓬勃发展，不断掀起大众创业、万众创新的“双创”浪潮。创新不仅为自由贸易区的转型提供充分保障，促进高效便捷低成本的新生产体系的建立，更能推动社会科技经济的全面进步，为成都未来高速发展提供源源不断的动力。在此方面，成都深刻意识到人才与技术是城市发展的核心竞争力，因此不断深化人才发展体制改革，支持和强化人才创新创业激励机制，充分依托四川大学、电子科大、西南交大等一批重点院校提供宝贵的人才供给与技术储备，以及借助成都高新技术产业开发区的独特优势，转变经济发展方式，优化经济产业结构，将高质量的人才资源、创新资源、技术产业资源转换为发展源动力，通过区位优势、政策红利以及国际综合创新能力，吸引了大量来自我国香港地区、澳门地区和台湾地区及一些国际企业的企业家。在 2016 年，成都曾经被美国《财富》（中文版）杂志评选为“中国十大创业城市”之一。

（八）产业优势

成都目前正处于优势产业创新转型，新产业加速发展的关键阶段。成都已聚集了 600 多家重点企业，如英特尔、阿里巴巴等，形成了以出口为导向的经济结构，具有突出的产业优势。成都拥有从飞机部件、零部件生产到发动机维护的完整产业链。另外，在电力设备、钻井平台、无人机研究和开发利用方面也具有独特的优势。与此同时，成都是中国中西部地区最活跃的高科技产业创新城市。它是中西部地区唯一的“中国软件城”。此外，成都是除北上广第四个具备国际直达通信能力的城市、国家互联网骨干直联点城市和国家互联网示范城市，也是中西部地区第一个实现 4G 网络商用和村村通光纤的城市。

成都正在进入国际化大都市建设的快车道。来自世界各地的优秀企业强势入驻为成都内部的优势产业带来新的契机，如新能源汽车、节能环保、人工智能等，这些产业在政策支持下持续发展深度优化，提升综合创新能力，促进绿色生产。在政策和人才的双重激励下，新兴产业也在蓬勃发展，同时，不断优化整合产业链的成都，有了更多的话语权和主导权，在招商引资上不再单一考量企业规模，而是更加注意企业之间的相关性以及上游和下游产业合作的可能性，降低企业经营成本，形成规模效应，这更能适应企业长期发展的需要。基于长期国际交流合作经验和政策实践，成都为更好更快地建设自由贸易区提供了一个良好的过渡空间。在制度准备方面，成都市是第一个精简政府行政和下放权力的城市，这意味着成都市是行政审批最少的城市之一，为建设自由贸易区提供了具体政策准备，通过优化海关行政审批制度、完善事后监管体系等举措，大大提高国际物流运输的效率，显著降低相关成本。同时，在现有的园区规划建设中，成都的政策规划与实施已然相当成熟，无论是在经济建设、物流运输还是教育资源方面，都是显而易见的。

（九）人力资源优势

成都是中西部地区高等院校、科研院所、科技人才最集中的城市之一，拥有研发机构 641 家，其中，国家级研发机构 30 家，高等院校 52 所，中等职业学院 133 所，全市拥有各类专业技术和经营管理人才超过 300 万人。《财富》杂志评选的 15 个全球最佳新兴商务城市成都榜上有名，给予了“成都人才可获得性非常好”“成都对外来人才有很大吸引力”等高度赞誉，丰富的科教人才资源正在成为成都必不可少的竞争力源泉。

第七节　中国（陕西）自由贸易试验区

一、陕西自贸区概述

中国（陕西）自贸区占地面积为 119.95 平方千米，覆盖三个主要区域，其中西安片区占绝大部分，占地面积为 87.76 平方千米，西咸片区占地面积为 26.43 平方千米，杨凌片区占地 5.76 平方千米。其中，西安片区的区域还包括陕西西安出口加工区 A 区的 0.75 平方千米、B 区的 0.79 平方千米，以及西安高新综合保税区的 3.64 平方千米和陕西西咸空港保税物流中心［B 型］的 0.36 平方千米。陕西西安下一步也将根据试点的推进和产业的发展以及辐射的需要，逐步扩大实施范围和试点政策的范围。

二、片区介绍

（一）西安片区

西安片区占地面积 87.76 平方千米，重点发展具有重大技术突破和重大需求基础的战略性新兴产业，包括高端装备制造业、高新材料、新一代信息技术、生物制药等高新技术制造业和技术研发服务、信息服务、物流运输、教育服务等现代服务业、航空工业制造业等先进制造业产业基地。

（二）西咸片区

西咸片区则将工作重心放在与丝绸之路沿线经济体的交流与合作上，重点发展航空经济，能源与节能环保、融资租赁、电子商务等产业，建设国家“一带一路”经济带开放合作门户与金融科技创新合作示范区。

（三）杨凌片区

杨凌片区则将重点发展新型农业科技服务，包括农产品再加工制造、高端农用机械装备制造等国家高新技术农业产业基地。

上述三大片区相互联系，相互支持，相互促进。总体而言，陕西自由贸易区承担着重大职能，即建立一个典型的内陆体系创新中心、多式联运物流中心和支持能源金融与贸易的国际金融中心、先进制造中心和跨境整合制造中心。

三、地区禀赋条件

（一）独特之处

1.西安高新区

西安高新区在2015年获批成为第九个国家自主创新示范区，在集聚科技资源和推动科技成果转化方面具有无可比拟的优势，具有发展特色高新技术产业的良好基础。在推动建设陕西自贸区的政策引领下，西安高新区将继续聚焦于高新技术领域，致力于形成以新一代信息技术和高端装备制造为主导，生物医药、节能环保、新材料和科技服务多元支撑的发展格局。

2.西安浐灞生态区

在申报保税区而展开的宏伟蓝图中，西安浐灞生态区一定是极为浓墨重彩的一笔。众所周知，适宜且良好的环境可以为任何工作的开展打下稳固基础。而西安浐灞生态区不仅是国家生态区，也是国家服务业综合试点项目西安金融商务区所在地，更是为西安世界园艺博览会以及欧亚经济论坛提供永久场地。正因于此，让西安浐灞能够承担起会馆中心以及金融中心这份重任，正是“一带一路”倡议所提出来的目标与决心，被作为西安丝绸之路经济带建设的第一批重点项目推进。

3.西成新区空港新城

航空货运若想得到快速发展，实现贸易便捷绝对是非常关键的因素之一。

众所周知，作为自由贸易港口的香港之所以能够快速发展，很大程度上是受益于其机场航空货运服务的高速发展。所以说新机场的首要任务，便是大力推动航空货运发展，借此促进区域贸易便利化发展进程的推进。西安保税物流中心是唯一一个主要服务于国际航空物流枢纽的特殊海关监管区域，它坐落于新城国际机场航空物流中心，相邻于西安咸阳机场，在陕西乃至西部地区航空物流试运行后，便会投入使用。如此一来，新城机场在为丝绸之路经济带自由贸易区提供强有力支持的同时，保税中心也能够满足贸易、金融、跨境电力等相关企业在保税物流等方面的需求，两者相辅相成。

（二）地理优势

地理上的便捷，是陕西拥有的一项优势。西安在我国的内陆中心，就好像是一个横贯四方的十字路口，借助多个传输渠道联通东西南北。极为明显的区域交通优势兼之稳固完善的物流基础设施，在为西安提供大规模物流配送服务的同时，也使西安成为西部地区乃至全国的人流、物流转运中心。正因如此，西安也被誉为连接长江经济带、沿海经济带以及新丝绸之路经济带的关键节点。

（三）科教优势

西安高等院校林立，科研院所众多，科技成果产出丰硕，科技成果转化率相对较高，综合科技实力在全国省会城市中排名第三位，科教优势明显。西安作为中国高等院校分布密集的城市之一，无论是在中国高校密度还是在受高等教育人数方面均名列全国前茅，成为我国重要的人才培养基地。西安全域分布着80余所高等院校，其中的西安交通大学、西北工业大学、西安电子科技大学、陕西师范大学等具有较高的知名度。除此之外，陕西还拥有雄厚的科研实力，在科研院所数量方面仅次于北京，以军工和航空见长。现有“两院”院士63人，国家工程技术研究中心7个，国家重点实验室17个，每年登记科技成果1 000余项，全技术合同成交额和科技活动直接产出处于全国前列。

（四）产业优势

陕西省的产业优势也极为显著。时任陕西省社会科学院经济研究所所长的裴成荣曾经指出，丝绸之路经济带中的五大主导产业分别是高科技产业、装备制造业、旅游业、现代服务业、文化产业。又因陕西拥有丰富的能源资源，城市生态产业在与其余产业携手共进的过程中也能起到明显的互补与融合作用。

（五）文化与旅游优势

陕西具有文化和旅游优势。翻遍中华上下五千年历史，长安永远是影响力最大，国人印象最深的“京城”，早已成为中华文化的代表符号与标识。在这片土地上，更孕育了中华民族和华夏文明。在汉唐时期，古丝绸之路便是自西安始、自陕西始，所以将丝绸之路经济带新起点定在西安、定在陕西，不仅实至名归，也是对中国传统文化的一种传承。

陕西历史悠久，有着光辉灿烂的文化。自周朝开始，加之秦汉隋唐在内的13个朝代，都选择将首都定在西安，因此古长安也被称为世界四大古都之一。而在近代，陕西延安更是成为中国共产党的革命根据地，在这里留下了一大批弥足珍贵的革命文化遗产。

（六）政策优势

因陕西省属于“西部大开发”实施范围，陕西省在政策方面的优势也极为明显。西咸新区在西安市与咸阳市之间，辖下包括两市总计7个县区，新区比西安、咸阳两市对陕西省保税区而言更具有地理优势，它的建成不仅能够加速西安与咸阳两市之间的融合，使得区域经济朝着协调均衡的方向发展，对促进西安内陆开放型经济战略高地建设也能起到关键作用。

（七）外资优势

西安是中国最大的陆路口岸，有五个特殊的海关监管区，包括西安综合保税区、西安高新综合保税区、出口加工区等。这里有170多家财富500强公司设立公司和分支机构，是国家批准的全面创新改革试验区；曾被评为“中国最有吸引力的城市”“中国十大城市”和联合国“世界上最有前途的新兴城市”。“一带一路”倡议通过开放渠道和开放平台扩大经济外部性。为了加快推进改革开放,西安将继续发挥自己更大的力量。目前,全市有3 331家外资企业。

(八)航天航空优势

陕西在中国航天领域内占有极其重要的地位。陕西不仅是军用飞机生产基地,国内火箭发动机生产基地——原 067 生产基地(现中国航天科技集团公司第三研究院)也坐落于此。当然,这里还拥有生产空中导航控制系统的 618 所(中航工业西安飞行自动控制研究所)与生产卫星导航的 504 所(中国空间技术研究院西安分院)。除此之外,卫星监测和控制中心同样落户于陕西西安。举世闻名的“神州”等系列大半零件的出产地也位于陕西。

西安市政府和陕西省政府,以及中国航天科技集团公司三方合力,共同建造了西安国家民用航天产业基地,它是航天科技产业与国家战略性新兴产业的集群,同样也是西安建设国际化大都会功能能力领域的承载区。该基地成立时间为 2006 年 11 月,被升为国家级陕西航天经济技术开发区时已是 2010 年 6 月底,至此之后,它便成为以航天为特色的国家级经济技术开发区,陕西航空经济技术开发区也是如此。该区域一期规划面积为 23.04 平方千米,二期为30.02平方千米,三期为 33.59 平方千米,总计 86.65 平方千米。

陕西省充分发挥了其省内航天科技的资源优势,在民用航天工业方面取得了重大成就,旗下航空六院、航天五院等研究院林立,更与中国卫通这样掌握核心科技的航天企业合作,搭建了卫星导航等一系列项目的合作交流平台。与此同时,基地还引进了如开泰动漫产业园等服务外包和创意产业项目,更与西影集团以及西影影视动画公司签约项目,贯彻落实了以电影和动画为核心的发展扩展思路。这对陕西动漫创意产业集群的形成,陕西文化产业卫星应用品牌的塑造,以及“大集团引领”与“大产业构建”相结合的发展模式的开展,都有极为显著的作用。

西安航天基地还是陕西的高功率半导体产业基地。自中华人民共和国成立至今，该基地已经聚集了国内最大的投资项目。该基地采取技术专利标准化、技术标准产业化，已经投资了龙基硅业 2 000 吨硅晶圆项目，西安日光能源生产的 1 000 吨太阳能和 150 个单晶硅晶圆等可靠项目。

至此，该基地正在建设一个整合卫星运营服务体系和绿色新能源全产业链体系，打造中国“卫星之都”和“低碳”“芯”城市的远大目标。

（九）矿产资源优势

陕西所拥有的各类矿产资源极为丰富，在各省中位居前列。据不完全统计，省内已知共有 87 种矿产资源被录入“陕西矿产资源储量清单”之中，其中在全国十大矿产资源中有 64 种小类拥有丰富的存储量。在这些资源中，盐矿、天然气和制碱石灰石在国内排名第一；碳化钒的石灰石以及金红石、钼、汞、稀土、石棉、蛭石、高岭土和玻璃、石英石等资源均在国内矿产资源中位列前三名；煤炭、岩金等位列第四。

第七章

7 自贸区战略的未来设定与展望

第一节　布局意义:“一带一路”下的自贸区核心建设

面对已经发生深刻变化的全球政治经济形势,在追求中国梦的目标下,在统筹兼顾国内外大局下,2013 年,习近平总书记提出了创建“丝绸之路经济带”和“21 世纪海上丝绸之路”的倡议(即“一带一路”倡议)。“一带一路”把沿线国家和地区的发展与中国的发展联系起来,对于地区发展、稳定乃至对中国面向世界的新一轮改革开放都有着非凡的意义。“一带一路”倡议不仅是构建开放型现代化经济体系的强有力举措,同时也表明了促进区域均衡发展以及维护全球经济一体化的坚定立场。自贸区建设的决策,不仅使中国从中受益,更是一项惠及全世界的重大决策。“一带一路”倡议与自贸区建设犹如双龙戏珠,互相映衬,交相辉映,对我国的经济结构转型升级以及经济体制的改革创新,对我国实现新一轮的改革开放,对加快实现中华民族伟大复兴的“中国梦”都有着深刻的内涵和意义。

一、“一带一路”倡议的实施背景

(一)金融危机的后遗症仍存,世界经济的复苏缺乏推动力

2008 年爆发的金融危机让全球无一国家能幸免,世界经济遭到了巨大打击,很多国家的经济体制受到重创,经济运行处于奄奄一息的状态。受影响之大,甚至时至今日,一些国家仍然笼罩在金融危机的阴影下,经济增长依旧萎靡不振。当前,世界经济需要找到新的经济增长点来加快世界经济的复苏;世界经济亟须医治,以改善全球经济治理体制难以适应全球经济新变化的遗留病,探索公正公平的新的治理体制;世界经济亟须有大国站出来,带动其他国家发展,以调整全球经济发展失衡的现状,寻求互利共赢的发展模式;世界经济亟须

创新力,没有创新,全球经济的增长就缺少持续稳定的动能,缺少饱满的活力。

(二)自由贸易区有望主导新一轮贸易规则的话语权

尽管美国已退出跨太平洋伙伴关系协定(以下简称 TPP)和跨大西洋贸易与投资伙伴协定(以下简称 TTIP),但这两个巨型自由贸易区仍旧是目前全球最具影响力的自由贸易区,极有可能成为新一轮自由贸易规则建立的执牛耳者。相比一般的自贸区,TPP 和 TTIP 覆盖的经济区域面积更大,成员国经济实力强劲,向外能力强;另外,因为自贸区的排他性特点相当明显,巨型自贸区的排他性更甚,以致对非成员国造成的消极作用比一般体量的自贸区更为严重。对于美国等发达国家而言,通过建立巨型自由贸易区以掌握在小范围内新一代贸易规则制定的主动权,进而向全球辐射,是百利而无一弊的。但对于发展水平不高的发展中国家而言,如果选择以并不匹配的发展水平强行加入像 TPP 和 TTIP 这种高水平自由贸易区,对本国尚处于发展阶段的产业会造成极大的负面影响;但若选择不参加,又会在新一代贸易规则制定中处于劣势地位,只能听从发达国家的意见,所以这是一个两难的抉择。

(三)世界经济区域发展不平衡,部分地区出现经济发展的断裂层

改革开放以来,中国的经济发展呈腾飞态势。新加坡、日本、韩国和我国香港等国家和地区的经济也在原先的基础上快速发展,由此形成的亚太经济圈已经成为世界上增长速度最快的经济区域之一。欧洲一直以来是发达国家的聚集地,经济发展水平较高,对世界经济的贡献度也较高。而在亚太经济圈和欧洲之间,却存在着经济发展的断裂层。断裂层主要包括中亚、西亚、南亚以及北非等一大片经济发展处于世界排名倒数的国家和地区。在历史、地缘政治、国际安全等诸多因素的综合影响下,这些国家和地区长期以来经济增长缓慢,缺乏经济增长后劲,创新能力不足,劳动效率低下。如若这些地区经济发展前景未能有所起色,势必将影响世界经济的整体发展进程,对于全人类的幸福感和获得感的提高、综合生活水平的改善,乃至对全人类的共同进步与发展都会造

成一定的阻碍。因此，加快世界经济的整体发展节奏，必须要发挥世界银行、国际货币基金组织等国际性组织对处于经济发展断裂层相关国家和地区经济发展的提振作用，把落后地区的发展纳入世界发展的潮流中来，这样才能逐步缓解世界经济区域发展失衡的现状。

（四）中国经济进入新常态

我国在 2014 年 12 月召开的中央经济工作会议中明确，通过从消费需求、投资需求、进出口、国际收支、生产能力、产业组织方式、生产要素相对优势、市场竞争特点、资源环境约束、经济风险积累和化解、资源配置模式和宏观调控方式的分析论证，得出我国的经济发展已经出现了趋势性的转变，我国的经济发展进入了一种新常态。在新常态下，我国的 GDP 增长率不会有改革开放前 30 年的速度，但是水分会降下去，质量会提升上来，资源消耗会降下去，可持续性会提升上来。所以我国的经济发展要注重质量而非数量，注重挖掘经济增长点，注重在经济结构对称态的基础上实现经济绿色稳定可持续发展，即我们讲的“调结构稳增长”。为了实现调结构稳增长的目标，政府实行常态化的积极财政政策是必要的，不能把我国政府积极的财政政策混同于西方资本主义国家政府周期性的“刺激经济”举措。

（五）经济新常态下的供给侧结构性改革

在当前和将来相对长的一段时间内，我们要对新常态有正确的认识，要适应新常态下的发展节奏，要引领新常态，这是我们在经济新常态下必须坚持的大逻辑。而供给侧结构性改革则是我国在新常态下的经济发动机，供给侧改革通过从劳动力、土地、资本、创新四大方面下手，对经济结构的供给端进行转型升级，使要素达到最优配置的状态，着重提高经济增长的含金量，以此来适应和引领新常态下我国的经济发展，加速我国的经济结构转型升级，把资源从生产效率低下的产业转移到高效的产业中去。促进过剩产能的消化，促进产业的转型优化，降低企业融资和经营成本，让优秀的企业在市场上得到相应的竞争优势,这是供给侧结构性改革的主要任务。供给侧结构性改革从生产端作出改变,旨在激发大众的消费欲望,这有利于提高第三产业在 GDP 中的占比,降低传统工业,即第二产业在经济总量中的占比,提高产出的附加值。另外,供给侧结构性改革会对收入分配端产生实质性影响,由此将导致未来经济蛋糕的分配方式发生变化,虽然企业税的降低将导致生产税净额在经营成本中的占比有所提高,产能去化和加速折旧也会造成企业固定资产折旧占比在短期内上升,但从长期来看将呈现出逐步降低的态势,双管齐下可以让企业的营业利润占比上升,从而使得优秀企业对人才的吸引力度加大,劳动者报酬变得丰厚,使得劳动力等生产要素实现合理配置。

(六)注重区域协调发展，形成全方位对外开放格局

地理位置优越,早期改革发展政策的加持、良好的历史机遇等诸多因素的综合推动让东部沿海地区“先富起来”了,东部沿海地区从中国改革开放以来就是中国经济的顶梁柱,是中国面向世界开放的第一道风景。自改革开放以来,东部沿海地区借“东风”而起,充分发挥地理位置优势和政策优势,以不可思议的发展速度在世界范围内迅速崛起,GDP 贡献度不断上升,成为我国创新动力的源泉。生产效率的提高让东部沿海地区的人民提前进入了小康生活,从而对人才的入驻形成了很大的吸引力。沿海地区交通基础设施建设进度以“中国速度”惊艳世界,而内陆地区相比于沿海地区在交通基础设施等方面则处于相对落后的劣势,这无疑将制约内陆地区对外开放水平的提升。除此之外,内陆地区在地理位置、历史人文、自然条件、产业结构等方面的差异也进一步加剧了内陆地区与沿海地区对外开放水平的差距。实际上,只要打通梗阻内陆地区对外开放水平提升的关节部位,内陆开放将是新时代下我国新一轮对外开放的最大潜力和动力所在,也是构建全方位对外开放体系中不可或缺的重要组成部分。补齐内陆地区开放水平不足的短板,内陆城市需要着力于发展江海、铁海、路航等多式联运,积极发展内陆口岸经济,推动内陆同沿海沿边通关协作,由此增扩横贯东中西、连接南北方的交通辐射覆盖范围,实现与沿海地区在对外开放领

域的有效衔接。实际上，沿海地区与内陆地区的对外开放并不会产生同质化的竞争冲突，恰恰相反，两者在扩大对外开放上完全可以实现相辅相成、相得益彰的共赢效应，从而促进全方位对外开放格局的逐步形成。

二、"一带一路"倡议的进展

上至国务院、下至地方政府已经采取了一系列措施响应习近平总书记提出的"一带一路"倡议，积极把"一带一路"理念落实到具体项目上，例如在金融开放合作、经济走廊建设、互惠互联互通、基础设施建设等方面，大多数已经取得了实质性的成果，这些对与沿路国家和地区的合作发展，互利共惠，以及对我国面向世界的新一轮改革开放新格局有着非常积极的作用。

2015 年，国务院发布了《推动共建丝绸之路经济带和 21 世纪海上丝绸之路的愿景与行动》。同年 10 月，中国共产党十八届五中全会发表的公报强调，推进"一带一路"建设，推进同有关国家和地区多领域互利共赢的务实合作，推进国际产能和装备制造合作，打造陆海内外联动、东西双向开放的全面开放新格局。中国要在国际舞台扮演好自己的角色，积极参与全球经济治理，为发展中国家发声，贡献中国智慧，推动国际经济治理向着公平公正、合作共赢的方向迈进，加速各地自贸区的建设步伐。接着在 2016 年 3 月，全国人大审议并通过了《中华人民共和国国民经济和社会发展第十三个五年规划纲要》（简称"十三五"规划）。该规划对"一带一路"的建设具有全局性的指导意义，是未来"一带一路"发展方向的指明灯，是对"一带一路"的统筹规划，同时明确了"一带一路"的发展目的和发展路径。"一带一路"倡议被写进"十三五"规划中，这标志着在"一带一路"倡议的背景下，我国自贸区战略的内涵变得更加丰富，层次变得更加多样。我国的自贸区战略客观上是实践先于理论。

实施自由贸易区战略在 20 世纪 90 年代就已经提上了日程，经过长时间的谋划论证，党的十七大将自由贸易区建设上升到国家战略。中国-东盟自贸区于 2010 年正式宣布成立。自此以后，中国自贸区建设开始驶入快车道。但是由于东盟成员国的经济体量较小,自贸区的标准较低,自贸区建设的发展遇到了瓶颈。于是党的十八大提出要排除障碍,解决困难,加速自贸区的建设步伐。在习近平总书记提出"一带一路"倡议后,党的十八届五中全会再次强调自贸区建设的重要性和迫切性,明确自贸区建设是关乎未来几十年中国家发展的战略。由此可见,自贸区建设战略对中国的发展有举足轻重的作用,是中国打造全新对外开放格局下的重要一步棋,自贸区建设战略的重要性可见一斑。党的十九大更是强调"一带一路"建设在推动形成对外开放新格局中所起到的作用,并积极推动与"一带一路"沿线国家的交流与合作,借此进一步增强国内外经济的联动效应以及优势互补。

三、"一带一路"倡议下自贸区建设的重要意义

(一)自贸区与"一带一路"是改革开放双轮驱动的重大举措

自贸区与"一带一路"是改革开放双轮驱动的重大举措,是中国新的对外开放倡议与举措。自贸区与"一带一路"对于区域协调发展意义重大,影响深远,我们必须主动对接。自贸区不属于"政策洼地"而是制度创新营造的"开放高地"。因而,主动对接自贸区,不是从自贸区挖掘政策,而是以开放倒逼改革,通过改革推动体制创新,从而释放生机与活力,达到解困和破题之功效;主动对接自贸区,让政府综合监管能力更高、法治环境更优,在自身本领提高后,方能在新常态的情况下积极应对复杂的国际和国内形势,实现贸易便利、投资自由等新业绩。倘若对自贸区不理不睬,自身能力水平处于低端状态,哪怕有极好政策放在周边,也只能徒劳无功。

(二)自贸区与"一带一路"高度关联

自贸区与"一带一路"皆强调改革开放,营造中国走向世界、参与国际竞争的良好形象。两者不同的是,自贸区属于制度创新、发展软环境等方面的真功夫、硬本领,属于核心竞争力;"一带一路"则包含了优惠政策,并覆盖了一系列

项目、资金等。我们必须着力实现自贸区与“一带一路”有机融合，通过主动对接自贸区提升本领，及早谋划和行动。

（三）区域“一带一路”协同建设对内外意义重大

在“一带一路”倡议背景下，自由贸易区的建设无论是对中国自身的建设还是对“一带一路”沿路国家和地区，乃至对世界经济的发展都有着深远的意义。对中国自身来说，自由贸易区的建设对新一轮改革开放格局的成型，对维持经济增长处于一个较为稳定的趋势有着非常重要的作用；同时，由于中国不是TPP 的成员国，所以自贸区的建设能缓解 TPP 造成的排挤效应，使得中国的发展有一定的安全边界；另外，去产能，消化过剩产能，是十八大提出来的任务，而自由贸易区的建设则有助于产能去化，有助于企业转型升级，有助于产业结构的优化改善。对于“一带一路”沿路国家和地区来说，自由贸易区的建设有利于带动这些国家和地区的内部产业提升，提高劳动生产效率和产业的升级，有利于提高这些国家和地区在未来新一轮全球贸易规则制定中的话语权，而不是只能做发达国家的附和者、追随者，有利于提高国家和地区人民的人均收入水平和生活水平；对于世界经济来说，自由贸易区的建设有利于为世界塑造新的经济增长点，让亚洲成为世界经济的稳定增长极，使得世界经济的发展趋于平衡，增强中国在亚洲经济中的地位；有利于让更多数的人参与到世界经济的发展中来，为世界经济发展增加内生动力，注入新鲜活力。

（四）“一带一路”倡议实施需要自贸区发展作为支撑

“一带一路”倡议的提出，是为了使中国能够适应国际经济格局的变化，为了使中国摆脱依赖出口为主的外向型经济发展模式的约束，为了解决经济结构矛盾，为了突破欧美等发达国家通过贸易结构的调整以及把握贸易规则的主导权来制约发展中国家经济崛起。在日趋复杂的国内外形势下，党中央提出了“一带一路”的宏大构想。而自贸区战略的实施落地，在“一带一路”的框架内起到中流砥柱的作用，是“一带一路”的核心支柱。“一带一路”倡议需要从自贸区的建设做起,带动新一轮改革开放,以点带面,联动发展。自贸区作为"一带一路"倡议的展开点,在一些核心区域的建设以点为本,连点成线,发展成带。这样的以点带面的思路,对巩固自贸区在"一带一路"的基础性作用,把自贸区作为"一带一路"的发展平台和重要开放窗口,发挥国内核心区域的要素集聚、经济辐射和联动作用,有非常正面的作用。

自贸区建设与"一带一路"倡议均是新时代我国构建全方位对外开放格局的核心要义,两者相互促进,互为补充,相得益彰,再次吹响了改革不停顿,开放不止步的冲锋号。加快推进自贸区建设是我国形成更高层次的对外开放新格局所必须倚赖的重要载体,也是我国实施更加积极主动开放战略不可或缺的有机组成部分。"一带一路"倡议作为我国扩大对外开放和拓展经济外交的顶层设计,秉持着共商、共建、共享的基本原则,致力于打造涉及政治、经济、文化等领域的命运共同体,在加强国际合作、开创对外开放新局面等方面发挥着愈加重要的作用。由此可见,深化对外开放是自贸区建设和"一带一路"倡议的共同主题,自贸区战略的深入实施有助于加速推进"一带一路"建设,自贸区的建设与发展有助于丰富"一带一路"建设内容,两者将共同为新时代我国推动新一轮高水平对外开放提供强有力的支撑。

四、"一带一路"倡议的自贸区建设路径

"一带一路"不是只关乎中国,而是把中国与"一带一路"沿线国家和地区连接起来,涉及的范围较广,所以不仅是中国要出力,沿线的国家和地区也同样要积极融入到"一带一路"倡议中来,共同建设。因为"一带一路"倡议的布局具有丰富的内涵和强大的外延能力,其中,"政策沟通、道路联通、贸易畅通、货币流通、民心相通"这"五通"是"一带一路"建设的主体任务和目标,包含了国家政策、基础设施、贸易投资、金融体系及风俗文化等硬件软件、线上线下多方面内容,涉及经济基础、上层建筑、国家安全等范畴。根据统计,目前国内已经

有 30 多个省市在年度政府报告中表示响应国家号召积极参与到自贸区的建设中。以国内的自贸区为点向外辐射，向东推至亚太经济圈，向西连接欧洲发达国家，沿线国家多达 60 多个，人口占世界总人口的 60%，因此，“一带一路”倡议所涉及的时空范围广、跨度大、周期长，预期成果丰厚，但路途不乏艰难险阻。

（一）以自贸区为支点逐步推进“一带一路”建设

基于对目前国内和沿路国家及地区状况的考量，从国内外的一些相对经济核心区域入手建立自贸区，并以这些自贸区为战略支撑点，逐步开展“一带一路”的贯彻落地，是一条较为可行的途径。国务院总理李克强在 2018 年全国人大会议作政府工作报告时提出，“要将‘一带一路’建设与区域开发开放结合起来，并将‘一带一路’与自贸区建设列为构建全方位对外开放新格局的重要内容”。李克强总理的提议得到了各地代表们的一致认同。人大代表们认为，各个自贸区就是一个个的支点，“一带一路”在其中穿针引线，将所有的支点连接起来，串联起来，共同发力，最大程度地发挥“一带一路”倡议的力量，这也是我国对“一带一路”倡议和自贸区之间联动关系初步探讨得出的结论。“一带一路”倡议的核心要义是联通东西，互利共赢，陆海统筹，互通互惠。如果自贸区的这些支点能够落实下来，“一带一路”倡议就可以连点成线，陆上和海上无缝连接，构建经济带。总的来说，若用“一带一路”倡议这条线把各个自贸区这些珍珠串联起来，实现政策上的对接，即以“一带一路”倡议为蓝图，以自贸区为坐标，蓝图的铺开随着坐标的展开而发展开来。

我国较早设立并投入运营的上海、福建、广东、天津这四个自贸区都可以纳入到“一带一路”倡议中，并且，这四个自贸区与 21 世纪海上丝绸之路本就有密不可分的关系。例如天津作为国际航运中心、北方的重要经济贡献点、新亚欧大陆桥的东端起始点，天津自贸区作为支点，具有非常强的向外经济辐射能力。“一带一路”倡议是纲，决定了我国构建新一轮对外开放新格局的高度；自贸区建设是目，在“投资自由化”“贸易便利化”“金融国际化”“行政管理简化”方面先行实践，做深化对外开放的先行者。另外，上海作为首批自贸区中最受关注的城市，具备政策、地理优势，“四化”的先行先试已经见到初步的成果，并在践行中不断积累经验，例如以负面清单为主导的投资管理制度，极大地激发了自贸区创新活力和发展潜力；在贸易监管制度方面，确定了以贸易便利化为核心，消除贸易障碍；在监管层的支持下，最新公布的金融创新制度目标明确，直指资本项目可兑换和服务业开放；另一方面，事中以及事后监管制度基本建立，旨在增强经济活力，转变政府职能。

（二）自贸区制度创新对接“一带一路”建设

自贸区为了吸引外商投资，在口岸工作政策方面做出了很多的改进，增加了很多便利政策，例如增加一系列口岸通关的便利条件，下放部分进出口环节的审批事项；口岸的执法信息、政务信息要更充分及时披露，继续加强通关服务；积极建立起一个统一的平台，让贸易和运输公司能够在这个统一的平台上办理涉及出入口的各种事务，这样一方面可以提高监管的工作效率，另一方面可以减少企业通关的成本；改善出入关口的布局，要尽快建立通关管理系统，来应对企业以及客群的出入口，另外还要尽快完善质量安全监管系统，为企业和客群的出入口保驾护航。以上所述细则的试点都由上海自贸区来扮演探索先行者的角色。而之后陆续批复的第二批和第三批自贸区同样可以充分借鉴上海自贸区“摸着石头过河”所积累出来的经验，推动国内自贸区建设取得新成效。实际上，我们在自贸区上做出的一些探索，并不是只能用于自贸区建设方面，我们可以把在自贸区积累的经验在去粕取精、灵活转换之后，考虑能否适用到我国与“一带一路”沿线国家的自贸区合作中，先以高标准建设我国周边国家和地区自贸区，并以此为基点，推动其他地区的自贸区建设，把我国与“一带一路”沿线国家的自贸区编制成联系紧密的关系网，以贸易便利化为导向，为外商营造投资自由化的环境，促进共同发展。

（三）积极谋划申报，错位共赢发展

全方位促进对接自贸区与“一带一路”建设融合，为“一带一路”发展大计

增砖添瓦。首先要积极挖掘自贸区与“一带一路”建设中的创新点，自贸区与“一带一路”建设的联动，必然会引发产业和相关生产要素的调动，这其中产生的化学反应有好有坏，我们要将其中的闪光点挖掘出来，例如产业创新、技术创新、管理创新、区域创新、金融创新等。二要错位共赢发展，避免不必要的恶性竞争，减少无序乱斗，应当积极撮合协商来寻求共赢。在不损害国家利益的前提下主动让利，实现与其他国家互补发展。三要着眼于从地缘政治和国家经济核心战略方面进行考量，统筹协调、共建共享、互利共赢，实现更高层次的竞合，防止无序竞争，实现自贸区与“一带一路”建设与外向型经济新格局的融合驱动。

（四）立足自身优势，寻求政策扶持

建立自贸区的宗旨在于打造投资便利、贸易自由、高端聚集、金融完善、法规健全、辐射显著的国际经济中心，为更好地推行“一带一路”倡议提供国际化平台。在充分认识自贸区宗旨的基础上，要主动出击寻找内生的发展动力，不能一味依靠政策推动的作用。某些机构和企业“等靠要”资金和等待政策倾斜的态度是不可取的。正确的态度应该是先做趋势的跟随者，探索发展规律，再试图在恰当的领域寻找优势点，勇做新时代的弄潮儿。第一点，要想商品流动起来，物流功能必须完善，只有物流的功能提升上来了，要素的流动才能顺畅。第二点，电商是商品能够跨品种跨区域交易的重要形式，在新一轮对外开放中，与“一带一路”沿线国家的跨境电商是相当重要的一部分，电商可以规避很多在传统国际贸易环节上遇到的阻碍。第三点，科技是第一生产力，要加大高端设备在国际贸易中的比重，打造现代贸易链，为沿线国家和地区产业升级做出贡献。第四点，以国际标准打造高端消费示范点，充分发挥消费拉动 GDP 增长的基础性力量。

（五）增强制度创新，为“一带一路”建设提供保障根基

自贸区的发展离不开政府作用的发挥。一方面，政府要统筹兼顾，做好一

个协调者的角色,搭建并完善企业和投资者的生态环境;另一方面,政府有时候要扮演谈判者的角色,积极与其他国家政府沟通,为发展铺平道路。同时,企业作为经济活动的主体,要有意突出企业的主体作用,让企业不断自主探索自贸区的发展新模式。一要充分认识到制度创新在自贸区和"一带一路"建设中的作用。自贸区不能只会"等靠要",自贸区的萌芽阶段需要政策的扶持,但是在发展成型之后,要转向制度创新。在国家发展的框架之内积极创新。二是企业要明确自身的主体地位,把企业放在战略的突出位置来考量。在自贸区构建发展中,要正确引导企业尤其是民营企业的深度参与。同时,需要设立合理的制度来规范企业的行为,中国企业过去在"走出去"过程中过于粗放的情况需要予以改善。三是政府的服务模式及监管模式需要创新,积极培育自贸区和"一带一路"的法治化、国际化的营商环境。政府要简政放权,通过实施准入前国民待遇和负面清单的管理模式,加强政府的事中事后监管,打造可复制、可推广的自贸区发展的制度路径,进一步发挥"一带一路"沿途的生产、流通、市场规模效应。

(六)开拓互利共赢新模式

积极加入"一带一路"倡议的沿线国家和地区达 60 多个,涉及 60%的世界人口,具有时空范围广、跨度大、周期长的特点,所以"一带一路"倡议的实施难度可想而知,进程不宜过快。"一带一路"沿线国家的互利共赢新模式、新机制、新方法值得去探索。一是建立联席会议制度,促进沿线合作国家的互联互通,共商经济发展大计,缓解在海量信息交流沟通和利益互动等方面存在的问题。二是加强合作模式方面的创新,实现国家间互利共赢。"一带一路"沿线城市结对发展,首先从友好城市或友好港口开始,再进一步发展双边或单边产业园,重新塑造国际间产业发展的合作新模式。从政府的角度出发,政府应该加强与沿线国家地方政府及社会组织的密切联系,加快与所在国或地方政府合作网络的构建,深化"一带一路"经贸合作服务平台建设。三是主动实施国家间的自贸区(FTA)战略,以更加积极的姿态参与到重大国际自贸区谈判与全球规则制定中去。

第二节　理论框架：自贸区理论的突破

一、自贸区建设的理论根基：自由贸易理论

自贸区的本质是深化改革开放，借鉴全球市场制度，创建融入全球的跨境服务业市场。自贸区建设的理论基础就是自由贸易理论。这是由英国伟大的经济学家——亚当·斯密最早提出来的。亚当·斯密从贸易动机出发，通过严格的理论逻辑和实证研究两方面证明了参与自由贸易的双方主体都能从贸易中获利，从而为自由贸易奠定了理论基础，为实践指明了方向。一直以来，亚当·斯密的自由贸易理论被当作国际贸易的"圣经"。亚当·斯密所描述的完全自由贸易也被认为是国际贸易发展的目标，之后整个国际贸易理论的发展也是以自由贸易理论为基础而展开的。总的来说，亚当·斯密的自由贸易理论对国际贸易做出了杰出的贡献，同时对后世的诸多贸易理论和国家所制定的贸易政策都产生了深远的影响。

（一）自由贸易的乘数效应

自由贸易理论自诞生以来，就备受全球诸多国家的极力推崇，其中包括很多发达国家的声音。但是，由于各种各样的原因，自由贸易在发展中国家的发展进度远远落后于世界的平均水平，甚至有些政府制定发展策略的理念是与自由贸易理论背道而驰的，希望只依靠本国的资源、技术、管理谋求发展，事实证明这是被时代所淘汰的发展方式。所以从19世纪中期开始，发展中国家打开国门，以自由贸易理论指导本国贸易发展，参与到国际贸易的大潮流中。

自改革开放以来，中国的发展进入快车道，中国对外贸易规模急剧扩张，中国向世界出口物美价廉的中国制造产品，同时，中国从发达国家引入高端技术、

管理技能以及高级人才。在总设计师邓小平阐明社会主义市场经济理论的内涵之后,中国的对外贸易发展更上一层楼。中国依靠绵延不断的海岸线和众多的港口,不断加快与世界接轨的步伐,对外贸易总额在 GDP 的占比不断上升,中国制造一次又一次震惊世界。2001 年 12 月,中国加入世贸组织,这对中国国际贸易发展来说是历史性的一刻。中国加入世贸组织之后,积极与其他成员国签订一系列的贸易条约,履行成员国义务。总的来说,加入世贸组织不仅使中国的开放程度进一步扩大,同时刺激了国内制造业的发展,为社会提供了就业岗位,获得了不可估量的收益:

第一,国内廉价而丰富的资源被充分利用。中国是个资源大国,在过去,长期处于农业社会的自给自足之中,从未想过如何充分利用我国的资源。在改革开放以后,中国发挥自身资源大国和人口大国的优势,利用本国的自然资源,再利用远低于发达国家的廉价劳动力进行加工制造,生产出大量的价格便宜、质量过硬的轻工业产品。根据亚当·斯密在自由贸易理论中的阐述,比较优势是国与国之间进行贸易往来的驱动因素。如果一个国家的产品相对于其他国家具备比较优势,那么在没有贸易障碍的情况下,就会出现出口的需求,那么这些产品的原材料需求也会上涨,终端产品的热销可以拉动整条产业链的发展。中国通过发展对外贸易使国内资源得以转换成多样化的出口产品,资源的使用效率得到提升。

第二,进口国内相对匮乏的资源,为国内产业结构查漏补缺。中国是一个资源大国,但是部分资源在发展过程中被过度开采导致从资源丰沛到资源匮乏,比如原木资源。另外部分资源在中国分布较少,比如金刚石等。除了部分原材料需要进口补充之外,同样需要从国外进口高端设备和引进高精尖技术、管理技术、管理人才。这些必需的短缺资源可以通过自由贸易获得,进一步扩大我国开放程度,通过借鉴发达国家的产品和经验来加速缩小我国与发达国家之间的差距,从而为人民群众谋取更大程度的福祉。

第三,消费拉动产业发展。自改革开放以来,我国人民的生活水平有了很大的提高。中国轻工业的很多产品与外国相比有比较优势，出口规模的不断扩张带动中国 GDP 高速增长，与此同时也带来居民收入的同步增长。居民的可支配收入提高之后，消费拉动国内其他产业的发展，使得产业结构得以均衡发展。另外，一些高收入人群会偏好于进口产品，国外优质产品的引进为国内行业带来了强有力的竞争对手，从而促使国内市场加速提升产品质量，以避免市场份额被外国品牌抢占。另外，国外的消费理念也在不断地向国内渗透，比如以前中国人极少接触到贷款消费、信用卡消费等。

中国自改革开放以来，受益于自由贸易快速发展，特别是加入世贸组织之后，中国开始登上国际舞台。中国不断扩大的国际贸易规模使得世界越来越重视中国市场。逐渐地，中国与其他国家的贸易成本不断下降，很多国家都喜欢和中国人做生意。同时，因寻租行为而产生的成本也得到控制。总体来说，自由贸易减少了贸易中的交易净损失。

（二）自由贸易理论在实践中的影响

在实践中，自由贸易已经成为包括发达国家在内的许多国家推崇的政策目标。然而，在国际贸易的历史中，发展中国家对自由贸易原理却是长期背离。20 世纪 70 年代后，贸易的开放和自由化才在发展中国家逐渐被采纳。但好景不长，亚洲金融危机的爆发使得发展中国家重新思考并逐步采用以比较利益理论为核心的自由贸易理论。发达国家与发展中国家的经济发展水平不一致，自然也导致它们在国际贸易中的分工及地位不同，最终也造成了利益分配的巨大差异。

采用自由贸易理论后，发展中国家发现，自由贸易在增进贸易利益的同时，也使得它们承受着难以避免的代价。不同的发展中国家在自由贸易过程所享有的利益和付出的代价截然不同。一方面，自由贸易让一些发展中国家的经济地位因此提高了，另一方面却使得另一些发展中国家被边缘化了。实现自由贸易利益有着一系列或明或暗的前提条件。不同的国家拥有不同的贸易条件。因此，自由贸易政策没有一成不变的成功模式，发展中国家不能照搬照抄。

二、自贸区理论的核心——关税同盟理论的经济增长思想

关税同盟理论是由美国经济学家维纳(J.Viner)在1950年提出来的,主要阐述了当两个国家或者多个国家通过签订协议,约定伙伴国建立统一关境,伙伴国之间的商品贸易有关税优惠或者直接取消关税,并且对从关境以外的国家或地区的商品进口则实行共同的关税税率和外贸政策,但对伙伴国以外的国家实行高得多的关税政策。自贸区理论的核心思想是关税同盟理论中的经济增长思想。一些发达国家以及发展中国家在这一理论指导下建立了规模大小不一的自由贸易区。

(一)关税同盟理论的提出

德国著名学者弗里德里希·李斯特认为,在一定的背景下,两个或多个国家建立同盟是有利于伙伴国的经济发展的,同时用关税政策与那些利益趋向不一致的国家作斗争。李斯特还曾经预言说:"自然的趋势迫使法德现在不得不从事建立一个欧洲大陆联盟以对抗英国的优势地位。而在不久的将来,这一趋势也会迫使英国不得不建立一个欧洲联盟以对抗美国的优势地位。"除此之外,李斯特还认为德国建立关税同盟是其走向统一的开始,"德国关税同盟蕴含着全国统一观念的实质,它依靠商业问题上的共同利害关系,打开了政治上趋向统一的道路"。李斯特这一理论的提出,促进了西方发达国家建立同盟以达到区域经济一体化的目标,更进一步成为联邦德国为了取得平等伙伴国地位而建立欧洲联盟的理论依据。

(二)关税同盟理论的完善

在关税同盟理论中,自由贸易仅仅是对伙伴国之间而言的,对非伙伴国来说是很难参与其中的,或者必须承担高额的关税,简单地说就是具有排他性,这种自由贸易与保护贸易并存的现象导致了"贸易创造(Trade-creation)"和"贸易转移(Trade-diversion)"这两种效应的出现。贸易创造指的是,由于伙伴国之间

的商品往来减免了关税或者是取消关税，那么有些伙伴国原来成本较高的产品会被其他伙伴国成本较低、品质相似的产品所替代，伙伴国之间就有了贸易往来，被称为“创造”了贸易。维纳在局部均衡分析后，得出结论：关税同盟对国际经济的发展是否有利取决于贸易创造和贸易转移这两种效应的相对强度。

（三）关税同盟理论的效应机制

1.贸易创造效应（Trade Creating Effect）

贸易创造效应，指的是在建立关税同盟后，同盟内一些成员国的某些国内生产品被从其他同盟国进口的生产成本更低的产品所替代，资源得以更高效地使用，使得生产能带来更多的利益。

2.贸易转移效应（Trade Diverting Effect）

贸易转移效应，阐述的是在缔结关税同盟之前，某种商品不在某个国家生产，该国可以从生产效率最高和成本最低的国家进口该商品。关税同盟建立后，如若原来进口商品的进口国被排除在同盟之外，对其增收的高关税使得该产品的成本无法与同盟内的其他国家相竞争。同盟成员国原本从效率最高、成本最低的国家进口该商品，现在转向从同盟内效率相对较高、成本相对较低的成员国进口。

3.贸易扩大效应（Trade Expansion Effect）

在缔结关税同盟后，无论在贸易创造还是贸易转移的情况下，国家进口某种商品的价格都会比原来下降。若是该国对于该种商品的需求价格弹性大于1，则该国对该种商品需求数量的增加幅度要大于该种商品价格的下降幅度，从而使该种商品的销售额也就是进口额增加，这便是贸易扩大效应。

三、自贸区经济增长理论

米德（Meade）和罗布森（Robson）提出的自贸区理论是专门研究自贸区经济效应的主要理论之一。在维纳（Viner）的关税同盟理论的基础上，米德提出了自贸区理论。米德等学者们不断对维纳关税同盟理论进行完善。在此基础上,罗布森又建立了自贸区理论。所以,他们二人对自贸区理论的贡献是不同的。米德自贸区理论提出了自贸区会诱发贸易偏转的观点,自贸区成员之间的关税保持独立。对于从非成员国进口商品,它们征收不同的关税。成员间对外的关税水平不同,会导致对外实行较低关税的成员国从非成员国进口商品,并转手出口到其他对外实行高关税的成员国,赚取差额利润。差额利润的存在,影响到了自贸区内合作的稳定性。为了解决这一问题,自贸区成员国需要采用原产地规则。而采用原产地规则的重要性,在罗布森的自贸区理论得以强调。他认为原产地规则是自贸区的重要特点之一。为了阐述该理论,我们可以通过一国模型和两国模型进行。一国模型的分析认为,某成员在达成自贸区后获得的社会福利大小应通过增加的消费者剩余及造成的生产者剩余和征税收入之间相互抵销后的结果来加以判断。而结果正与负难以确定,所以,实行自贸区能否带来福利的增加我们无法确定。两国模型说的是生产效率更高的成员在达成自贸区后的经济福利会得以提高。对于生产效率低的成员国,建立自贸区不确定能否带来社会福利的增加。

第三节　现实基础:国内外环境变化导向的叠加

一、国际政治环境复杂严峻

(一)欧美多国反建制、反移民、反全球化的民粹主义泛滥

欧盟面临中东北非难民潮冲击,恐怖主义渗透猖獗,导致排外思潮与极右势力得势坐大,"反欧盟"民意壮大。英国"脱欧"已成定局,英国与欧盟讨价还价错综复杂。意大利宪法改革公投失败导致大选提前,意大利五星运动党、法国国民阵线、德国选择党等极右翼政党民意支持率节节攀升,政治实力得到进

一步稳固，势必会对欧盟一体化的前景构成直接的威胁。特朗普以"美国优先"为执政口号，鼓吹保护主义和孤立主义，其"开倒车"与"向后看"的言行令世界深感不安。美国2016年大选"后遗症"严重，精英与蓝领阶层、白人与少数族裔、共和与民主两党之间持续角力，面临被撕裂的社会与民意，特朗普执政轻松不了。

（二）特朗普"颠覆"美国外交传统引发大国关系复杂重组

一是美欧、美日同盟可能"由紧转松"。二是美俄关系再生波澜。奥巴马时期美俄矛盾严重激化，双方关系日趋紧张。虽然新一任美国总统特朗普在总统竞选期间频频对普京表示好感，但其在正式上任之后美俄关系并没有迎来预想中的"蜜月期"，反而雪上加霜，不可否认这里面有特朗普极力想要撇清"通俄门"的嫌疑而不得已继续对俄罗斯采取强硬姿态的因素，但其实更多是源自全球两大军事强国在利益面前没法达成共识而僵持不下。三是中美关系"磨合"复杂。特朗普竞选期间多次发表对华攻击性言论，当选后又"动作"不断，在贸易平衡、南海争端、台湾问题以及人民币汇率等诸多敏感问题上频频向中国发难。美国新政府应当充分认识到，中美合作会给美国带来重大利益，合作是中美两国唯一的正确选择。

（三）中东大乱局迎来拐点，美俄角逐更趋复杂

一是叙利亚问题"美退俄进"。叙政府军在俄军支援下于2016年12月全面收复北部重镇阿勒颇，并于年末宣布停火，俄罗斯还在哈萨克斯坦开辟解决叙问题的政治谈判新渠道。二是土耳其在2016年7月未遂军事政变后加快外交转向，政变被指与居住在美国的土宗教领袖居伦有关，美土同盟裂痕日渐加深。土耳其总统埃尔多安为加大反恐力度向普京靠拢，土俄关系加速改善，12月的俄驻土大使遇袭身亡事件助推俄土反恐合作。三是伊拉克政府军联合库尔德武装等推进摩苏尔战役，直指"伊斯兰国"巢穴。"伊斯兰国"遭多方围剿以致地盘被一再压缩，便利用难民危机等加紧向外流窜，并在中东与欧洲多国

制造更多恐怖袭击，肆意报复，跨年夜土耳其夜总会遭到血洗，死伤惨重。四是美国新政府的中东政策酝酿重大调整。特朗普将与奥巴马“大唱反调”，其执政团队中不乏主张加大对中东投入。《纽约时报》分析指出，特朗普打算优先考虑关于中东和“圣战”组织的政策。特朗普还严重质疑伊朗核协议，对奥巴马政府2016年年末在联合国安理会反对以色列在巴勒斯坦被占领土上修建犹太人定居点一事，特朗普也强烈不满。

（四）全球治理挑战层出不穷，政治博弈更趋复杂

一方面，全球变暖、极端天气、各种灾害、重大疫情、恐怖袭击、难民危机、网络黑客等因素相互叠加，频繁发作，危害加剧；另一方面，西方发达国家将主要精力与资源转向国内，对外推卸责任，新兴大国的“责任压力”随之增大。尤其是，美国新政府对多边主义态度消极。与此同时，联合国迎来新“掌门”——新秘书长古特雷斯给联合国带来新气象，但也面临内部管理、自身改革、国际和地区热点等难题“扎堆”的考验。

（五）我国周边环境不确定性仍存

一是东北亚三大不稳定因素叠加，前景扑朔迷离。朝鲜领导人金正恩实现与美国总统特朗普的历史性会晤，美朝两国的紧绷关系得到一定程度的缓和，但双方就弃核和解除制裁等关键问题仍然无法达成共识，朝鲜重走发展核武器的老路而引发局势紧张的可能性尚未能排除；韩国总统文在寅上任后频频展现对华友好的姿态，但其对萨德系统的后续处理持有较为暧昧的态度，中韩关系重返“蜜月期”还有相当长的道路要走；日本安倍政权依旧试图谋求政治军事大国地位，重点针对“西南方向”强化海空军力，剑指钓鱼岛及其周边海域。二是南海争端难以消停。美国继续以“维护航行与飞行自由”为幌子挑战中国的南海领土主权，日本搬弄是非，极力插手南海问题。三是南亚安全威胁多元交织。阿富汗政府军及国际联军与“塔利班”之间冲突不断，和谈短期内难以恢复。“伊斯兰国”在多方围剿重压之下加快向阿富汗等地逃窜，致使阿富汗、巴基斯

坦反恐压力加大。印度与巴基斯坦严重对立,双方摩擦冲突难以排除。四是相对平稳的中亚也存在不安定因素。域外大国趁机渗透,“三股势力”蠢蠢欲动,当地社会稳定面临考验。五是美国特朗普政府虽然表面上冷落了前任政府所制定的“亚太再平衡战略”,但实际上并不意味着特朗普就此放弃遏制中国崛起的战略意图。美国在中美贸易争端中采取相当强硬的蛮横立场,通过国防授权法有意插手中国台湾问题,在香格里拉峰会鼓吹的“印太战略”更是试图挑动紧张的地缘局势。上述种种迹象表明美国新政府阻挠中国综合实力的提升所付出的“良苦用心”较之于以往的政府有过之而无不及。

(六)主场外交加强互信与合作

丰富的主场外交活动成为党的十八大以来中国在外交领域呈现出的新变化与新特征。近些年,中国外交活动主观能动性更加积极进取,活动形式更加灵活多样,主场外交接连不断,亮点纷呈。2014 年 5 月在上海举行的亚信峰会,来自中国、俄罗斯等 13 个亚欧国家的国家元首或政府首脑以及联合国秘书长就亚洲地区的安全与合作展开商讨,朝着实现共建、共享、共赢的亚洲安全之路的目标共同努力。2014 年 11 月举行的亚太经合组织第二十二次领导人非正式会议,21 个亚太经合组织的成员领导人齐聚北京围绕亚太经济格局和亚太伙伴关系的未来定位交换各自的看法,达成了一定的共识。2015 年 9 月在北京举行的纪念中国人民抗日战争暨世界反法西斯战争胜利 70 周年阅兵式,65 位来自世界其他国家的领导人或者代表、国际组织负责人应邀出席,中国通过阅兵式的形式彰显了坚持和平发展道路以及维护国家主权独立和领土完整的坚定决心。2016 年 9 月在杭州举行的二十国集团领导人第十一次峰会,集团成员国和嘉宾国领导人以及国际组织负责人参与峰会,共商全球发展治理之策。2017 年 5 月在北京举办的“一带一路”国际合作高峰论坛,向全世界勾绘出“一带一路”和平、繁荣、开放、创新、文明的发展蓝图。2017 年 9 月在厦门举行的金砖国家领导人第九次会晤,金砖五国领导人就深化各领域合作等议题取得丰硕成果。博鳌亚洲论坛年会、上海合作组织峰会、中非合作论坛峰会、首届中国国际进口博览会作为2018年中国主场外交的重头戏,是践行合作共赢理念,构建开放型经济体系的绝佳证明,为国际治理秩序的进一步完善贡献中国智慧。

二、世界经济和贸易投资形势

国际货币基金组织(IMF)2018年4月13日发布报告,预计2018年全球经济增速将较2017年加快,但全球经济仍面临贸易政策的改弦易辙、全球金融环境的骤然恶化以及地缘政治局势的日益紧张等诸多不确定性。IMF预测,2018年全球经济增长3.9%,发达经济体增速为2.5%,美国经济增速2.9%,欧元区2.4%,日本1.2%。预计新兴经济体和发展中国家2018年增长4.9%,中国经济增长6.6%。美联储2015年底重启加息通道,截至2018年上半年总共已经加息7次,导致新兴市场货币承受着一定的贬值压力,从而可能引发资本加速外流。与此同时,一些发达国家"反全球化"逆流汹涌,美国总统特朗普推崇经济民族主义与贸易投资保护主义,大国经济竞争更趋激烈。

(一)国际经济疲软,贸易环境恶化

国际金融危机爆发以来,在世界各国的共同努力下,全球经济终于走上了复苏的道路,再次爆发系统性金融危机和经济危机的可能性已经大大降低,但危机的深层次影响还远未消除,调整复苏之路依然艰难曲折,欧洲银行业风险上升、国际金融市场动荡、美欧大选、地缘政治冲突等增加了全球经济复苏变数,新的不确定性因素正在集中显现。

总的来看,2018年世界经济和贸易投资有以下三个特征:

一是宏观经济政策效力减弱,世界经济低速增长。金融危机之后,美国由于最早实施量化宽松货币政策,金融和家庭部门去杠杆进展迅速,在发达经济体中率先实现经济复苏,经济状况已经比危机爆发之初大为改观。根据美国商务部的初步测算,美国经济2017年全年GDP增速达到2.3%,高于2016年的1.5%,但还是未能实现美国总统特朗普承诺的3%。从目前情况看,受美元走

强、外部市场需求疲弱等多重因素影响，美国经济增长仍不稳定，工业生产、核心资本耐用品订单等关键指标连续多月下滑，经济自主增长动力不足。欧元区和日本经济增长乏力，都难有明显反弹。欧元区内需疲弱，结构性改革进展缓慢，英国脱欧又带来新的冲击，日本"安倍经济学"效力衰减，制造业创新能力下降，日元升值削弱了出口竞争力。新兴经济体除印度等少数国家外，普遍面临经济结构调整、增速放缓等压力，俄罗斯、巴西等经济结构单一、依赖于能源资源出口的国家还未摆脱技术性衰退。与此同时，欧元区、日本等实施量化宽松货币政策的空间已近极限，效力却不断减弱。

二是经济全球化路径深刻变化，国际贸易与投资仍将低位徘徊。国际金融危机以来，全球价值链遭受了重大冲击，自 20 世纪 90 年代初开始的以"消费国—生产国—资源国"为链条的全球贸易大循环发生了重大调整，经济全球化路径产生了深刻变化，新的增长动力和模式尚未形成，国际贸易与投资进入历史罕见的低谷期。据有关国际组织统计，自 2001 年我国加入 WTO 至 2008 年，世界贸易额年均增长 12.1%，但是 2009—2017 年，世界贸易额年均不足 1%，基本上属于停滞的状态。同时全球跨国直接投资显露出颓靡的端倪，2002—2007 年年均增速保持在 15.7%左右，而 2008—2017 年年均增速依然未能扭负为正。从目前情况来看，这种低迷的态势在短期内还看不到明显改善的迹象。WTO 预计 2018 年全球货物贸易量增长 3.2%，预期增长区间为 1.4%～4.4%，该预测数据均低于 2017 年，也低于 IMF 预计的同期世界经济增速。这预示着 2018 年的国际贸易依然存在很大的不确定性。据联合国贸发组织报告显示，受全球经济疲软、跨国并购交易势头放缓及跨国公司利润下降等因素影响，2018 年全球外国直接投资预期将增长 5%左右，最多不超过 10%，但增长的根基还是相当脆弱。总量仍将低于过去 10 年的平均水平。

三是"逆全球化"现象增多，贸易投资环境恶化。英国公投脱欧、欧洲极右翼政党兴起和美国大选结果走向都显示出了发达经济体的民粹主义思潮一直在持续升温。这主要是因为危机以来发达经济体经济陷入长期低迷，失业率高企,目前美国的失业率是历史上相对低的,但是劳动参与率只有60%左右,折算下来实际失业率接近10%。真实失业率高企,经济全球化扩大了贫富差距,导致底层民众不满情绪普遍上升。在此过程中,不少国家的政客把经济问题政治化,为了迎合民粹思潮、争取选票,把问题的出现都归咎于国际贸易与投资自由化的相关政策,这对于国际贸易和投资的长期健康发展构成了威胁。民粹主义思潮的升温,也导致了一些主要经济体在经济政策上越来越倾向于支持"逆全球化"的立场,纷纷采取直接或间接的贸易保护措施,一些发达国家频频使用安全审查手段为企业跨国投资并购设置障碍。WTO 报告显示,仅仅从 2015 年 10 月至 2017 年 12 月,G20 国家就推出了接近 200 项新的贸易限制措施,月均出台新措施的数量创造了自 2009 年以来的最高水平,贸易保护呈现升温趋势,由此可见,2018 年的贸易投资环境总体不容乐观。

(二)2018 年我国外贸发展挑战与机遇并存

2018 年我国外贸发展面临的形势依然复杂严峻,存在不少不确定和不稳定性因素,挑战与机遇并存。从困难的一面看:外部需求疲弱。我国作为全球货物贸易大国,从 2009 年起已连续 9 年蝉联全球货物贸易第一大出口国的宝座,我国生产的产品与国际市场已经实现深度融合。但外部需求相对疲弱仍是今后我国外贸发展面临的最大困难。IMF 报告分析认为,全球贸易增速下滑的缘由绝大部分在于需求的萎靡不振,而各国的限制性贸易政策、人为设置的壁垒、跨国公司收缩产业链等因素也会进一步拖累全球贸易活动的可持续发展。从目前情况看,国际市场需求短期内难以明显回暖。2016 年下半年以来,波罗的海干散货指数虽然较年初的低点有所反弹,但仍远低于盈亏平衡点。前不久,中国机电产品进出口商会对参展 2018 年春季广交会 500 余家企业的调查结果显示,国际市场需求低迷仍是当前外贸企业认为影响出口的最主要因素。在商务部近期的调研中,出口企业普遍反映订单不足问题仍十分突出,小单化、短单化趋势还在进一步发展。与此同时,在全球贸易保护主义上升的形势下,我国钢铁、化工等传统出口产业,成为贸易摩擦重灾区。2017 年全年我国总计共被

21 个国家和地区发起了总数达 75 起的贸易救济调查，涉案金额 110 亿美元，其中遭遇美国发起的调查有 24 起，涉案金额超过 25 亿美元，继续成为全球遭遇反倾销和反补贴调查最多的国家，折射出我国外贸发展依然承受着来自外部环境的巨大压力。尽管我国目前面临的外贸形势不容乐观，但我国对外贸易具有韧性好、潜力足、回旋空间大的特点，具体体现在如下三个方面：

一是外贸发展有望保持回稳向好。2008 年金融危机爆发以来，世界经济虽步入缓慢的复苏通道，但全球贸易尚未恢复至金融危机爆发前的状态，仍处于近 30 年以来的低谷期。我国的对外贸易发展在金融危机蔓延之际也曾经遭受巨大的冲击，中国政府及时出台了一系列稳增长调结构的措施，随着政策效应不断显现，外贸发展总体呈现回稳向好势头。2017 年我国进出口总额达到 27.79万亿元人民币，同比增长 14.2%，分别比 2015 年和 2016 年高出 21.2 和 15.1个百分点，结束了连续两年负增长的局面。随着“一带一路”倡议的进一步落实，贸易结构的持续优化，贸易新旧动能加速迭代，2018 年很可能延续这一态势，继续回稳向好。

二是外贸结构不断优化。应当看到，在总体复杂严峻的形势下，2017 年我国外贸结构进一步优化，出现了不少亮点：第一，一般贸易进出口实现较快增长，在整体进出口贸易规模的占比有所上升。2017 年，我国一般贸易进出口达到 15.66 万亿元，同比增长 16.8%，占我国进出口总值的 56.4%，相较于 2016 年提升了 1.3 个百分点。第二，民营企业成为进出口主力军。2017 年，我国民营企业进出口达 10.7 万亿元，同比增长 15.3%，占我国进出口总值的 38.5%，较 2016 年提升了 0.4 个百分点。其中，出口和进口分别为 7.13 万亿元、3.57 万亿元，分别同比增长 12.3%、22%，显示出民营企业进出口的势头强劲十足。第三，高附加值产品出口情况比较好。大型成套设备出口同比增长了 3%，航空航天技术产品和材料技术产品的出口也分别增长 12.3%和 10%。第四，高技术产品出口较快增长。2017 年，我国机电产品出口达到 8.95 万亿元，同比增长 12.1%，占我国出口总值的 58.4%。其中，汽车出口增长 27.2%，计算机出口增长

16.6%,手机出口增长 11.3%。第五,外贸新动能不断聚集。跨境电子商务近年来逐渐成为外贸新增长点。据商务部公布的信息显示,2017 年通过海关跨境电商管理平台零售进出口总额已经达到 902.4 亿元,同比增长 80.6%。随着以货物融合为核心的跨境电子商务生态链和产业链的日趋完善,跨境电子商务势必将大有作为。第六,服务贸易快速增长。前 8 个月,服务进出口同比增长 13.5%。上述所提及的贸易结构优化的向好趋势都为 2018 年我国外贸持续稳定发展奠定了坚实的基础。

三是竞争新优势正在形成。在外贸传统成本优势减弱的同时,我国人力资本、技术、资金等领域的综合优势快速积累,为外贸长期健康稳定发展和转型升级提供了有力支撑。我国每年大学毕业生超过 700 万人,接受高等教育人口比例已接近 OECD(经济合作与发展)国家高等教育率的平均水平。据世界知识产权组织统计,我国每年申请国际专利数量位居世界第三。近年来我国高端制造业出口比重大幅增加,包括电力通信、轨道交通、航空航天等技术和资本密集型产品已经出口到全球六大洲。随着"一带一路"建设和国际产能制造合作不断推进,投资和贸易互动融合发展趋势加快,我国对外投资的快速发展将有力带动中高端资本品出口,为促进外贸稳增长、调结构提供新动力。

(三)2018 年我国外贸坚持稳增长和调结构"双轮"驱动

2018 年是我国决胜全面建成小康社会的关键之年,外贸发展总体上应牢固树立新发展理念,狠抓外贸政策落地生效,着力推动外贸调结构、转动力,促进外贸发展由量的扩张向质的提升转变。

一是努力保持外贸稳定增长。当前,外贸突出矛盾仍是下行压力较大。本届政府高度重视外贸发展,已出台了一系列支持外贸发展的政策文件。这些文件既立足当前稳增长,又着眼长远调结构、转方式,含金量高,针对性强。各地区、各有关部门不断推进落实,形成了政策和工作合力,进一步改善了我国的外贸发展环境。下一步,商务系统将继续狠抓外贸稳增长、调结构系列政策的落实工作,最大限度地发挥好政策效应。重点是完善出口退税政策,继续清理整顿进出口环节不合理收费，引导金融机构加大对有订单、有效益企业的信贷支持，落实好政策性出口信用保险业务管理办法，进一步提高贸易便利化水平，优化进口结构，提升进口的综合效益，有效提振外贸企业信心，想方设法帮助企业保住来之不易的全球市场份额。

二是加快促进外贸结构调整。经过30多年的快速增长，我国对外贸易进入新的发展阶段，呈现出速度变化、结构优化和动力转换的新特征，以前靠低成本、以数量取胜的模式已经难以为继。下一步，重点是牢牢把握转方式、调结构、促转型的主线，发挥市场的倒逼机制作用，充分调动广大外贸企业的积极性和能动性，主动转型升级、调整结构。主要是引导企业加快培育外贸竞争新优势，努力提高出口产品的档次和质量，鼓励企业加强品牌建设，形成技术、质量、品牌、服务、标准等综合竞争优势。与此同时，顺应装备制造业出口大发展趋势，加强与主要出口市场政府间的磋商，推动金融机构加大融资支持力度，帮助企业巩固壮大装备制造业出口。积极促进跨境电商、市场采购贸易、外贸综合服务企业等外贸新业态发展，推动形成适应新业态发展的贸易管理机制，努力打造外贸新增长点。

三是进一步完善加工贸易政策。发展加工贸易是众多新兴经济体快速实现工业化的重要途径。对我国来说，加工贸易对推动我国取得贸易大国地位、参与国际分工体系、提升产业水平、扩大就业都发挥了重要作用。针对加工贸易过快向境外转移的问题，下一步主要是研究完善支持加工贸易发展的差异化政策，坚持政府引导、企业为主、市场运作的原则，针对不同产业、不同地区分类施策，通过综合运用土地、电价、财税、金融、物流等政策，鼓励东部沿海地区加工贸易向欠发达地区和中西部有序转移，促进区域协调发展。

四是积极促进服务贸易发展。近年来，虽然服务贸易发展迅速，但是服务出口和服务进口发展不平衡，服务出口总体竞争力不强，服务贸易存在较大逆差。下一步，重点是加强服务贸易发展的规划和引导，不断完善对服务贸易的政策支持体系，鼓励服务贸易通过创新等手段不断发展，其中包括加快引导建立服务贸易发展基金，促进服务贸易规模的扩大，同时对服务贸易内部结构进行优化，以不断提升服务贸易的国际竞争力，形成服务贸易与货物贸易相互促进、协调发展的良好局面。

2018 年是变局重重的一年，全球经济的复苏之路仍然在不断调整和均衡的过程中，挑战无处不在，全球地缘政治风险在持续加剧。中国经济正处在一个所有行业都面临结构转型和金融改革加速的重要阶段，依靠传统的经济方式无法提供充足的增长动力，去产能、去泡沫、降低杠杆的结构调整压力与持续增长将贯穿整个“十三五”期间，在有效防范风险的同时寻求经济发展的新动力，将考验中国的决策智慧和改革决心。大力推进自贸区建设是适应国际经济发展新形势，寻求经济新发展的重大举措。

第四节　政策路径：自贸区倒逼改革与区域一体化

一、自贸区倒逼改革的历史必然性

回顾历史可知，1978 年，在经历国内政治运动后，中国面临经济发展与重建的问题。1979 年，邓小平在听取广东省委主要领导的汇报后，决定在深圳、珠海、汕头、厦门设置“经济特区”。同年，中国国务院正式下达文件批复。邓小平，这位被誉为“中国改革开放总设计师”的老人，“在中国的南海边，画了一个圈”，为中国特色社会主义市场经济的发展摸索出了一条崭新的道路。

随后，中国改革开放由最初的沿海扩展至内陆地区，经济迸发出全新的活力，实现了连续 30 年年均经济增长率超过 7%的世界经济神话。然而，中国亦为经济的高增长付出了巨大的代价，甚至有西方学者认为，中国目前的经济增长模式已经不再可持续下去，改革的红利已被消耗殆尽，调整与转型刻不容缓。过去 30 年，中国经济保持高速增长的重要原因之一，便是得益于改革开放所产生的大量资源，人力资源尤甚。这也是中国能够长期以较低的成本维持经济增长的原因。但是，这种发展模式亦造成了大量负面效应，其一，大量资源被浪费;其二,造成了环境的急剧恶化。随着当前人力资源成本的不断提升,大量的自然资源也已被挖掘殆尽,中国再也不能回到过去发展的老路子。过去大家是求生存,现在是求生活。中国要想获得长远的经济发展,必定要进行产业升级,这需要创新相关制度及发展模式。在这种情况下,中央设立上海自由贸易试验区,无疑是明智之举。

以试点倒逼整体改革也是我国常用的一种改革策略,先建立"试验点",探索经验,成功后再推广至全国。国务院公布的自贸区总方案更是开宗明义:经过两至三年的改革试验,加快政府职能转变,扩大开放空间,用倒逼机制推动转型升级。媒体解读为,设立自贸区是服务于新一届政府"以开放倒逼改革"的策略。对于新形势下中国经济的发展之路,党的十八大提出了明确的要求:应对严峻的国内和国外经济形势,加大国内经济改革转型升级的力度,逐步完善市场经济体制的变革,转变增长模式。随后举行的十八届三中全会再次重申我国经济转型时期的新目标,并且会议对设立自由贸易区的地域和条件进行了具体而详细的讨论。党的十九大更是明确提出"赋予自由贸易试验区更大改革自主权,探索建设自由贸易港"。

二、全球自贸区的主要特征和创新点

第一,贸易投资更加便捷,自由度更高。依据《京都公约》的规定,所谓自贸区其实隶属一国之内,但就进入该区域的货物而言,在进出口税费方面,其并不属于该国,属于"关境之外"。实际从法律的角度,其仅限税收领域。在实际工作中,海关部门对符合法律的货物、企业、个人实行的是特殊的监管政策,目的是便利贸易交易,简化相关程序,以增加自贸区在国际市场上的竞争力。举例来说,在进行货物贸易时,除了例行对入境的货物进行检疫之外,海关仅仅会对入境货物进行一次查验,假如货物仅仅是中转,那么海关并不会对其进行查验。比如德国汉堡港,作为德国的自贸区,其对进入该区的任何船只都表示欢迎,货物自由卸载、转运、储存,当地海关部门不会对其提出查验的要求,45 天之内货物运出无须进行相关的记载，只有货物要进入欧盟市场时，海关才会对该批货物进行结关；中国台湾高雄港自贸区则推行管理上的自律，一些涉及安全及国际条约的特殊货物需要进行限制或检查，除此之外，其他货物均为免审免检，针对国际商务人士实行特殊签证政策。这在国际一些大的港口屡见不鲜，如釜山港、鹿特丹港等，均采用先进的高科技手段提高通关效率；另外，除海关惯常采取的监管政策之外，自贸区的投资环境较为宽松，实行自由与开放的金融政策，服务较为先进与及时，既不限制投资行业，也不会限制货币兑换币种等。比如中国香港，除对军火、毒品等涉及公民安全的行业进行限制外，其他一切进口货物均不设限，实行开放的金融政策，投资自由度高，免收增值税和消费税，船舶注册费用也一再降低，以促进经济的自由快速发展。

第二，在一些特殊区域，功能日趋健全与完善。经济全球化的国际趋势，促进国家化生产的协同合作，在全球范围内的供应链条也在不断拓展延伸，相关资源也在不断进行优化配置，这种全球化的市场背景对自贸区的发展提出了新的挑战。原来自贸区的货物贸易保税中转功能现在逐步被扩大，延伸出了许多额外的功能，如展销、维修、配送等新功能，与此同时，一些全新的服务与功能也开始登上自贸区的舞台，如保险、货代、咨询等服务逐步开展，受到市场的青睐。自贸区作为传统意义上的贸易与物流中心，其定位也发生了改变，逐渐向金融中心、信息中心等定位转变，自贸区也因此在全球贸易与投资活动中扮演着越来越广泛与重要的角色。

第三，管理更加灵活，更加便利，开放性更高。如今，各国都十分重视自贸区的发展，为此制定出许多更加便利和优惠的政策，以吸引更多的外来投资，拉动自贸区经济的飞速发展。在此基础之上，逐渐形成了更加开放与灵活的管理体制。以美国自贸区举例来说，其实行了“总区+分区”的区域政策，并且依据实际需求设立自贸区；而荷兰的鹿特丹港则更为具体，采取的是一种功能齐全的链式管理模式：自由港区+保税运输线+保税仓库+保税工厂；中国香港、新加坡则根据自己区域特点，大力秉持绿色低碳的发展宗旨，在环境创设方面下足功夫;德国汉堡港为在经济上与欧盟腹地更便利地衔接起来,不断拓展自贸区的范围,实行更为灵活的管理体制,逐步实现了自身自由与便利化政策优势对外的溢出效应,增强了腹地经济对于港区经济发展的支撑效果。

第四,港区资源整合更加受到重视。自由贸易区之间的竞争已不再是个体之间的竞争,而成为园区之间的群体竞争。世界一些规模较大的自贸区已尝试突破自身行政区域的划分界限,利用港区联动,联合周围港区进行资源的优化组合,打出组合拳,形成组合港,利用群体的优势,巩固自身的核心园区地位。在这点上表现突出的是美国几个大港,如新泽西港与纽约港,洛杉矶港和长滩港之间的合作都是十分成功的;另一方面,许多自贸区也与国际上的其他自贸区联合起来,整合各个园区的特点和优势,形成跨国联盟自贸区,大幅提升在国际港口市场上的竞争力,最明显的例子是韩国釜山港与我国青岛、日照、烟台和威海四个港口联合形成的跨国战略联盟,最终很好地实现了跨国效应。

第五,自贸区的法律法规不断健全与完善。自贸区实际是一个相对比较特殊的经济区域,由于其地位的特殊性,国内一些法律法规并不适合其发展,也经常与之产生矛盾,所以成立自贸区专属经济管理制度及发展模式势在必行。一些国家为此特地颁布有关自贸区法律以保护其利益,维护其发展。美国在1934年就通过了《对外贸易区法》,同样欧洲地区于《欧共体海关法典》中对自由贸易园区进行了界定。而且,美国还对《对外贸易区法》进行了多次修订,以适应世界经济形势和美国利益需要,尤其是为了在新形势下满足自贸区发展的需要。

三、我国自贸试验区倒逼改革的方向

综上所述,我们知道,自贸试验区的设立并非仅仅为了加快某一区域的发展速度,其本质目标是立足于现阶段我国经济转型时期的新需求,为了进一步加快开放性经济的发展速度而提出的新政策与新策略,也是实现我国经济与世界先进经济水平接轨的重要步骤。只有不断以开放的胸怀拥抱世界的舞台，才能在世界商业大潮中占得先机。自贸试验区的独特作用可以概括为以下几点：

（一）服务业扩大开放，提高服务业竞争力

现阶段，相较于发达国家，我国的第三产业发展水平有限，并不能很好地满足人民生活及产业升级的各种需要，极其欠缺高端服务及创新服务。在当前的新一轮贸易协议中，各国均聚焦于开放服务业和投资签署方面。李克强总理在上海考察时着重指出，对外提供各类高端及创新服务将是下一步对外开放的重点。试验区可先在重点服务贸易领域的开放深度和广度上大胆尝试，在总结经验的基础上逐步扩大开放区域的内容，在借鉴发达国家及拥有先进管理水平自贸区的发展模式及管理体制的基础上，大胆启用“负面清单”，进一步推动服务业开放水平。加大对自贸试验区的支持力度，降低准入门槛，制定优惠政策，吸引外资，提升在当地的市场竞争力，不断提高服务水平，以促使我国服务业在国际服务市场上形成有利的竞争优势。

（二）金融开放创新，增强金融服务能力

自由贸易试验区是促进要素自由流动的高水平开放区域。只有不断加强改革力度，扩大开放程度，提升创新高度，才能促进自贸区的飞速发展。尤其是重视金融领域的制度改革，不断完善自贸区的金融服务功能。通过改革外汇管理体制、探索金融服务业对民营资本和外资的全面开放、拓展金融服务功能和产品创新，推进跨境投资、融资便利化，吸引更多金融资源为试验区实体经济发展服务，培育各类金融市场，促进包括国际航运、国际物流和服务业在内的国际贸易领域的发展。在建立健全风险防范机制的同时，致力于营造便捷安全、专业高效的金融发展环境，为将来进一步在全国范围内全面铺开金融开放创新，提高服务实体经济的能力提供参考范本。

（三）立足高标准，深化投资管理体制改革

适应国际发展趋势，改革现行的外资管理体制。通过试行准入前国民待遇和负面清单、简化和优化外商投资审批和工商登记制度、试行外商投资企业合同章程备案管理等，对现有投资准入制度和管理模式进行改革，在保证资本流动有效监管的前提下，稳妥有序地改革现有机制存在的弊病，不断努力提升跨境投资管理效率和便利化程度，吸引更多的境外投资者分享中国全面深化改革所蕴藏的难得机遇。与此同时，应因地制宜地制定差别化的税收政策，为自由贸易试验区发展注入强劲的动力，积极探索建立对接国国际化标准的产权登记制度，让更多优质的教育、医疗等资源涌入国门，惠及更多普通民众，大力引进和培养高素质专门人才、提升人员往来便利化。目前，在试验区开始先行先试的负面清单管理模式已经被广泛运用于政府职能改革等众多领域，商事注册制度改革的经验也在全国范围内进行复制和推广。未来，自由贸易试验区将继续朝着打造兼具要素集聚、自由便利、高效便捷、内外平等、法制规范多重特色的国际化营商环境奋勇向前。

（四）打造国际航运和国际物流中心，提高港口行业服务能力

上海港秉持着打造国际航运中心的宏伟目标，积极发挥自身的综合优势，抢抓新一轮的发展机遇，取得了骄人的成绩，多项核心建设指标稳居前列，多次蝉联全球集装吞吐量的榜首。作为上海航运中心的核心区和重要载体，试验区以促进上海建设现代化国际物流服务业集聚区和高水平国际航运中心为目标，一方面积极开展在物流运输、对外贸易和航运金融等更具发展前景的领域的自由化探索，稳步实现航运物流的更深层次开放、提升国际贸易辐射带动功能；另一方面通过深化港口、物流的双向联动发展，赋予现代物流与航运服务更为丰富的功能，有利于促使上海逐步走向航运物流的世界舞台中心，加快推进国际航运和物流中心的建设进程。天津、福建、广东等试验区也具有相类似的发展环境和有利条件。

（五）海关特殊监管区整合升级，提升海关效率

海关特殊监管区是我国对外开放的前沿阵地和窗口，承担着提升贸易投资便利化以及自由化水平的重要职责。但就目前而言，海关特殊监管区域仍存在监测种类过于冗余、管理体制错综复杂、政策设计不尽统一等问题，降低了行政管理与监管效率，增加了企业入区选择的机会成本，难以适应产业升级和新型业态发展的需求。2012 年国务院 58 号文提出整合不同类型区域，要完善政策和功能、强化监管和服务、促进转型和升级。上海试验区的区域范围覆盖了多种海关监管区域类型，应借鉴国际先进经验，大力拓展新型贸易业态、创新监管模式、整合促进政策，在功能多样和政策开放等方面营造与国际管理完美接轨的便利化环境，提升辐射带动作用，成为我国海关特殊监管区域整合和转型升级的试验平台。

（六）经济运行法制化，改善经商环境

推进营商环境法制化建设，是贯穿自贸区建设的关键环节，也是实现全面依法治国的有机组成部分。建设具有国际水准的投资贸易便利、监管高效便捷、法制环境规范的营商环境，是在新时代下实施全面深化改革的重大举措，同时也是党和政府交付自贸区的崇高使命与重大战略任务。自贸区力推负面清单的管理模式、最大限度降低政府的干预力度与范围，当对标国际准则之后，政府要坚定不移地推进政府职能转变，将“放管服”真正落到实处，更多做好监管、税收等服务性工作并应减少对经济运行的过多干预。自贸区在经济运行法制化方面的探索，其目标与逻辑与中国未来经济战略一致。如果成功，未来各地政府将在另一个面貌上展开竞争：比谁的市场更开放，比谁的规则更加国际化，比谁的服务效率更高，更加重要的是，比谁更加遵守“游戏规则”来处理市场与政府之间的关系。要破除传统立法模式，保证内外资一致原则，对区内相关资产投资项目进行必要备案管理，强化风险管理意识，在法律监管方面进行探索。

第五节　未来愿景：自贸区提升中国经济内涵

一、由“与国际惯例接轨”向“推动规则演化”跃迁

与改革开放初期设立经济特区的初衷相对比，当前自贸区的建设虽然在某种意义上与经济特区有着异曲同工之妙，但细究两者之间的差别，不难发现自贸区跟经济特区无论在其建立的基础还是功能的发挥上均存在差异化的“错位”。就建立的基础而言，20 世纪七八十年代设置经济特区所在区域的经济社会条件并无太多的优势，更多来自政策的优惠与地理毗邻的孕育，由此铸就了改革开放前沿阵地，而如今自贸区在神州大地上多点布局，大有遍地开花之势，中国的经济总量已经跃居全球第二，综合国力也明显得以增强，深入推进自贸区建设彰显了党和政府深化改革与开放的坚定决心。而对于功能区的定位与发挥，当年经济特区的圈划设置将更多重点放在开放经济体系的构筑而较少触碰改革政府管理体制相关领域，反观今日的自贸区则以进一步提高经济对外开放水平为切入点，注重政府职能的转型与管理体制的革弊，成为贯彻落实习近平中国特色社会主义经济思想的试验田。另外，自贸区与经济特区除了在设立的基础以及功能的发挥上有所区别外，还需要明晰在对外承诺方面的差异。设置经济特区伊始，中国尚没有加入关贸总协定，同时也没有跟世界上任何国家签订任何与自由贸易相关协议。但今时不同往昔，中国如今作为世界贸易组织的成员与全球经济紧密融合，多年来与世界上的大多数国家、地区与组织确定了双边自由贸易的关系，因而我们不得不考虑自贸区的设立与世贸规则是否存在冲突的情形，注意协调好与区域经济一体化之间的关联。当然，打造自贸区这一经济特区的“升级版”，并没有违背经济一体化的有关条款与规则，反而是推动区域经济一体化步入更高阶段的最佳战略抉择。

坚定不移推进自贸区建设是中国深度融入全球化潮流所主动开展的一项攻守兼备的试验。从“攻”的角度去解析自贸区建设的动机,这与当前中国需要借助对外开放新平台以达到推动经济结构转型升级的目标紧密相连,逐步掌握与自身经济发展水平相匹配的主导权,也是一改过往对国际惯例的单纯遵循转为倡导推动规则演化的应有之义。从“守”的角度来看,在美国不顾国际社会的强烈反对单方面挑起对中贸易战的争端,欧盟漠视中国改革开放40年来所取得的辉煌成就并对理应获取的市场经济地位不予承认的时代背景下,强决心、严要求、高标准不断推进自贸区建设,表明了中国始终坚定实行对外开放,抵制逆全球化思潮的初心不改。

对于当前中国经济的发展,仅仅亦步亦趋于国际惯例渐渐无法满足建设社会主义现代化强国的要求。我们需要根据自身需求,立足于人类命运共同体的高度去谋划新的发展格局。在上海自贸区设立之初,舆论普遍将其解读为“再造一个香港”,尽管目前上海自贸区的发展尚有诸多领域需要向我国香港借鉴与学习,但实则更多是通过对现有体制机制改革创新的探索,从而为全国范围内的全面深化改革积累可复制可推广的经验,并期待由此能为亚洲乃至世界提供改革开放的中国智慧。随着中国后续扩大自贸区的设立范围,有了更多的自贸区投入运行,势必将能取得更为丰硕的成果去反哺全国乃至世界经济的健康发展。

二、产业结构转型升级

就产业结构的特征而言,40年前设立经济特区主要依赖传统劳动密集型产业的加工与出口,经济附加值低。而目前中国已成为世界上主要的制造业大国之一,在一些高技术领域取得了重大突破,产业结构逐渐向高端制造业与服务业倾斜,与此同时,出口仍然是驱动中国经济增长必不可少的重要引擎。于此情境下,当前自贸区的产业发展重点应放在服务业尤其是生产性服务业与金融服务业,以此进一步支撑我国实体经济的可持续健康发展。同时值得注意的是，自贸区与国家级新区、开发区与高新区的战略定位理应有所侧重，自贸区服务业的发展壮大能够为国家级重大发展平台实施创新驱动发展战略提供强大的动力。

而关于金融服务业与生产性服务业的抉择，更多需要因地制宜的战略眼光，根据周边地区产业结构的特性有针对性地深化自贸区服务业的发展。对于金融服务业的发展，其目的非常明确，致力于加强金融服务实体经济的能力，特别引导金融资源有效对接科技创新，推动产业结构的转型升级。在此我们重点阐述如何提升生产性服务业的经济带动作用。自贸区的邻近区域如若具有较强的制造业基础，那么有必要借此推动生产性服务业的发展来进一步促进本地制造业的转型升级。一般而言，诸多知名大型制造业企业的境外总部及其关联机构往往具有将维修、检测、物流、仓储等非核心业务对外承包的刚需，这一块的需求填补正是生产性服务业的用武之地。自贸区可适当参考生产性企业外发维修、外发检测的方式等，允许特殊监管区内具备相关资质的贸易物流型企业创新承接包括维修、检测、物流、仓储在内的代理业务，这一思路的实施可先在一定范围内试点，根据实际出现的问题予以调整后逐步对外推广。这将为商贸物流企业不断转型升级，提升相关地区制造业生产效率起到增益效果。

三、从“单向开放”向“全方位开放”转变

从开放方向以及力度的维度来看，经济特区初始基本上是属于单向开放的范畴，倡导扩大出口，严格管控进口，尤其是生活消费品的进关。如今自贸区强调的是全方位开放，其中扩大对外投资以及进口成为着力点。对国外投资者而言，自贸区自身所承载的促进双向投资的功能在内外分离型离岸金融业务的助力之下有望成为辐射全球的资本流动的中转站，从消费者的角度出发，自贸区对消费品进口的限制放宽将使消费者能够更加便捷地获取优质商品。

当今中国在国际经济体系中的角色正在发生深刻的转变，逐渐由商品输出者向资本输出者切换，而自贸区正是中国资本输出可以借助的快捷通道。近年

来,中国所阐发的“一带一路”倡议备受全世界政府与民间的广泛关注,基础设施的互联互通作为“一带一路”倡议的重头戏仰赖于大量资本的支撑,国内自贸区所设置的自由贸易账户制度以及所推行的离岸公司制度正可以为此有一番作为。

但目前在海外开展 BOT 等特许经营形式的基础投资由于周期较长(一般可达 20 年以上)以及风险系数较高,因而往往令投资者望而生畏。对此我们认为可以考虑在国内上海、前海、横琴等金融发展基础较为牢靠的自贸区试行设立离岸公司作为海外基础设施特许经营项目的投资主体,在基础设施较长运营期间内,假如投资者面临流动性风险的冲击,可以选择将离岸公司所占有的股权借道国内多层次产权市场进行拍卖转让,这种退出机制的安排将能够缓解投资者在初始投资决策之时的后顾之忧,也可以巧妙规避东道国对外资股权转让所设置的层层障碍。

四、打造具有中国特色的自由贸易港

党的十九大报告首次明确提出“赋予自由贸易试验区更大的改革自由权,探索建设自由贸易港”。自由贸易港是我国构建开放型现代化经济体系的应有之义,也是我国建设全面开放新格局的重要抓手。自由贸易港,顾名思义,就是最大限度取消或者简化入区货物相关贸易通关程序的特定区域,其战略定位更是要成为全球开放水平最高的特殊经济功能区。关于自由贸易港的规模设定以及空间规划,学术界尚未能够给出明确的定义。但从较为成熟的国外实践经验来看,相较于自由贸易试验区,自由贸易港无论在规模以及空间等方面理应更胜一筹。自由贸易港的探索建设作为高水平高质量建设自由贸易试验区的升级版,担负着通过形成更高层次开放水平以实现我国经济高质量持续增长的重大历史使命。2018 年恰逢我国实行改革开放 40 周年,站在这一特殊的历史节点上,打造具有中国特色的自由贸易港是新时代下深化与扩大改革开放,完善与创新体制机制的必由之路。如何实现从自由贸易试验区到自由贸易港的

完美蜕变,是当前以及未来一段时期需要集中精力予以攻克的重大课题。在此提出如下三点建议:

第一,加大税收优惠政策的支持力度。对于世界绝大多数的自由贸易港来说,强化税收优惠程度是提升外资吸引力的通行做法。因而,我国在建设自由贸易港的过程中,也应当通过灵活综合运用税收减免、财政补贴等优惠措施的组合拳进一步提升税收方面的优惠力度,积极稳妥地推进税收有关体制机制创新,有效降低港区内企业相关经营成本,形成具有国际竞争力的税负水平,以此吸引更多来自海内外的知名企业进驻,激发自由贸易港区的经济发展活力。

第二,加速政府职能转变,实现更高水平的投资便利化。在推进自由贸易港的建设之中,政府要时刻牢记自身角色的功能定位,不遗余力地推动"放管服"真正落到实处,尽最大可能压缩行政审批流程,发挥"有形之手"的市场监管作用,不断优化营商环境。更为重要的是,政府必须致力于裁剪负面清单的长度,以此形成更高层次的对外开放水平,实现真正意义上的投资便利化。

第三,推动金融制度的改革创新。金融制度完善与否对于自由贸易港的建设同样至关重要。自由贸易港自身的金融市场需要满足港区内相关企业的融资结算有关需求。为此,外汇管制的渐进式松绑势在必行,通过推进资本项目的有序可兑换提供更加便利高效的汇兑业务和资金周转服务。与此同时,金融机构也要建立健全金融风险监测防范体系,实行在岸金融与离岸金融的相互隔离监管方式,严守不发生区域性金融风险的底线,在风险可控的前提下开展金融服务创新,为自由贸易港的建设提供必不可少的金融支撑。

参考文献

[1] Bloom N, Draca M, Van Reenen J. Trade induced technical change? The impact of Chinese imports on innovation, IT and productivity[R]. National Bureau of Economic Research, 2011.

[2] Dixit A K, Pindyck R S. Investment under Uncertainty [M]. Princeton, NJ: Princeton University Press,1994.

[3] 艾德洲.中国特色自由贸易港下行政边界冲突和机构改革问题研究[J].经济学家,2018(05):12-16.

[4] 蔡春林.广东自贸区建设的基本思路和建议[J].国际贸易,2015(01):15-21.

[5] 蔡洁,黄曦,白江涛. 贸易政策不确定性与出口:基于中国—东盟自贸区的微观数据分析[J]. 全球化,2017(01):88-103.

[6] 曾志兰,卢庆垣.上海自贸区文化开放经验在福建的复制与创新[J].福建论坛(人文社会科学版),2017(04):185-189.

[7] 柴瑜.加快实施自贸区战略的意义、问题与对策——深入推进改革开放视角的研究[J].河北师范大学学报(哲学社会科学版),2017,40(05):5-12.

[8] 陈昊,王军.上海自贸区发展进程中的金融改革与银行业发展策略研究[J].南方金融,2014(06):86-91.

[9] 陈金龙. 实物期权定价理论与方法研究[D].天津:天津大学,2003.

[10] 陈丽芬,周小付,王水平.中国(上海)自由贸易试验区货物贸易转型升级战略研究[J]. 经济学动态, 2013(11):68-75.

[11] 陈亮,王溪若,周睿.前海自贸区与上海自贸区金融创新比较研究[J].

上海金融,2017(09):83-86.

[12] 陈仁芳.福建自贸区社会治理创新及风险防控研究[J].福建论坛(人文社会科学版),2017(11):114-120.

[13] 陈小玮.陕西自贸区:新丝路上的新探索[J].新西部,2017(08):7-11.

[14] 陈勇鸣.中国(上海)自由贸易试验区助推上海“四中心”建设[J].上海商学院学报,2013(06):2-4.

[15] 陈昭.湖北探索建立内陆自由贸易试验区的战略思路[J].城市观察,2015(04):60-66.

[16] 崔迪.从欧美自由贸易园区发展经验看上海建立自由贸易园区研究[J].江苏商论,2013(6):38-42.

[17] 董志勇,杨丽花.推动“一带一路”沿线自贸区建设的策略与路径[J].中国特色社会主义研究,2017(06):42-47.

[18] 杜金岷,吕寒.南沙自贸区建设与发展研究[J].城市观察,2015(04):40-49.

[19] 杜金岷,吴非,韩亚欣.中国自由贸易试验区:目标导向、制度约束与突破路径[J].亚太经济,2017(01):147-153.

[20] 杜尚儒.四川自贸区:打造内陆开放型经济高地[J].新西部,2017(08):32-35.

[21] 杜玉琼.我国自贸区外资国家安全审查程序探析[J].西南民族大学学报(人文社会科学版),2017,38(11):86-89.

[22] 符正平.论中国特色自由贸易港的建设模式[J].区域经济评论,2018(02):1-4.

[23] 高芳,雷蕾.基于浙江自贸区问卷调研的联络口译人才培养质量提升策略探索[J].浙江海洋大学学报(人文科学版),2018,35(02):85-90.

[24] 郭田勇,陈澄.上海自贸区金改多亮点银行业练内功争先机[J].中国金融家,2014(10):84-85.

[25] 郭晓合,陈雯诗.上海自贸区负面清单与国际 BIT 谈判接轨研究[J].经济体制改革,2015(04):156-160.

[26] 韩龙.论离岸金融法律问题的特殊性[J].河北法学,2010,28(03):24-31.

[27] 贺伟跃,刘芳雄.促进上海自贸区离岸金融业务发展的税收优惠政策刍议[J].税务研究,2015(08):69-74.

[28] 贺瑛,肖本华.基于自贸区"蝴蝶效应"的上海国际金融中心建设研究[J].上海金融,2013(12):25-27.

[29] 胡加祥.国际投资准入前国民待遇法律问题探析——兼论上海自贸区负面清单[J].上海交通大学学报(哲学社会科学版),2014,22(01):65-73.

[30] 赖茂生,任浩森,夏牧.我国现行信息资源管理的政策与法律研究[J].科技与法律,1997(Z1):111-151.

[31] 李宝善,推广上海自贸试验区可复制改革试点经验[N].人民日报,2015-1-30(01).

[32] 李凤亮.深圳前海自贸区文化创新定位与路径[J].深圳大学学报(人文社会科学版),2016,33(01):31-33.

[33] 李猛.新时代中国特色自由贸易港建设中的政策创新[J].经济学家,2018(06):38-47.

[34] 李正图.新时代探索建设自由贸易港战略价值的三大解析[J].区域经济评论,2018(02):4-8.

[35] 李忠.在上海自贸区发行"丝路债券"初探——基于人民币国际化的视角[J].证券市场导报,2015(12):51-57.

[36] 连平.防范自贸区资本流入风险[J].中国金融,2014(03):18-20.

[37] 林江,范芹.广东自贸区:建设背景与运行基础[J].广东社会科学,2015(03):21-27.

[38] 林晓伟,李非.福建自贸区建设现状及战略思考[J].国际贸易,2015(01):11-14.

[39] 林毅夫.一带一路与自贸区:中国新的对外开放倡议与举措[J].北京大学学报(哲学社会科学版),2017,54(01):11-13.

[40] 刘彬,李麟. 自贸区金融创新机理研究——基于试错机制的视角[J].上海金融,2016(06):40-44.

[41] 刘斌,刘欣.中国—东盟自贸区升级版的经济效应——基于 GTAP 模型分析[J].亚太经济,2016(04):9-16.

[42] 刘芳.论透明度原则下福建省自贸区透明政府的建设——以上海自贸区的立法实践为借鉴[J].福建论坛(人文社会科学版),2016(01):179-183.

[43] 刘艳红,张丽丽,王超.关于京津冀共建天津自贸区的建议[J].经济与管理,2015,29(06):11-12.

[44] 刘晔.中国自由贸易区的制度创新路径分析——以河南自贸区为例[J].管理学刊,2018(03):57-62.

[45] 刘志云,史欣媛.论自贸区金融创新立法的完善[J].厦门大学学报(哲学社会科学版),2017(05):27-38.

[46] 罗素梅,周光友.上海自贸区金融开放、资本流动与利率市场化[J].上海经济研究,2015(01):29-36.

[47] 罗长远,智艳.中国外贸转型升级与“自贸区”建设探析——兼论上海自由贸易试验区的功能与角色[J].复旦学报(社会科学版),2014,56(01):139-146.

[48] 马庆强.国外自贸区发展经验比较及上海、天津自贸区建设政策探讨[J].上海经济,2016(02):35-42.

[49] 阿姆拉姆,库拉蒂拉卡.实物期权——不确定环境下战略投资管理[M].张维,等,译.北京:机械工业出版社,2001:7-20.

[50] 麦均洪,金江.自贸区建设与广东科技金融发展[J].南方经济,2015(06):126-134.

[51] 彭海阳,詹圣泽,郭英远.基于厦门前沿的福建自贸区对台合作新探索[J].中国软科学,2015(08):72-88.

[52] 彭向升,祝健.新区域主义视角下福建自贸区深化两岸金融合作研究[J].福建论坛(人文社会科学版),2016(12):182-187.

[53] 彭羽,沈玉良.全面开放新格局下自由贸易港建设的目标模式[J].亚太经济,2018(03):104-111.

[54] 任建雄.浙江自由贸易港建设的战略路径与对策[J].浙江万里学院学报,2013,26(02):9-12.

[55] 任再萍,曹迪,徐永林.金砖银行、上海国际金融中心与自贸区联动发展研究[J].中国软科学,2015(12):154-163.

[56] 沈伟.自贸区金融创新:实践、障碍及前景——以上海自贸区金融创新立法为切入点[J].厦门大学学报(哲学社会科学版),2017(05):39-47.

[57] 盛斌.天津自贸区:制度创新的综合试验田[J].国际贸易,2015(01):4-10.

[58] 施锦芳,吴琦,吴学艳.辽宁自贸区建设比较研究[J].东北财经大学学报,2017(04):83-90.

[59] 施锦芳.推进辽宁自贸试验区发展的战略思考[J].国际贸易,2017(06):34-37.

[60] 苏理梅,彭冬冬,兰宜生.贸易自由化是如何影响我国出口产品质量的?——基于贸易政策不确定性下降的视角[J].财经研究,2016(04):61-70.

[61] 苏振东,尚瑜.京津冀经济一体化背景下的天津“出海口”效应研究——兼论天津自贸区对京津冀协同发展的推动作用[J].国际贸易问题,2016(10):108-118.

[62] 苏振东,赵文涛.CEPA:粤港贸易投资自由化"预实验"效应研究——兼论构建开放型经济背景下对广东自贸区建设的实证启示[J].世界经济研究,2016(09):118-134.

[63] 孙思阳,寇晓东.制度资本视野下陕西自贸区的建设进展及评价[J].新西部,2018(01):55-57.

[64] 谭波.建立健全自贸区权力清单的动态管理机制——以中国(河南)自由贸易试验区为例[J].发展改革理论与实践,2018(04):15-17.

[65] 谭娜,周先波,林建浩.上海自贸区的经济增长效应研究——基于面板数据下的反事实分析方法[J].国际贸易问题,2015(10):14-24.

[66] 汤维祺,吴力波.以自贸区建设为支点助力金砖合作的长期战略——"金砖国家发展与中国自贸区建设论坛"综述[J].经济研究,2015,50(01):183-186.

[67] 唐健飞.中国(上海)自贸区政府管理模式的创新及法治对策[J].国际贸易,2014(04):27-32.

[68] 佟家栋,李胜旗. 贸易政策不确定性对出口企业产品创新的影响研究[J]. 国际贸易问题,2015(06):25-32.

[69] 王利辉,刘志红.上海自贸区对地区经济的影响效应研究——基于"反事实"思维视角[J].国际贸易问题,2017(02):3-15.

[70] 王琳.全球自贸区发展新态势下中国自贸区的推进战略[J].上海对外经贸大学学报,2015,22(01):40-46.

[71] 王茜,张继.我国金融服务业的开放与法律监管问题研究——基于上海自贸区的分析[J].上海对外经贸大学学报,2014,21(03):27-38.

[72] 王全兴,王凤岩.我国自贸区社会组织建设的制度创新初探[J].上海财经大学学报,2014,16(03):4-11.

[73] 王锐兰,李玉芳.我国负面清单制度改革:基于上海自贸区的试验[J].电子科技大学学报(社会科学版),2015(04):8-13.

[74] 王岩,高鹤.近十年中国货物贸易出口商品结构研究[J].长春工业大学学报(社会科学版),2011,23(3):13-16.

[75] 王勇.自贸区建设背景下的两岸口岸治理合作[J].台湾研究,2017(05):65-75.

[76] 王臻峰.浅议我国自贸区发展情况[J].经营管理者,2015(36):233-234.

[77] 吴蓉.借鉴美国对外贸易区经验推进我国保税区发展[J].上海商业,2004(6):60-64.

[78] 武剑.中国(上海)自贸区金融改革展望[J].新金融,2013(11):12-15.

[79] 项后军,何康,于洋.自贸区设立、贸易发展与资本流动——基于上海自贸区的研究[J].金融研究,2016(10):48-63.

[80] 项后军,何康.自贸区的影响与资本流动——以上海为例的自然实验研究[J].国际贸易问题,2016(08):3-15.

[81] 徐美芳.服务贸易竞争力提升与上海自贸区贸易自由化探析——以我国保险服务贸易为例[J].上海经济研究,2014(07):113-121.

[82] 许昌.浙江自贸试验区航运制度创新研究[J].浙江工业大学学报(社会科学版),2018,17(01):41-46.

[83] 闫海洲,郑爽,黄诗晖,等.国际离岸金融市场发展对上海自贸区建设的借鉴意义[J].上海经济研究,2014(10):74-80.

[84] 阳建勋.论自贸区金融创新与金融监管的互动及其法治保障——以福建自贸区为例[J].经济体制改革,2017(01):50-56.

[85] 杨春鹏.实物期权及其应用[M].上海:复旦大学出版社,2003:4-9.

[86] 杨帆.上海自贸区意义究竟何在[J].南方经济,2014(04):94-98.

[87] 杨枫桦.上海自贸区——新一轮的发展战略与效应探讨[J].区域经济,2014(11),145.

[88] 杨金玲.我国利用自贸区政策发挥其福利效应之策[J].现代财经(天津财经大学学报),2010,30(09):27-34.

[89] 杨楷,胡滨.福建自贸区与两岸经济合作的路径探索[J].中国社会科学院研究生院学报,2016(05):41-47.

[90] 杨志蓉,李科.福建自贸区离岸金融发展探索[J].海峡科学, 2015(5):46-55.

[91] 姚毅.中国(四川)自由贸易试验区建设的成都策略[J].宏观经济管理,2018(03):86-92.

[92] 殷华,高维和. 自由贸易试验区产生了“制度红利”效应吗?——来自上海自贸区的证据[J]. 财经研究,2017(02):48-59.

[93] 余秀宝.中国(浙江)自由贸易试验区知识产权综合管理体制的构建[J].浙江海洋大学学报(人文科学版),2018,35(01):22-30.

[94] 俞树彪.浙江自由贸易试验区制度创新研究[J].浙江海洋大学学报(人文科学版),2017,34(05):22-26.

[95] 袁波,李光辉,权金亮.国际经贸规则发展新趋势与中国的自贸区应对策略[J].国际经济合作,2017(07):34-38.

[96] 张凤超,张明.金融地域运动视角下的粤澳金融深度合作——基于珠海横琴自贸区的思考[J].华南师范大学学报(社会科学版),2015(06):115-122.

[97] 张国军,庄芮,刘金兰.“一带一路”背景下中国推进自贸区战略的机遇及策略[J].国际经济合作,2016(10):25-30.

[98] 张绍乐.自贸区综合发展水平影响因素评价研究[J].区域经济评论,2017(06):112-120.

[99] 张晓涛,王淳.以自贸区为发展方向的金砖国家经贸合作——基于相互贸易关系视角的分析[J].宏观经济研究,2017(04):156-167.

[100] 张亚欣.辽宁自贸区融资租赁业发展政策研究[J].沈阳大学学报(社会科学版),2017,19(06):652-655.

[101] 张蕴岭.地区架构制度性分裂:中国的自贸区战略与复兴 APEC[J].亚太经济,2014(02):10-13.

[102] 赵大平.人民币资本项目开放模型及其在上海自贸区的实践[J].世界经济研究,2015(06):43-53.

[103] 赵晋平.加快推进我国自贸区战略的思考与建议[J].南开学报(哲学社会科学版),2015(03):129-137.

[104] 赵亮,陈淑梅.自贸区驱动经济增长:思想演进及作用机制探究[J].贵州社会科学,2016(09):135-141.

[105] 赵亮.我国自贸区发展及其对经济增长的驱动研究[J].上海经济研究,2016(12):36-43.

[106] 郑联盛.上海自贸区发展需更多配套改革[J].中国金融,2013(20):46-48.

[107] 郑秋锦,孔德议,许安心.福建自贸区人才培养研究[J].福建论坛(人文社会科学版),2016(02):187-192.

[108] 智艳,罗长远.上海自贸区发展现状、目标模式与政策支撑[J].复旦学报(社会科学版),2018,60(02):148-157.

[109] 钟惠芸,郭其友.福建自贸区与台湾自经区现代服务业对接研究[J].福建论坛(人文社会科学版),2017(03):167-171.

[110] 周立伟.自贸区:2015 年投资重头戏[J].纺织科学研究,2015(02):80-81.

[111] 周莹.上海国际转口贸易发展方向研究[J]. 上海对外经贸大学学报,2010, 17(6):12-17.

[112] 周振海.天津自贸区金融支持政策[J].中国金融,2016(02):50-52.

[113] 朱朝霞,陈琪.政治流为中心的层次性多源流框架及应用研究——以上海自贸区设立过程为例[J].经济社会体制比较,2015(06):68-76.

[114] 朱悠然,蔡宏波.全球自贸区发展与中国自贸区建设[J].国际经济合作,2016(01):38-41.

[115] 竺彩华,李锋.上海自贸区建设的主要成就与问题分析[J].亚太经济,2016(01):107-111.